Zollinger, Christoph

Epochaler Neubeginn
Update nach 2500 Jahren

EHV)

Zollinger, Christoph

**Epochaler Neubeginn
Update nach 2500 Jahren**

ISBN: 978-3-86741-653-5
Auflage: 1
Erscheinungsjahr: 2011
Erscheinungsort: Bremen, Deutschland
© Europäischer Hochschulverlag GmbH & Co KG,
Fahrenheitstr. 1, 28359 Bremen
www.eh-verlag.de

Redaktion und Lektorat:
Literaturagentur Axel Poldner – Dr. C. Buchen, Berlin

Gestaltung: SchmauderRohr GmbH, Zürich

CHRISTOPH ZOLLINGER

Update nach 2500 Jahren
EPOCHALER NEUBEGINN

Einst ahnten die Menschen,
dann glaubten sie.
Heute wissen wir vieles –
können wir morgen verstehen?

EHV

INHALT

5 Die menschliche «Bewusstseinsmutation»
Verstehen können

6 Die gesellschaftlichen «System-Fehler»
Missverständnisse

7 Die gesellschaftlichen Herausforderungen
Verantwortung wahrnehmen

8 Unsere Zukunft
Gemeinsam verstehen können

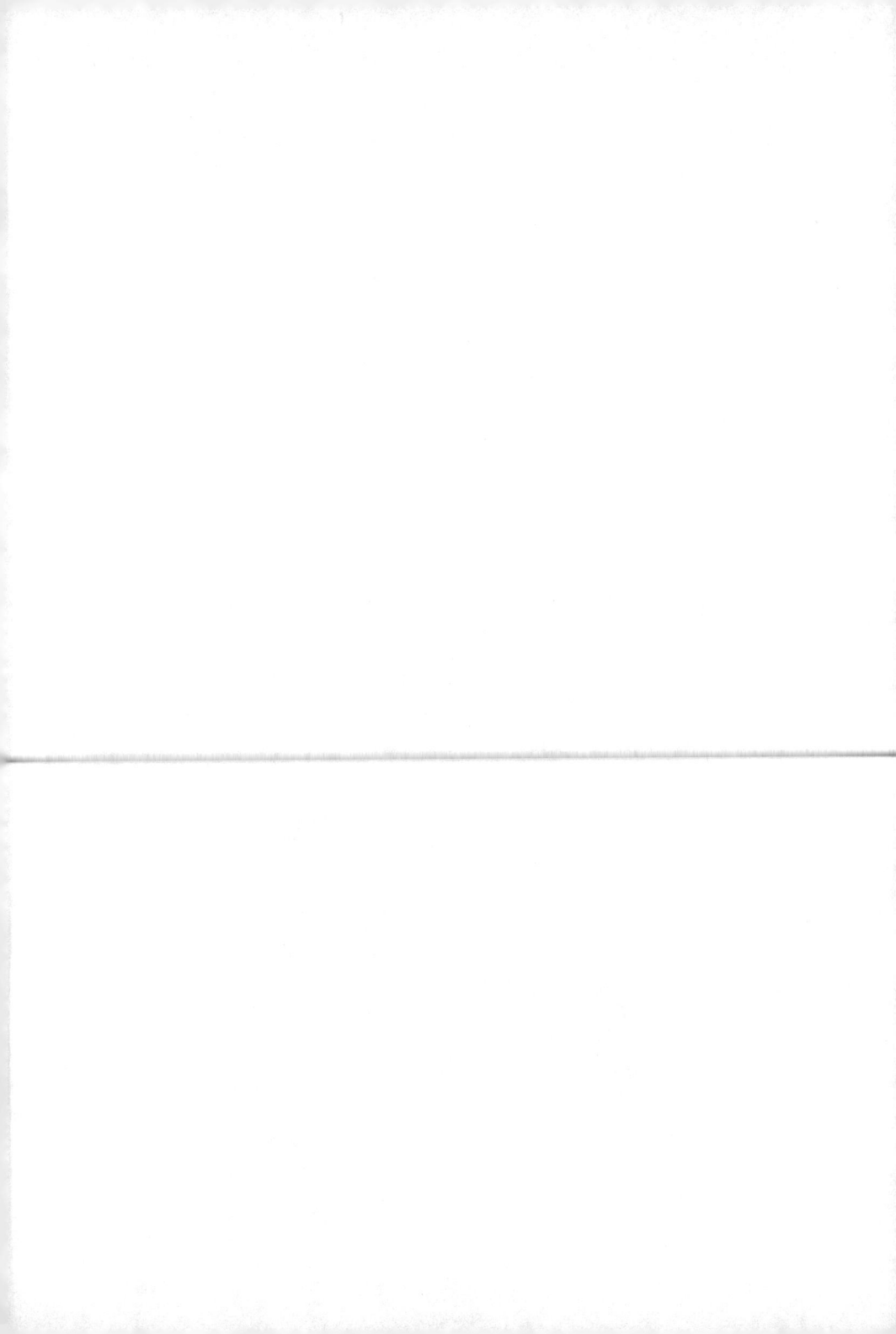

EINLEITUNG

Stehen wir zu Beginn des 21. Jahrhunderts an der Schwelle zu einem epochalen Umbruch der Menschheitsgeschichte, wie letztmals vor 2500 Jahren im antiken Griechenland, als die ersten abendländischen Menschen zum wirklichen Denken erwachten? «Erkenne dich selbst», jene berühmte Aufforderung am Tempel des Apollon in Delphi – könnten wir es heute mit «Verstehe dich selbst» versuchen, diesmal als Hintergrundbild beim Starten unseres Computers? Waren es damals das Aufkommen des internationalen Handels und ein neues Zeitverständnis, das zum erstaunlichen Wissensschub, überliefert durch die griechischen Philosophen, führte – sind es heute Globalisierung und Echtzeit (Gleichzeitigkeit), realisiert im Internet (world wide web), die gewissermaßen zu einer «Mutation» unseres «Bewusst-Seins» führen?

Entsteht damit vor unseren Augen eine neue Wirklichkeit? In letzter Zeit treten Wissenschaftler mit Aufsehen erregenden neuen Entdeckungen über die Naturgesetze, die unser inneres Leben regieren, an die Öffentlichkeit. Die explosionsartige Entwicklung spannender Erkenntnisse aus den neurowissenschaftlichen Labors dieser Welt führt zu einem erweiterten Verständnis des Zusammenhangs zwischen Geist und Körper. Die Gehirnforschung liefert neue Einblicke, die Neuropsychoanalyse neue Entdeckungen über das Zusammenspiel von Gehirn und Psyche, die kognitiven Wissenschaften im Verbund mit Linguistik erforschen die verdeckten Hintergründe des politischen und wirtschaftlichen Metapherngebrauchs. Aufgeschlossene Forscher plädieren für ein Zusammengehen zwischen Philosophie, Psychologie und Naturwissenschaft und für ein ganzheitliches Verständnis. Besonderes Augenmerk gilt dem neuesten Tiefenwissen über das typisch menschliche Verhalten, dem entlarvenden Gebrauch der politischen Sprache und der Nutzlosigkeit überholter, starrer Weltbilder. In diesem Buch sind neueste Forschungsresultate führender Spezialisten aus einzelnen Fachgebieten zusammengetragen und es wird das Experiment gewagt, deren Erkenntnisse aus einer ganzheitlichen Optik auf angewandten Gebieten (Politik, Wirtschaft, Gesellschaft) zur Diskussion zu stellen.

Jetzt beginnen wir zu *verstehen,* warum wir in der Vergangenheit einzelne unserer lieben Mitmenschen einfach nicht verstehen konnten. Die Reise zu den Fundstätten neuer «Ausgrabungen» und Zusammenhänge ist ebenso aufregend wie frappant. Einst ahnten wir, dann glaubten wir. Heute wissen wir, *können wir morgen verstehen?* In diesem Buch wird damit auch der Versuch unternommen, Leserinnen und Lesern ihnen bekannte oder gar verwandte Personen näher zu bringen und diese gleichzeitig (besser) *verstehen zu können.* In einem weiten Bogen werden verschiedene Disziplinen, bedrohliche Szenarien, vermeidbare Vorurteile und falsche Rezepte betrachtet mit dem Ziel, in Zukunft unnötige Fehler vermeiden und die gewaltigen neuen Erkenntnisse aus den Wissenschaften im Alltag einbauen zu können.

«Epochaler Neubeginn» signalisiert eine Phase der gewaltigen Umwälzungen, die sich über Jahrzehnte manifestiert. Eine neue Welt(un)ordnung ist im Entstehen begriffen. Bedrohliche Krisen im politischen und wirtschaftlichen System zeugen vom Ende der klassischen Weltpolitik der Großmächte und der ungebändigten, deregulierten Märkte. USA und Europa fallen zurück im globalen Machtspiel. Die aufregenden Chancen sind zu packen. Die Welt ordnet sich neu.

Verstehen können! Diese Devise zu Beginn des 21. Jahrhunderts wird praxisnah, aus ökonomischem und politischem Blickwinkel, immer im Zusammenhang mit unserer westlichen Zivilgesellschaft offen gelegt. Es ist ein von der Ganzheit geprägtes Projekt, welches sich das Zusammenfügen vieler Teilaspekte zur Aufgabe macht. Es ist zu hoffen, dass dabei die Kleinräumigkeit der Schweiz und ihrer hohen Berggipfel die freie Sicht auf Tatsachen und Trends nicht allzu sehr beeinträchtigt haben. Rückblicke über Jahrtausende philosophischen Denkens sollen aber relativieren: Dieses ist auch die Geschichte der Niedergänge, Übergänge, Aufgänge.

1 Die Menschheit
Ahnen, Glauben, Wissen, Verstehen

DER WICHTIGE DIALOG

Wenn Sie, liebe Leserin, lieber Leser, sich auf dieses Buch einlassen, treten Sie in einen intensiven Dialog mit dem Autor, der seinerseits bereits beim Schreiben gedanklich ein solches Zwiegespräch mit Ihnen geführt hat. Das gewählte Konzept der Strukturierung dieses Buches folgt einer sehr individuell geprägten Idee. Die Ansicht, die Menschheit befände sich zurzeit in einem gewaltigen Umbruch wie letztmals vor 2500 Jahren, kann bejaht oder abgelehnt werden. In der Folge wird es zu weiteren Schlussfolgerungen kommen, die der sehr persönlichen Ansicht des Autors entsprechen. Im permanenten Abwägen zwischen Zustimmung oder Kritik liegt der große, entscheidende Unterschied zwischen Zuschauen und Mitdenken, zwischen konsumieren und investieren. Anders als beim Fernsehen bestimmen Sie den Takt, das Tempo. Je öfter Sie innehalten oder gar das Buch für einen Moment des Nachdenkens zuklappen, desto intensiver wird sich die Auseinandersetzung entwickeln.

Dabei bedenken Sie bitte, dass dieses Sachbuch keinem üblichen Raster, keiner kommerziellen Unterteilung folgt. Es ist weder wissenschaftlich, noch kann es einer gängigen Katalogisierung entsprechen. Die immer gestellte Frage der Rezensenten, ob es sich um ein politisches, philosophisches, naturwissenschaftliches, wirtschaftliches oder anthropologisches Werk handle, kann so nicht beantwortet werden: Es ist ein ganzheitliches, und dafür gibt es in vielen

Redaktionen keine Personenzuständigkeit. Bereits in diesem Moment zeigt sich, wie unsere Welt fragmentiert ist. Das Spezialistentum ist allgegenwärtig, wir wissen immer mehr über immer weniger und das könnte die «logische» Folge einer rational geprägten Menschlichkeit sein, die sich darin verliert, alles sektorieren, berechnen, zuordnen zu wollen.

In fünfzig Abschnitten wird ein Gesamtbild unserer Gegenwartsöffentlichkeit zusammengesetzt. Dabei folgt das Konstrukt einer unorthodoxen Idee: Teilbilder werden aufgegriffen, ausgemalt und ausgestaltet – in aller denkbaren Kürze. Leserinnen und Leser sind gefordert und gebeten, nach der Lektüre weiter zu denken und zu fragen. In ihrer ganz persönlichen Erfahrungswelt.

Dass Sie entschieden haben, sich die Zeit für diese Lektüre zu nehmen ist großartig. Mit dem Einbruch der Zeit[1] geht einer der beiden hauptsächlichen Beschleuniger des gegenwärtigen Umbruchs einher, der sich in der westlichen Welt durch einen eindrücklichen kulturellen und mentalen Wandel, insbesondere aber auch an einem Mangel an Zeit manifestiert, obwohl eigentlich gerade durch die IT[2] viel Zeit gespart werden könnte. Je mehr wir über freie Zeit verfügen, desto mehr kommt sie uns abhanden. «Ich habe einfach keine Zeit um ein Buch zu lesen» hört man immer öfter klagen. Es ist aber natürlich nicht die Zeit, die fehlt. Deshalb freut sich der Autor ganz besonders über Sie als «Mitautor» und er zweifelt keine Minute daran, dass Sie Augenblicke erleben werden, in denen Sie zur fantastischen Qualität der vom Zeitdruck befreiten Momente vorstoßen werden, in denen Ihre Gedanken sich zu Bildern verdichten, Bildern einer geruhsamen Vergangenheit, einer versöhnlichen Gegenwart oder einer spannenden Zukunft. Diese

---

1 Einbruch der Zeit: Gleichzeitigkeit, «real time» im Internet, extreme Beschleunigung der Zeit durch die Informations-Technologie (IT).
2 IT: Informationstechnologie, Technologie der Gewinnung, Speicherung und Verarbeitung von Informationen.

Periode des Übergangs, in der wir stecken, könnte sich als eine sehr fruchtbare erweisen. Krisen gebären Chancen.

Der eingangs erwähnte Dialog ist entscheidend, denn Lesen allein genügt nicht. Seit Sokrates ist die Diskussion, das Miteinander-Denken etwas in Vergessenheit geraten. Zu laut wird überall vorgesprochen, doziert oder gar missioniert. Längst hat die «Arena» des staatlichen Fernsehens die «Agora» der alten Griechen abgelöst. Laut statt intensiv, polemisch statt differenziert, wild gestikulierend statt augenzwinkernd wird aufeinander los «gedroschen». In diesem Buch gilt eine andere Devise: Die des Nichtwissens. «Ich weiss es nicht», ist die bevorzugte Antwort. Abgesehen davon, dass wir mit Fragen unendlich viel weiter kommen als mit den Antworten jener, die sich ihres Wissens immer so sicher sind. Im letzten Kapitel werden deshalb wichtige Fragen zur Zukunft gestellt. Ob es die richtigen sind, wir sich später weisen. Immerhin haben die Jahre 2007–2010 (weltweite Finanzkrise) gezeigt, welche entscheidende Wichtigkeit der hypothetischen Infragestellung scheinbar gesicherter Tatsachen (bevor es zu spät ist) zukommt.

Als Autor setze ich mich seit vielen Jahren mit meiner, unserer Zeit auseinander – kritisch, oft desillusioniert, immer optimistisch. Das geschriebene Wort verhallt weniger schnell als das gesprochene. Und der wesentliche Vorteil: Niemand, weder Politiker noch Demagoge, kann einem ins Wort fallen und den ursprünglichen Gedankengang zuschütten. Damit bei der Lektüre möglichst wenige Missverständnisse aufkommen, sind ab und zu Fußnoten eingefügt. Jeder Begriff ist vielschichtig, manchmal geradezu missverständlich. Deshalb ist in entscheidenden Momenten diese persönliche Interpretation erklärt. Nicht, um Sie von deren Richtigkeit zu überzeugen. Abgelehnt oder akzeptiert – wie unwichtig – aber sichtbar und verständlich sollte sie sein. In unserer schnelllebigen Zeit ist ein Missverständnis oft schneller vorhanden als Einverständnis.

AUF DER WASSERSCHEIDE

«Hier kommt der Weg, o Freund, wo gehst du hin?» Diese Inschrift an der St. Karls Kapelle auf dem Gotthard-Pass stammt aus dem Jahr 1727 und kommt einer Standortbestimmung gleich. Sie verweist darauf, dass wir auf der europäischen Wasserscheide stehen. Ein kühler Wind bläst, weiter unten, in den Tälern ist es sommerlich warm. Hier oben treffen die Hochgebirgsketten aus allen Himmelsrichtungen zusammen, ebenso die vier Sprachregionen der Schweiz: Deutsch, Französisch, Italienisch, Rätoromanisch. Wir stehen auf der Grenzlinie zwischen den Einzugsgebieten der großen Wasserläufe Rhein, Rhone, Tessin und Reuß. Nach Süd und Nord, Ost und West donnern sie dahin, die jungen Ströme. Wenige Kilometer entscheiden darüber, ob das Rinnsal dereinst in Rotterdam in den Atlantik, in Marseille ins Mittelmeer, unweit Venedigs ins Adriatische Meer oder eben doch in Holland in den Atlantik münden wird. Vier unterschiedliche Kulturräume haben hier ihren geographischen Ursprung, nicht nur schweizerische, auch europäische.

Der Vier-Quellen-Weg im Gotthardmassiv führt zu den Ursprüngen dieser bedeutenden Flüsse: Der Tomasee des Rheins, der Rhonegletscher der Rhone, der Nufenenpass des Tessins und der Lucendropass der Reuß. Diese geographisch einmalige Situation in der spektakulären Bergwelt ist hervorragend geeignet als Quelle inspirierender Gedanken: Seit Beginn der Menschengeschichte hat sich hier oben – wo man klarer sieht als unten, unter dem Dunstschleier menschlicher Aktivität – wohl wenig verändert, was die Ursprünglichkeit der Natur betrifft.

Die Menschheit allerdings hat einen langen, veränderlichen Weg hinter sich. Ursprung und Gegenwart wirken heute als Ganzheit in uns, der heutige Tag ist somit nicht ein Zeitteil, sondern in der täglichen Wirklichkeit konkretisieren sich Jahrtausende menschlicher Geschichte. Wir wollen versuchen, diese spannende Leistung etwas zu strukturieren. Wenn wir sehen, dass es im Lauf der Menschengeschichte zu einigen gewaltigen Umbrüchen gekommen ist, bei denen – gleich dem Erdbeben, das den Flusslauf verändert – nachher grundlegend Neues das Alte überlagerte, so wissen wir natürlich, dass sich diese Umwälzungen nicht von heute auf morgen, sondern im Laufe von Jahrhunderten allmählich entwickelt haben. Die Welt war nachher eine neue, zumindest was menschliches Wissen und Verhalten betraf. So sprechen wir etwa von folgenden vier Gesellschaftsstrukturen: Stammesgesellschaft, Antike, Moderne, Computergesellschaft. Oder wir können rückblickend vier Zeitstrukturen[3] unterscheiden (dies ist natürlich eine willkürliche, aber höchst spannende Betrachtungsweise).

Da war zuerst jene ursprüngliche (Quelle), *archaische,* vorzeithafte Phase, die wir ehrlicherweise nicht näher bestimmen können. Über diese «Urmenschen» lernen wir bruchstückhaft aus uralten Überlieferungs-Mythen chinesischer, iranischer, ägyptischer, griechischer oder christlicher Quellen. So erfahren wir beispielsweise aus der chinesischen Frühzeit, dass die Farben Blau und Grün «noch nicht entschieden waren, deren gemeinsames Wort war T'sing, das ebenso wohl die Farbe des Himmels wie die Farbe der sprossenden Pflanze bedeutet». Oder können wir uns mit einem anderen Bild zufrieden geben, jenem des biblischen paradiesischen Urzustandes? Viel später, vielleicht 40 000 Jahre v. Chr. begann, was wir die nächste, die *magisch-mythische* Struktur nennen, die ihrerseits bis zu den Anfängen der menschlichen mündlichen Überlieferungen dauerte, also einige Jahrtausende vor Christus. Was wir heute als prähistorisch bezeichnen, überlebt z.B. in den magischen, zauberhaft

---

[3] Die vier Zeitstrukturen: Wir übernehmen hier teilweise die Theorie des Schweizer Kulturphilosophen Jean Gebser und dessen Standardwerk «Ursprung und Gegenwart», geschrieben zwischen 1949 und 1953. Darin werden vier Strukturen der Zeit unterschieden:

Archaisch	vorzeithaft
Magisch/Mythisch	~40 000 v. Chr. – 500 n. Chr.*
Mental	~500 v. Chr. – Gegenwart*
Integral	~19. Jahrhundert – Zukunft*

(* sich überlappende Jahrhunderte des Umbruchs/Übergangs).

geheimnisvoll bannenden Höhlenzeichnungen Spaniens und West-
frankreichs. Es fing der Mensch an zu wollen, immer mehr zu wollen, und schließlich entwickelte sich daraus der tragische Zwang zur
Machtausübung. Damals erinnerten sich die Menschen nur noch
jener Mythen, die von der Weltwerdung, der Geburt der Erde und
des Menschen berichteten. Gegen Ende jener zweiten Phase trat
Homer in Erscheinung: Über Odysseus, dem Erfindungsreichen,
wurde das Wort Vernunft «personifiziert». Die eigentliche Bewusstwerdung des Menschen nahm ihren Anfang. Damit begann die
mentale Zeitstruktur jener geistig geprägten Aufbruchsstimmung
der Sumerer, Ägypter, Griechen (die griechische Wissensexplosion)[4]. Drei Jahrtausende, die später durch die Römer und letztlich
durch wechselnde Herrschaftsansprüche großer, vermeintlich großer und auch größenwahnsinniger Männer geprägt waren. Waren
es ursprünglich die griechische Wissenslehre, die jüdische Heilsleh-
re und die römische Rechts- und Staatslehre, so verdrängte später
das Rationale immer mehr das Emotionale, es entstand die Devise
«alles ist messbar und machbar» und damit auch die zerstörerische
Maßlosigkeit unserer heutigen Zeit.

---

4 Die griechische Wissensexplosion: Um das 6. vorchristliche Jahrhundert «erwachten» die
   Menschen in Griechenland aus den archaisch/mythisch geprägten Vorstellungen alter
   Hochkulturen. Wohl nach der Sintflut (~3000 v. Chr.) hatten sich vorher in Mesopota-
   mien, Ägypten, Kreta (und natürlich Indien und China) die Völker schon zu differen-
   zierteren Gesellschaften reformiert und damit den Beginn unserer geschichtlichen Zeit
   begründet. Um 1200 v. Chr. (Trojanischer Krieg) mit der griechischen Völkerwande-
   rung, 500 Jahre später mit der griechischen Kolonisation, formte sich ab 750–550 v. Chr.
   erstmals ein gesamtgriechisches Gefühl, von dem Homer in Ilias und Odyssee berichtete.
   Ab dem 5. Jahrhundert v. Chr. stieg Athen in seiner Glanzzeit zur «Lehrerin von Hellas»
   mit einer demokratischen Verfassung auf. Mit Sokrates, Platon, Aristoteles (5. und 4.
   Jahrhundert v. Chr.) entwickelte sich die allumfassende Philosophie – das Streben nach
   Vernunft und Weisheit –, Politik und Wirtschaft zu großer Blüte. Damals entdeckten die
   Menschen systematisches Lernen, wie man Wissen schafft. Mit Alexander dem Großen
   (356–323 v. Chr.) begann und endete der Versuch einer ersten «Globalisierung» – das
   größte Reich der alten Geschichte. Forcierter Schiffsbau hatte eine expansive Phase des
   Welthandels eingeleitet, Raum und Zeit erhielten damit eine neue Dimension. Dies
   waren die äußeren Begleiterscheinungen der griechischen Wissensexplosion.

Jetzt stehen wir selbst auf der «Wasserscheide» der Menschheit. Seit dem 19./20. Jahrhundert zeichnet sich der vierte Bruch immer deutlicher ab. Es beginnt die integrale Phase. Und nochmals: Diese Bruchstelle öffnet sich nicht über Nacht, es sind Vorgänge, die sich über Jahrhunderte abzeichnen, wobei sich die alte und die neue Zeitstruktur während der Umbruchsphase durchaus überlappen. Heute, vor unserer Zukunft, stellt sich wieder die Frage: Wo gehst du hin, mein Freund? Geht dein Entscheid in die richtige Richtung? Und was ist die richtige Richtung? Rückwärts oder vorwärts, nach links oder rechts? Doch fragen wir uns nochmals, warum wir auf der «Wasserscheide» stehen. Wie wir gesehen haben, charakterisieren die großen Umbrüche den Weg der Menschen. Letztmals, während der oben als dritten Struktur bezeichneten Zeit, vor rund 2500 Jahren, entwickelte sich im griechischen Raum Gewaltiges: Die alte Götterwelt musste dem philosophischen Denken Platz machen – eine Explosion des Wissens führte von den Naturphilosophen zu Sokrates, Platon und Aristoteles. Vieles, was diese großen Vordenker damals erstmals erdachten, hat Bestand bis heute und übertrifft im Kern der Botschaft viele «moderne» Weisheiten. Später entwickelten große Denker wie Kant, Nietzsche, Einstein unsere Erkenntniswelt weiter. Immer besser scheinen wir die Welt zu verstehen, immer mehr drängt die Einsicht nach oben, dass wohl ganzheitliches Denken schließlich darüber entscheiden wird, wie lernfähig wir sind. Das integrale Verknüpfen aller Aspekte – heute genannt nachhaltiges Verstehen und Handeln – steht zu Beginn des neuerlichen, gewaltigen Umbruchs, der unsere Zukunft vorbereitet.

War jene erste Phase der Menschengeschichte etwa geprägt vom Ahnen und die darauf folgende vom Glauben, so entwickelte sich in der dritten unser Wissen. Oft fragen wir uns heute allerdings, ob wir nicht eher glauben zu wissen.

Mit dem Einbruch der Zeit (IT) und der Verkürzung des Raums (Globalisierung) gerät das gegenwärtige menschliche Verhalten offensichtlich unter Druck. Krisen stehen am Anfang des Neuen.

Während sich die Veränderungsgeschwindigkeit der Welt unglaublich erhöht hat – so sprechen wir etwa von der Gleichzeitigkeit im Internet – sind die Distanzen «geschmolzen» wie Schnee an der Sonne. Das Bild des Global Village zeigt eindrücklich das Zusammenrücken der Völker. Parallel dazu lassen sich die großen Probleme der Welt nicht mehr auf nur nationaler Ebene lösen, es braucht ganzheitliches Denken und Handeln aller verantwortungsbewussten Menschen.

Der nächste, wichtige Entscheid steht also vor der Tür: Wir müssen verstehen lernen. Wir müssen verstehen lernen wollen. Wissen allein genügt nicht mehr – wenn wir den Nachbarn, den Mitmenschen, die Gesellschaft, die Umwelt, die Religionen, die Wissenschaft, die Politik oder die Wirtschaft verstehen wollen, entsteht die neue Welt. Verstehen statt ablehnen oder bekämpfen. Verstehen heißt nicht, gleicher Meinung zu sein. Zu verstehen, warum ein Mensch so oder anders handelt, ist das Eintritt-Ticket zur Welt des 21. Jahrhunderts. Vielleicht lernen wir jetzt, zu verstehen, warum ein Bush jr. oder Obama, eine Merkel oder ein Clinton, ein Ackermann, Vasella oder Ospelt, ein Papst, Küng oder eine Pfarrerin, ein Piccard, Hayek und Coelho so und nicht anders denken und handeln (können). Verstehen statt Verdrängen gilt für die Vorgänge unserer Umwelt, unseres Klimas. Verstehen statt Bekämpfen wird zur Lösungsvoraussetzung im Konflikt der Religionen. Verstehen und Vernetzen gilt für die Wissenschaft. Aus Verstehen statt Polarisieren wachsen die politischen Lösungen. Und ganzheitliches Verstehen anstelle ökonomischer, fraktionierter Ignoranz könnte uns vielleicht auch erlösen vom gefährlichen, anmaßenden Größenwahn einzelner Banker und CEOs.

Verstehen wird ermöglicht durch Einsicht, Intelligenz, Bescheidenheit und neuerdings – auch dies ein hoffnungsvolles Zeichen der integralen Struktur – durch die Fortschritte der Wissenschaften, am augenfälligsten der Neurowissenschaft, der Gehirnforschung. Könnte sie eine ähnliche geistige Umwälzung bewirken wie im alten Athen? Den Weg zu radikal neuen Einsichten in die menschlichen und weltlichen Zusammenhänge? Verstehen ist aber auch Ausdruck eines neuen Modells der Gesellschaftsorientierung. «Der Mensch hat in Jahrtausenden nichts gelernt» ist eine Bankrotterklärung, die es zu entkräften gilt. Wir stehen am Anfang der Zukunft, in der wir erstmals erkennen – verstehen – können, warum andere Menschen anders ticken als wir. «Ich kann dich einfach nicht verstehen!» genügt nicht mehr als Vorwurf oder Kosewort. Wir können verstehen. Jetzt beginnt die Kleinarbeit.

Ahnen, Glauben, Wissen, Verstehen – die vier entscheidenden Manifestationen der Menschheit. In jeder Struktur bleiben die vorangegangenen enthalten, ja sie sind Voraussetzung zur Mutation. Auf dem Gotthard nimmt das Wasser seinen Weg in eine der vier Richtungen. Für welchen Weg entscheiden wir uns? Suchen wir die Zukunft in der Vergangenheit? Versuchen wir Privilegien zu retten, die längst dem Untergang geweiht sind? Treten wir ein für das Miteinander oder poltern wir verbissen für das Trennende, das Gegeneinander? Greifen wir nach den neuen Erkenntnissen oder versperren uns persönliche, partielle Interessen die ganzheitliche Sicht auf eine versöhnliche Zukunft?

Die eingangs erwähnte, persönliche Standortbestimmung kann nicht delegiert werden. Versetzen wir uns nochmals auf den Gotthard-Pass. Der kühle, frische Wind bläst uns ins Gesicht. Die Ursprünge der Wasserläufe sind inspirierende Quellen für unser Denken. Also, denken wir! Wir sind alle Reisende auf dieser Welt, auch wenn wir unsere Heimat nie verlassen haben. Unsere Träume sind Reisen, auch unsere Visionen. Die Reise ist die Metapher unserer Zukunft, dieses ewigen Übergangs zur Zukunft und zum Unbekannten. Jetzt wird es spannend.

MORGEN SCHON WIRD AUS DER ZUKUNFT ...
GEGENWART

«Ich gedenke, in der Zukunft zu leben.» Diese Absichtserklärung Albert Einsteins ist in ihrer vordergründigen Banalität typisch für den großen Vordenker. Fast listig, offensichtlich nach vorn orientiert, wollte er verstehen, was bisher nicht ganz klar war. Die große therapeutische Ausstrahlungskraft, die noch heute, rund hundert Jahre später, nachwirkt, liegt begründet in der Person: Ein Genie mit Bodenhaftung und Witz, führender Wissenschaftler, beißender Gesellschaftskritiker, ein mutiger Mensch, der auch nicht vor pointierter Kritik politischer Vorgänge zurückhielt. Ohne zu zögern, kann sein Lebenswerk als Wegmarke einer von der Ganzheit geprägten Vision als Modell zukünftiger Generationen herangezogen werden. Er war seiner Zeit voraus und überstrahlt die Gegenwart als Leuchtturm integralen Denkens, ganzheitlichen Engagements, ausgeprägten Verantwortungsgefühls.

Bei der persönlichen Standortbestimmung gilt es heute (2010) vorab, sich nicht durch die gegenwärtig grassierende Unsicherheit anstecken zu lassen. Dass neue Ideen einen weiten Horizont öffnen und die Wirklichkeit verändern können, wird vielerorts skeptisch bezweifelt – der Faden europäischer Aufklärungsgeschichte scheint gerissen. Für weite Kreise gilt eher die Devise der unreflektierten Verherrlichung der Vergangenheit. Die allgemeine Verunsicherung, hochgespült und multipliziert durch die Medien, wird von politischen Spitzenpolitikerinnen und –politikern für Stimmungsmache und Stimmengewinn missbraucht. Angst wird geschürt, damit die Losungen des eigenen Parteiprogramms erhört werden. Kommt uns das eigenständige Denken abhanden? Nein, denn der Herdentrieb beschreibt nicht die moderne Menschheit des 21. Jahrhunderts, dieser Begriff gilt für Schafherden, die sich in Panik hinter ihrem Leithammel über die Felswand in den Tod stürzen. Glücklicherweise entspricht dieses Verhalten einer Minderheit, auch bei Tieren. Die

Mehrheit der Bevölkerung in der westlichen Welt ist widerstandsfähig, robust und neugierig auf die Zukunft. Von diesen Menschen und ihren Entdeckungen handelt dieses Buch. Von den Menschen, die grundsätzlich optimistisch sind für die Zukunft, auch wenn sie im Moment eher skeptisch denken mögen.

Wer für morgen denkt, lebt in einem fragilen Denkgebäude. Das Risiko, zu scheitern, ist beträchtlich. Auf der Suche nach Gedanken, die tragen und weiterführen, die Orientierung versprechen im Wirrwarr der Beliebigkeiten, begegnen wir quantitativen und qualitativen Vorschlägen. Für breite Kreise, auch einzelne Manager etwa, vergeht kein Monat, ohne dass sie sich für ein Symposium über das Umdenken einschreiben müssen, es wimmelt von paradoxen Ratschlägen, wie das Leben zukünftig erfolgreich gemanaged werden kann. Neuerdings profilieren sich findige Politiker gar dadurch, dass sie an den Schulen das Fach «Glücklichkeit» einführen wollen. Konsum, Verzicht, Kaufen, Sparen, Joggen, Wellness, Rückzug ins Kloster, Aufbruch in die Berge – alles hat Hochkonjunktur, quantitative Suggestionskraft. Erst einstürzende Bankengebäude rütteln aus dem Halbschlaf. Doch Katastrophen hatten schon seit jeher auch eine Rückseite der Medaille. Man wird zurückgeworfen, man rappelt sich auf, man verändert sein Verhalten. Die leisen, qualitativen Denkansätze brauchen die schrille Öffentlichkeit weniger. Das Beispiel Barack Obamas, angesehene Köpfe (Physiker, Ökonomen, Philosophen, Juristen, politische Theoretiker, Umweltwissenschaftler) zur Erneuerung Amerikas in höchste Ämter zu hissen, ist immerhin ein Versuch der qualitativen Dimension.

«Bin ich ein Auslaufmodell, dass ich nach der Zukunft frage?», hat Christian Meier geseufzt und sein Frust über die selbsternannten Eliten, die sich sicherheitshalber an der Gegenwart festhalten, war unüberhörbar. Ausgerechnet der Althistoriker, der das «Wunder» des antiken Griechenlands und dessen Krise so faszinierend beschrieben hat, muss daran erinnern, dass das sture Festhalten am

27

Alten nicht zukunftskompatibel ist. «Denn das gehört ja oft zu den Voraussetzungen für die Etablierung des Neuen, dass die Verfechter des Alten sich dagegen zur Wehr setzen, wohl wissend, was ihnen droht, aber dann doch zu kurz greifend, weil sie sich die ganze Potenz des Neuen nicht vorstellen können...» (Christian Meier 1[5]).

Wenn wir also lieber die qualitativen Projekte suchen, fangen wir am besten bei uns selbst an, ohne auf die anderen zu warten. Denken ist kein lauter Vorgang. Denken braucht keine TV-Arena. Frei denken zu können ist eines der größten Privilegien unserer westlichen Demokratien. Es gibt unendlich viel mehr unbekannte Denker als berühmte. Auch sie verändern zumindest einen Teil unserer Sicht des Universums und sind dadurch über Kontinente und Disziplinen hinweg wirksam. Trotzdem bauen wir natürlich auf die epochalen Denker wie Sokrates, Rousseau oder Kant. Sie machten sich eindringlich bemerkbar – unkonventionell, umstritten, à priori wissend. Und so wussten sie auch, dass sie über keinen privilegierten Zugang zur Wahrheit verfügten. Jedes kritische Denken beruht auf Hoffnung. Es basiert, ebenso auf geschichtlich Erarbeitetem und Überliefertem. Dies einschließend macht es zukunftsorientiert. Dies akzeptierend macht es gleichzeitig «nach-denklich» – die Fortschritte der Wissenschaft als gegenwärtigen Standpunkt des Irrtums erkennend.

Nicht alle Weltregionen gehen den gleichen Weg wie die westliche Welt. Es gibt ihn nicht, den einzig richtigen Weg. Auch die Vernunft bewegt sich im Korsett unterschiedlicher Vergangenheiten; auch wir, die wir uns als fortschrittlich bezeichnen, erfahren die Grenzen der Rationalität immer deutlicher. Umso mehr lohnt sich der Blick über den Gartenzaun: Es sind nicht mehr nur die Philosophen, die nach Erkenntnis über den Sinn des Lebens suchen,

---

5 Die (nach Zitaten) in Klammern aufgeführten Namen verweisen auf das am Ende des Buches angefügte Verzeichnis «Weiterführende Literatur und Quellen», woraus die genauen Quellenangaben ersichtlich sind.

immer mehr mischen sich andere Disziplinen in den Diskurs ein. Die heutige Vielschichtigkeit des Denkens ist vielleicht gar nicht so neu, doch erst das Internet gab ihr ein Gesicht. Es ermöglicht, uns umzusehen, wo Neues entsteht, das bedenkenswert ist.

Verlassen wir uns dabei nicht zu sehr auf die medienpräsenten Prognostiker und Statistiker. Sie sind erstens, zu zahlenfixiert, zweitens, zu befangen und drittens zu linear denkend. Zu oft stellen sie am Ausgangspunkt ihrer Umfragen die falschen Fragen. Wer sich über Jahre mit den immer gleichen Fragen in der Bevölkerung umhört, kriegt immer dieselben Antworten, in unterschiedlicher Reihenfolge, natürlich. «Wovor fürchten wir uns am meisten?» Was sollen wir mit dieser seit Jahren quasi als Sorgenbarometer suggerierten Frage? Wonach nicht gefragt wird, bleibt unentdeckt. Und jede Statistik beruht auf der Vergangenheit, die Fortschreibung gewisser Trends ist unseriös und führt zu falschen Vorkehrungen. Wenn dann Konsumentenbefragungen noch von Kreisen lanciert werden, die das Ergebnis im Voraus suggerieren, bewegen wir uns auf dem dünnen Eis der vorgetäuschten Wissenschaftlichkeit. Meinungsumfragen und Wahlbarometer sind zudem gefährlich: Wenn sich die Politik neuerdings an der Demoskopie orientiert, wird sie unglaubwürdig. Das Resultat sind dann nicht selten unausgegorene Projekte oder absurde Verbote. Offensichtlich ging dabei vergessen, dass sich gute Politik die Unterstützung der öffentliche Meinung mit überzeugenden Argumenten erarbeitet.

Allen diesen so populären Vorhersagen ist eines gemeinsam: Immer werden die total unwahrscheinlichen Ereignisse – etwa die Folgen eines gewaltigen Erdbebens oder Vulkanausbruchs – unterschätzt, systematisch ausgeklammert als «statistisch nicht relevant». Es werden schlüsselfertige Geschichten ausgedacht, Fakten zu einem stimmigen Bild verknüpft, die Vergangenheit als Zukunftsmodell herangezogen. Damit wird zwar eine Welt und eine Story geschaffen, in der wir uns zurecht finden und die wir sogar kapieren – nur: die Wirklichkeit ist anders. Die großen Zäsuren kommen unangemeldet, sozusagen über Nacht. Sie sind unberechenbar, überraschend, chaotisch. Der Weltwirtschaftskrise 2007–2010 lagen genau die vorgespiegelte Wissenschaftlichkeit der Risikomanager der Banken und Versicherungen und die vom Wunsch getriebenen Prognosen der Börsengurus zu Grunde. Nach dem Crash zuckten diese Experten die Schultern: Niemand konnte das voraussehen. Eben. Das Expertenwesen ist nicht nachhaltig.

Lassen wir uns also beim Zukunfts-Denken nicht von Angstszenarien anderer beeindrucken oder gar lähmen. (Aus Angst und Entsetzen sind schon ganze Völker vom Erdboden verschwunden, denken wir etwa an die Azteken zur Zeit der spanischen Eroberungen). Geht die Gefahr gar von der Angst vor dem Fortschritt, weniger von ihm selber aus? Hilfreich scheint es jedenfalls, neutrale Ratschläge bewährter Vordenker zu beachten. Beim Wunsch, sich etwa das Leben im Jahr 2032 vorzustellen, empfiehlt es sich offensichtlich, vom Ziel her rückwärts zu denken. «Wir dürfen niemals dort beginnen, wo wir sind. Wir dürfen keine Vergleiche ziehen, kein Benchmarking betreiben. Unsere Ziele müssen jenseits unserer (heutigen) Kapazitäten liegen. Wir brauchen ein Ziel, das uns zu Innovationen zwingt,» beschwört uns C. K. Prahalad, bescheidener Professor aus Michigan und Vordenker westlicher und indischer Manager. Er rät uns (und seinem Premierminister), sich eine Situation im Jahr 2032 vorzustellen und sich dann ruhig zu fragen: Wie wollen wir dann dastehen? Sich selbst mentale Bilder zu malen ist der Königsweg. Wie könnte mein Land aussehen? Welches Klima (auch im übertragenen Sinn) wird dann unser Handeln beeinflussen? Wie «erfinden» wir die neuen Exportwerte, die weltweit noch berühmter sein werden als die heutigen? Was machen wir mit Gletschern ohne Eis? Welche Autos bauen wir für Autobahnen mit Geschwindigkeitslimiten von 120 km/h?

Bei diesen Überlegungen ist die Devise, möglichst viele alte Privilegien retten zu wollen, der falsche Ansatz. Wer heute davon fabuliert, nationale Grundwerte müssten verteidigt werden und damit den Finanz- und Steuerplatz (CH), «Freude verheißende Autos, um dynamisch zu agieren», Autos (D) oder Heimatschutz (A) meint, hat etwas falsch verstanden. Mit diesem Ansatz kapitulierten schließlich die Aristokraten europäischer Länder um 1800 vor Napoleon, sie verpassten den Anschluss an die neue Zeit.

Diesen Anschluss sollten wir uns nicht aus dem Silicon Valley frei Haus liefern lassen. Die Tradition europäischer «Erfindungen» ist eine lange. «Erfindungen» beziehen sich nicht nur auf technischen Fortschritt. Gemeint sind die neuen Lösungen, von denen wir noch gar nicht träumen. Die neuen Berufe, die wir noch nicht einmal kennen. Die neue Nachhaltigkeit, die mehr umfasst als Trockenwiesen. Die neue (alte) Wirtschaft, die als Bestandteil der Gesellschaft funktioniert. Die neuen Banker, die sich nicht in einer fiktiven Schattenwelt der Menschheit bewegen, sondern sich als gleichberechtigten Bestandteil der übrigen Welt verstehen. Die neue politische Generation, die abrückt vom unappetitlichen Dreck Schleudern und dafür global gültige Wertungen beachtet. Tradition und Zukunft sind Bestandteil des Ganzen. Aus der Antike wissen wir von Sokrates' Nichtwissen, seiner immer wiederkehrenden Frage «Was ist?» und seiner öffentlichen Bemühungen um das eigene Denken. Diese Tradition ist dann allerdings überlebensfähig und brandaktuell. Die sokratische Prüfung befreit vom Irrtum, über wirkliches Wissen immer schon zu verfügen. Und was die Zukunft betrifft: Am besten, wir erkennen, dass auch 2032 niemand wissen wird, was richtig oder falsch ist. Es sei denn, er wisse mehr als seinerzeit Sokrates.

BAUSTELLE GESELLSCHAFT

Zweifellos leben heute viele Menschen besser als ihre Eltern oder Großeltern um 1950. Eine beispiellose Phase des fortgesetzten Wirtschaftswunders hat uns seither einen Wohlstandsanspruch beschert, den zu befriedigen immer anstrengender wird. Die Wohlfahrtsstaaten haben in Europa das Wort Armut neu definiert, zuletzt das Bundesverfassungsgericht in Karlsruhe. Indem die Richter Hartz IV fünf Jahre nach seiner Errichtung für verfassungswidrig erklärten, schrauben sie die Ansprüche der Bezugsberechtigten im Sozialstaat in unbezahlbare Höhen. Dass ein solches Urteil drastische finanzielle Auswirkungen haben wird, kümmert die obersten Richter nicht. Höhere Ansprüche heißt Milliarden von Euro mehr Ausgaben für die Staatskasse, höhere Armutsgrenzen heißt bis zu zwei Millionen zusätzliche Hilfeempfänger, also nochmals Milliarden von Euro. Und das Gravierendste von allem: Geringverdienende mit tieferen Löhnen fühlen sich langsam aber sicher als die Dummen und werden frustriert ihre eigenen Anstrengungen aufgeben, weil es sich ganz einfach nicht mehr lohnt. Nochmals weitere neue Hilfempfänger. Die Richter begründen ihr Urteil damit, dass es zu ihrem Selbstverständnis gehöre, weiter ausgreifend und prinzipieller zu werden als die Politik. Diese Begründung ist ein Skandal, denn da wird ein Aspekt (den des persönlichen Selbstverständnisses) über die ganzheitlichen Auswirkungen auf das Staatswesen heraufgehisst. Die Richter bewegen sich noch im letzten Jahrhundert, einer Zeit des nicht vernetzten Denkens.

Auch in der Schweiz spricht die Caritas von «Hunderttausenden von Menschen in der Armutsfalle» – Menschen, die über relativ viel mehr Geld verfügen, als ihre Vorfahren vor 60 Jahren, auch Menschen, die ihr gesamtes Einkommen vom Arbeitslosen- (RAV) oder Sozialamt beziehen. Damals galten jene Kreise als gutbürgerlicher Mittelstand, der dafür hart arbeiten und sparen musste. Die Anspruchsmentalität hat sich innerhalb von drei Generationen als jene

Disziplin erwiesen, die weitaus inflationärer anstieg als der Geld-wert im gleichen Zeitraum. Auch hier stellen wir das gleiche, ver-hängnisvolle Denken der Strategen fest: Indem sie definieren, wo die Armutsgrenze zu liegen hätte und gleichzeitig vom Staat for-dern, er hätte ohne Wenn und Aber für die Finanzierung dieses Programms aufzukommen, überfordern sie das Land. Natürlich ge-hen diese Kreise davon aus, das Geld müsse eben dort geholt wer-den, wo es liege. Caritas ignoriert bewusst, dass Menschen, die hart arbeiten, keine Bereitschaft zeigen, von ihrem Verdienst mehr als einen Drittel abzuliefern. Damit wird eine verhängnisvolle Spirale in immer schnellere Drehung gesetzt: Die persönliche Eigenverant-wortung macht dem anonymen Anspruchsdenken Platz: «Jemand» ist schließlich für mein Wohlergehen verantwortlich.

Jetzt stehen wir auch hier an einer Wasserscheide und müssen entscheiden, in welche Richtung es weiter gehen soll. Die persönli-che Verantwortung des Menschen für sein Leben kann nicht an ei-nen Staat delegiert werden. Nothilfe zu gewähren ist eine Errun-genschaft unserer Gesellschaft, doch wenn «Not» so definiert wird, dass immer größere Kreise der Bevölkerung als «notleidend» einge-stuft werden, kippt das System. Der Staat wird missbraucht, wenn er z.B. für die finanziellen Konsequenzen aufzukommen hat, die aus Scheidungen entstehen. Das sind keine unverschuldeten Notlagen und noch vor 50 Jahren wäre es keinem Menschen in den Sinn ge-kommen, dafür den Staat verantwortlich zu machen.

Doch auch von anderer Seite droht unserer Gesellschaft Unge-mach. Dass der Wachstumsrausch der Wirtschaft als Garant spru-delnder Geldquellen immerwährend anhalte, galt zu lange als Selbstverständlichkeit. Dass es so nicht immer weiter gehen würde, hat uns keine Konjunkturforschungsstelle vorausgesagt. Der Schock kam über Nacht. Seit 2008 sinken Einkommen, seit 2009 die Steu-ereinnahmen. Menschen und Staaten sind brutal aus der Euphorie des Jahre anhaltenden Wachstums-Booms aufgeschreckt worden. Die staatlichen Defizite explodieren mit ungeheurer Geschwindigkeit. Schließlich hat der Staat – wie oben beschrieben –unseren bisherigen Lebensstil zu garantieren. Noch versuchen Politiker in den USA, der EU und der Schweiz verzweifelt, das Gesicht zu wahren. Mit unerhörten Milliarden-Defiziten, von denen wir in den Medien lesen, als handle es sich dabei um Wetterprognosen, werden Konjunkturstützungspakete veranlasst, damit der Konsum nicht einbricht. Jetzt lebt es sich halt auf Kosten der nächsten Generationen – und viele finden das ganz normal.

«Wir sitzen alle im gleichen Boot», trösten Politiker ihre Wähler. Tatsächlich. Dass wir unseren Lebensstil weiterführen, als sei nichts geschehen, und ihn mit immer neuen Schulden finanzieren, ist nicht nachhaltig; natürlich auch, was die Umwelt angeht. Unsere Zeit ist die der kollektiven Verdrängung. Unsere staatlichen und gesellschaftlichen Baustellen sind uns nicht der Rede wert, derweil der Ausbau der Autobahnen und Flughäfen ungebrochen weitergeht. Die längst überfälligen Rosskuren stehen nicht einmal auf den Traktandenlisten in Brüssel, Berlin, Bern. In Rom gibt es dafür schon gar kein italienisches Wort.

Doch wir sitzen offensichtlich nicht alle im gleichen Boot. In den letzten Jahrzehnten hat sich in der westlichen Welt eine Schattengesellschaft entwickelt, genannt Banken-Welt[6]. Sie definiert ihre eigenen Spielregeln. Mit der Arroganz des Ignoranten, der «es Wert ist» im Laufe eines Jahrzehnts viel mehr zu verdienen als 10 000 hart arbeitende Underdogs zusammen, hat sich da eine unappetitliche Klasse selbst herangezüchtet, die zurzeit noch unbelehrbar scheint. Die Auswirkungen ihres Verhaltens – ihres privatlogischen Werte-

---

[6] Banken-Welt: Die Rede ist von jenen Instituten, in denen Angestellte für ihre Arbeit zehn- bis zwanzigmal mehr Entschädigung erhalten als in jeder anderen Branche, obwohl sie dafür nicht mehr Arbeitsleistung aufwenden. In die gleiche Kategorie der «Übermenschen» gehören vereinzelte CEOs (CEO: chief executive officer = Generaldirektor, Firmenboss) oder Verwaltungsräte, mit denselben Attributen. Nicht betroffen zu fühlen hat sich zu Recht die große Mehrheit der Angestellten in Banken und Unternehmen, die nicht dieser Schattenwelt zugeordnet sind.

systems – in dieser gespaltenen Arbeitswelt werden erst mit der Zeit sicht- und spürbar. Die Gesellschaft beginnt, sich zu radikalisieren, die Populisten scharen weitere Kreise (die die Welt nicht mehr verstehen) hinter sich, die auf den Erlöser aus dieser Welt der Ungleichheit vertrauen. Diese gefährliche Situation kennen wir noch aus dem letzten Jahrhundert.

Wenn Menschen ihr Verantwortungsgefühl verlieren, ist das beängstigend. «Abzocker» als Unwort des Jahres ist ein relativ neuer Begriff und enthält das Urteil der Normalbürger: Solche Menschen haben kein Verantwortungsgefühl mehr, weil sie Ethik als mittelalterliches Anhängsel betrachten, weil sie Unrecht mit raffinierten Rechtskonstruktionen verschleiern und weil sie persönliche Arroganz als Lifestyle zelebrieren. Doch auch «Rentenklau» ist Unwort des Jahres (2009), auch relativ neu im Gebrauch und auch da in die Irre führend, da es etwas als gestohlen suggeriert, was einem nicht als Lebenselixier garantiert ist und wofür die eigene Verantwortung haftbar wäre. Als weiteres Unwort des Jahres (des nächsten) wird uns wohl «Datenklau» beschäftigen und auch hier liegt Verantwortungslosigkeit an der Basis. Ein System, das von Steuerhinterziehung oder -betrug lebt, ist schon in seinen Grundzügen kein verantwortungsvolles Engagement einer Branche oder Politik eines Landes.

Wir stellen fest: Eine Berufsgattung entledigt sich ihrer Verantwortung als Teil der Arbeitnehmerwelt, Unternehmen entziehen sich ihrer Verantwortung als integrierter Bestandteil der Gesellschaft, Menschen entsorgen ihre persönliche Verantwortung auf dem Sozialamt und die unermüdlichen Verteidiger der schweizerischen Bankgeheimnis-Politik blenden seit Jahrzehnten jede Verantwortung gegenüber dem größeren Ganzen – Respekt vor funktionierenden Staaten irgendwo auf der Welt – mit Verweis auf nationale Gesetzeskonformität oder Nichtzuständigkeit aus.

«Baustelle Gesellschaft» steht hier also, stark verkürzt, für einen großen Nachholbedarf im Regelwerk unseres Zusammenlebens. Es gibt Dutzende von anderen Beispielen, deren Erwähnung ebenso gerechtfertigt und angezeigt wäre. Doch warum fühlen sich immer mehr Menschen nicht verantwortlich für ihr Tun oder Nichttun? Tappen sie in die Falle des falsch verstandenen Egoismus oder Fatalismus? Sehen sie sich hier als ehrenwerte Mitglieder einer «verantwortungsbewussten» Gilde hoch qualifizierter Übermenschen oder dort als unbeteiligte Opfer des Systems Arbeitsmarkt? Wohlstands- und Wohlfahrtgesellschaft sind keine Gegensätze. Solange jedoch hier staatsgläubige Umverteiler nach immer neuen Leistungen und dort neoliberale Ewiggestrige unentwegt nach Steuersenkungen rufen, werden zukunftsfähige Lösungen verhindert. Wer nur seinen Standpunkt verteidigt, ist hauptschuldig am Stillstand und der Abwärtsspirale, in der sich die westlichen Gesellschaften seit einiger Zeit befinden. Ihr Bewusstsein und ihr Verantwortungsgefühl sind nicht mehr auf der Höhe des 21. Jahrhunderts.

«Es gibt verschiedene Arten, auf eine Situation zu reagieren. In der Ohnmacht verharren, welche durch die Übermacht des angstbereitenden Objekts oder Phänomens bewirkt wird, das ist Abdankung und Selbstaufgabe. Eine andere Reaktionsform ist es, mit dem Aufwand an eigener Macht zu antworten. Mit anderen Worten: Der Versuch, Macht zu gewinnen. Das sind jedoch keine echten Lösungen, sondern nur ein Verschieben, ein rationaler Trick» (Jean Gebser). Vom gleichen Autor stammt auch jener bedeutungsschwere Satz, der uns zum nächsten Kapitel führt und der signalisiert «Mutationen[7] sind immer dann aufgetreten, wenn die herrschende Bewusstseinsstruktur zur Weltbewältigung nicht mehr ausreichte.» Mit Hilfe der vielen spektakulären neuen Erkenntnissen aus der Hirnforschung, können wir uns aufmachen, den Ausweg aus dieser Sackgasse bewusst zu suchen. Es sind Entdeckungen, die den Menschen in Zukunft weniger als Rätsel, denn als Wunder beschreiben.

---

[7] Mutation im Sinne einer neuen Bewusstseinsstruktur, die – wie letztmals um 500 v. Chr. – in den Menschen zu neuem Denken und Handeln führt, da das Alte als nicht mehr genügend, als Krisen verursachend, empfunden wird.

Denn mit jedem Schritt, da wir uns ein immer besseres Wissen darüber aneignen, wie wir als Individuum funktionieren, wird Rätselhaftes verständlicher und gleichzeitig steigt unsere Verwunderung darüber.

RÄTSEL MENSCH

Seit dem Tag, als auch Hirnforscher meinten, die menschliche Freiheit sei eine weit verbreitete Illusion, die es nicht gäbe – da unser Handeln von der Aktivität unserer Neuronen gesteuert würde –, sind einzelne Philosophen in Aufruhr. Die provokative Bemerkung, dass unsere «Freiheit» eine Einbildung wäre, die uns das Hirn nur vorspiele, bringt sie in Rage. Dazu ist vorerst zu sagen, dass es zukünftig nicht darum gehen wird, was sich Gegner in diesen Fragen gegenseitig an den Kopf werfen, sondern um vorläufige Erkenntnisse verantwortungsvoller Menschen aus beiden Lagern, die sich zuhören und offen genug sind, Interessantes von der anderen Seite in ihr eigenes Weltbild einzubauen. Der Anspruch «Die Wahrheit zu kennen» ist ebenso trügerisch wie von Standesdünkel geprägt. Zum gegenwärtigen Zeitpunkt gibt es allerdings so viele neue Entdeckungen der Hirnforschung, dass wohl einiges der Jahrtausende alten philosophischen Erkenntnisse ein weiteres Mal kritisch hinterfragt werden muss. Doch gerade deshalb ist es von großer Wichtigkeit, dass viele Einzelteile dieses Philosophenweltbild-Mosaiks, solche, die unumstößlich Gültigkeit behalten, geklärt und gelehrt werden.

Wenn sich also ein ehrlicher Dialog über solche Streitfragen entwickelt, wird es zu kooperativen, statt konfrontativen Diskussionen kommen (siehe Kapitel 3). Ein wichtiges Thema für den runden Tisch, an dem Geistes- und Naturwissenschaftler säßen, wäre sicher das des freien Willens des Menschen. Die These der vollständigen Determiniertheit des menschlichen Handelns (dass also z.B. Straftäter nicht verurteilt werden dürften, da sie für ihre Tat gar nicht schuldfähig wären) wird zwar als «bewiesen» dargestellt, doch sind wohl jene Hirnforscher in der Mehrzahl, die darüber nachdenken und sich nicht auf «endgültige» Beweise festlegen. Tatsächlich kann auch die (philosophische) Hypothese, wir hätten einen freien Willen, mit einem robusten lebensweltlichen Vorverständnis rechnen, unsere Strafrechtspraxis gründet ja darauf. Dass unser alltägliches Moralbewusstsein dafür spricht, dass wir geistige Wesen sind, ist da weitgehend unbestritten. Doch würde der Hirnforscher wohl meinen, dass dieser Geist des Subjekts letztlich auf Hirnprozesse zurückzuführen sei und der Philosoph ihm gegenüber nachfragen, was denn der Stoff sei, aus dem die geistigen Prozesse sind. Was soll die Betonung des Unterschieds im sprachlichen Ausdruck? Ob wir über elektromagnetische Abläufe im Hirn oder darüber, ob der Geist ein Widersacher der Seele oder ob «die Tat des Geistes im Willensakt zu suchen ist» – da landen wir doch unausweichlich bei den «Loriot-Effekten»: Die Unangemessenheit der Sprache zur Beschreibung eines bestimmten Erlebnisses hat irgendwann etwas Komisches. Die weiter vorn behandelte These der Neuroforscher, das alles sei eine vom Hirn errichtete Illusionskulisse, ein Sprachspiel, mit dem uns die Natur «Freiheit» vorgaukle, um bei einer Handlung frei zu sein, dies alles entspreche einer nachträglichen Rationalisierung, tönt ja tatsächlich etwas abenteuerlich, doch es ist eben die Sprache jener, die ein Phänomen aus ihrem beruflichen Blickwinkel beschreiben. Effektiv ist die psychische von der physischen Beschreibungssprache unterschiedlich. Wer Geist und Natur als identisch betrachtet, ist wohl auch nicht gezwungen, diese Identität nach Prozentanteilen Geistigem oder Physischem zu untersuchen.

Belassen wir doch vorerst dem Philosophen seine Ansichten über die Normen des Zusammenlebens, die Geltung der Logik und die Definition der Freiheit. Er ist der Überzeugung, solches ließe sich nicht auf neuronale Abläufe reduzieren sondern: «Frei nenne ich doch häufig Handlungen, die gut überlegt sind, die nach menschlichem Ermessen gelten, die die Zustimmung anderer haben – wenn all diese Kriterien erfüllt sind, bin ich zuweilen berechtigt, sie frei zu nennen» (Manfred Frank, Professor für Philosophie in Tübingen, im ZEIT-Interview). Die Ansicht, dass Menschen ab und zu die wunderbare Eigenschaft zeigen, sich gegen die – normativ tonangebende – Mehrheit zu stellen und damit womöglich gegen ihr eigenes Wohlergehen handeln, ist an sich ja tatsächlich großartig. Wenn jetzt der Neurowissenschaftler sagen würde, auch das sei materiell erklärbar, denn die Signale, die ich von anderen bekäme, übersetzten sich wieder in neuronale Impulse. Warum die Aufregung? Wir stehen ja nicht vor dem Richter, der letztinstanzlich zu entscheiden hat und der sich seinerseits auf vermeintlich rationale Gesetzesparagraphen zu beziehen hat. Denn wir haben längst gelernt, dass auch diese selbst ab und zu geändert werden müssen, weil sie sich auf Vergangenes, gar auf bundesgerichtliche Präzedenzfälle abstützen und sich die Gesellschaft und ihre Ansichten in der Zwischenzeit weiter entwickelt haben Richtung Zukünftiges.

Unserem Rechtssystem droht wohl keine Neuro-Revolution, doch sollten sich Juristen bewusst sein, dass die Hirnforschung praktische Konsequenzen haben könnte. Auch da scheint die vernetzte Kooperation zwischen Juristen und Kognitionswissenschaftler sinnvoll. Die Rechtswissenschaft kann sich kognitionswissenschaftliche Naivität in praktisch-politischer Perspektive nicht mehr leisten. Genauso wenig, wie sich in Fragen der moralischen und rechtlichen Theorie eine erstzunehmende Grundlagenforschung über normative Phänomene unbeschlagen geben kann. Regeln und Normen bleiben wohl das Skelett jeder gesellschaftlichen Ordnung. Sie sind sinngebende Wegweiser und vermitteln den Menschen inhaltliche Orientierungen. Unser Rechtssystem ist ein solches Konstrukt das die menschlichen Handlungen in den Rahmen moralischer Maximen und rechtlicher Vorgaben stellt. Und die Wirkung dieser Normen ist weitreichend, weil sie das Innere des Menschen nicht weniger als die letzten Winkel der äußeren Ordnung ergreifen.

Manchmal wird den Geisteswissenschaftlern vorgeworfen, sie seien nicht effizient oder nützlich. Die philosophische Frage darauf: Warum sollte Nützlichkeit für sich ein moralisches Kriterium sein? Doch dahinter steht eine ganz andere Frage, etwa: Warum sehen wir uns mit einer – mit dem sich ausbreitenden Materialismus einhergehenden – Verelendung in der Gesellschaft konfrontiert, die doch so offensichtlich für das Gemeinwesen nicht nützlich ist? Da wird die philosophische Fragerei eben wieder zu ihren Ursprüngen zurückgeführt und in ihrer ungebrochenen Gültigkeit bestätigt. Wir landen jetzt mitten in der aktuellen Wertediskussion und «die Sorge um die Schleifung der Werte dürfen wir nicht den Konservativen überlassen. Geisteswissenschaftliche Fächer an Schulen und Universitäten tradieren kulturelles Bewusstsein, sie erinnern eine ernüchterte Menschheit an die großen Sinnfragen, und selbst wenn wir die traditionellen Antworten nicht ungefragt hochhalten dürfen, wollen wir doch Vorbilder dafür haben, dass und wie solche Fragen gestellt werden müssen!» (Manfred Frank). Gerade mit Blick in die Zukunft stellt sich doch auch für uns die Frage, wie unseren Kindern in der technisierten Welt ein geisteswissenschaftlichen Orientierungswissen oder die Fähigkeit, es selbst zu erwerben, vermittelt werden kann.

Einer wichtigen Frage ist noch nachzugehen. In populären Diskussionen werden Determinismus und Fatalismus oft verwechselt. Da wird auch schon mal davon gesprochen, dass «die Auffassung von der kausalen Vorbestimmtheit allen Geschehens bzw. Handelns» dazu führt, die Hände in den Schoß zu legen und dem Welttheater nur noch zuschauen zu müssen. Doch wollen wir alle nicht eher vernünftige, nicht nur getriebene Urheber von Veränderungen in dieser Welt sein? Doch unsere noch so rationale Antwort auf diese Frage ... schon stehen wir wieder an. Was ist für wen vernünftig und wieweit ist die vermeintlich rationale Antwort nicht eine in jedem individuellen Ich emotional vorkonditionierte Meinung? Menschen, die auch auf diese Fragen eine unumstößliche, sichere Antwort kennen, sind aus ihrer Sicht wohl glücklich. Sind deren Antworten tatsächlich Glücksbringer für alle?

Vielen Menschen sind in den letzten Jahren ihre Grundgewissheiten abhanden gekommen; die Beliebigkeit des Handelns ist nur ein Zeuge davon. Dies gilt offensichtlich auch in der Politik. Sehnen sie sich deshalb nach den neuen naturwissenschaftlichen Gewissheiten? Die etwas vorschnelle Antwort des Philosophen auf diese Frage lautet: «Aber eine solche Art von Gewissheit, wie sie uns die Hirnforschung beschert, bringt uns in den wesentlichen politischen Fragen nicht weiter.» Da allerdings könnte man auch ganz anderer Meinung sein. Wie wir bereits gesehen haben, sind die Neuroforschung und Linguistik auf dem besten Weg zu einem neuen Verständnis. Wenn wir eines Tages immer besser verstehen können, wie andere Menschen denken, warum nicht anders (etwa so, wie wir) und wie sich das eben auch im politischen Verhalten täglich auswirken muss, dann kann uns das in vielen wesentlichen Fragen der Politik entscheidend vorwärts bringen. Da wären heutige Philosophen gut beraten, sich jetzt schon mit solchen Konzepten zu befassen, denn niemand hindert uns daran, nach Streben über die Erkenntnis der Stellung des Menschen in der Welt nachzudenken, auch neu zu denken.

Gerade mit diesen letzten Erkenntnissen der Neurowissenschaften im Kontext mit Politik und Wirtschaft werden wir noch intensiv beschäftigen. Wir sagen dabei nicht: Du musst dich ändern! Vielmehr gehen wir davon aus, dass jeder Mensch, der nachdenkt und zu neuer Meinungsbildung fähig ist (das hat dann gar nichts mit Wendehals zu tun), sich selbst ändern kann.

HERAKLIT, DER KRITISCHE POLITIKER
PHILOSOPHISCHER ZWISCHENHALT I

«Man kann nicht zweimal in den gleichen Fluss steigen», soll Heraklit (~550–480 v. Chr.), der erste dialektische Denker aus Ephesos in Kleinasien, einst gesagt und damit gemeint haben: «Alles fließt, nichts bleibt.» Diese Überlieferung hat wohl auch deshalb überlebt, weil er als erster griechischer Philosoph deklamierte, dass alles auf der Welt dem ununterbrochenen Werden und Vergehen unterworfen sei. Heraklit erschien den Griechen als «der Dunkle», was wohl damit zusammenhing, dass er sich in gewaltigen Gedanken gegen alles Gewohnte das Verschiedenste zusammendachte.

Dieser aristokratische Mann äußerte sich ausdrücklich auch politisch, obwohl nicht politisch aktiv; der Legende nach soll er auch mit dem Perserkönig Darius korrespondiert haben. Die damalige verfahrene politische Situation (wie sich doch die Zeiten nicht ändern!) veranlasste ihn, die Ansätze der Demokratie abzulehnen. Er kritisierte immer wieder die landläufige Volksmeinung, etwa: «Zu hören verstehen sie nicht, noch zu sprechen, sie verstehen nicht, wenn man sie belehrt, aber sie bilden sich ein, sie verstünden» (zitiert nach Wilhelm Weischedel). Zu dieser Zeitkritik fühlte er sich berufen, schließlich wusste er, wie es mit den Dingen in Wahrheit stand, denn er besaß den Logos, die Einsicht. Heraklit erfasste die Wirklichkeit als widersprüchlich. Er wurde nicht müde, auf die Gegensätze, die sich überall zeigen, hinzuweisen: Tag – Nacht, Winter – Sommer, Krieg – Friede, Überfluss – Hunger. Diese durchgängige Gegensätzlichkeit, deren Glieder immer aufeinander bezogen sind, beschäftigte ihn. So soll er gesagt haben: «Alle Dinge sind durch ihr gegensätzliches Verhalten zusammengefügt» (ebd.). Diese haltende Einheit erblickte er dahinter – das Ganze. Mit Blick auf die Zerrissenheit der Wirklichkeit meinte er: «Unsichtbare Harmonie ist stärker als sichtbare» (ebd.). Ganz im Gegensatz zu diesem Ausspruch jedoch auch diese seine Erkenntnis: Den Streit (Krieg) erklärt er zum Vater aller Dinge (als Kampf der Gegensätze). Heraklit war also dem «Logos» der Welt auf der Spur, das Gesetz, das in allem wirkt, der Grund, der in allem waltet und alles steuert.

Da zeigt sich bereits jener unterschiedliche Denkansatz, den Heraklit von seinem Zeitgenossen Parmenides unterschied (und der bis heute hartnäckig besteht): Das wahre Sein ist bei Letzterem nicht zerspalten in Einzelteile, sondern alles hängt mit allem zusammen in der Ganzheit. Die Wirklichkeit in ihren Widersprüchen, die Welt in ihrer Zerrissenheit, vor 2500 Jahren! Könnte der Mensch nach so vielen Jahren daraus eine Lehre ziehen? Die beiden Grundprinzipien des Seins – müssen sie sich ergänzend oder bekämpfend gegenüberstehen? Aus diesem zeitlosen Zwiespalt hat sich der Dualismus entwickelt und erneut stehen wir, zum Beispiel in der Politik, vor der falschen Fragestellung: Wer Recht hätte, was wahr wäre? Die Fragen sind offensichtlich nicht zu beantworten. Doch könnte es eine Erkenntnis geben: Wer auf seinem polarisierenden Standpunkt verharrt, fördert auf der Gegenseite den extrem anderen Standpunkt – es gibt keine Lösung, kein Weiterkommen. Die beiden blockieren sich.

Wer das, 2500 Jahre nach Heraklit realisiert, könnte – wenn er/ sie nur wollte – Verständnis entwickeln für einen Kompromiss, für eine ganzheitliche Betrachtung, bei der die beiden Pole berücksichtigt sind. Wie wir in den folgenden Kapiteln sehen werden, sind aus der Gehirnforschung neue Erkenntnisse verfügbar, die durchaus zur Hoffnung Anlass geben: Der Mensch (dessen Gehirn) funktioniert lösungsorientiert, nicht Konflikt suchend.

Alles, was auf den ersten Blick Vielfalt oder Gegensatz ist und dabei vielleicht weit auseinanderklafft, schon Heraklit «dachte» das zusammen, oft schroff, mit aller Kraft, auf eine Weise, die wir heute als dialektisch verstehen. «Wovon es Sehen, Hören, Erfahren gibt, so etwas ziehe ich vor. Schlechte Zeugen sind den Menschen Augen und Ohren, wenn sie barbarische Seelen haben», sagte Heraklit. In diesen Überlieferungen aus der Zeit der alten Griechen, auch der anderen berühmten Zeitgenossen Heraklits, zeigt sich erstmals das Suchen nach dem Maß, dem rechten Verhältnis, das nicht nur in der Politik, sondern auch anderswo, z.B. in der Gerechtigkeit, der Architektur oder – dem Denken versteckt sein musste.

Es ist wohl nicht übertrieben, noch heute seine hervorragendste Entdeckung und seinen großen Beitrag zur Philosophie darin zu sehen, dass die reale Welt aus dem Gleichgewicht gegensätzlicher Strebungen besteht. Hinter dem Kampf der Gegensätze steckt ein verborgener Einklang, eben das Ziel der Harmonie der Welt.

Schließlich ist von Heraklit auch überliefert, was er über die Polis sagte: «Es ist dringender, die Überheblichkeit zu löschen als eine Feuersbrunst» (Weischedel).

2 Der Mensch
Von alten Rätseln zu neuen Wundern

DAS NEUE ENTSTEHT VOR UNSEREN AUGEN

Auf der Suche nach den Erfindungen, die unser *Verstehen* zukünftig vertiefen helfen sollen, kommen aus der Neurowissenschaft unüberhörbar neue Töne. Je tiefer der Mensch Einblicke in die neuronalen Vorgänge erhält, desto näher rückt die nächste «Aufklärung». Jetzt erneuern sich frühere Erkenntnisse, sie entpuppen sich als erklärungsbedürftig, ergänzungswürdig oder schlicht überholt.

Das beginnt mit der bekannten, dennoch für viele etwas desillusionierenden Feststellung, dass unser Denken hauptsächlich unbewusst abläuft und wir in unserem Körper laufend Informationen verarbeiten, von denen unser subjektives Bewusstsein gar nichts erfährt. Es ist eine schlichte Täuschung, wenn das Bewusstsein meint, das Handeln des Menschen zu überblicken, gar zu kontrollieren, es im Griff zu haben. Im ersten Kapitel war von der *Wissensexplosion* der Menschen im antiken Griechenland die Rede. Damals entstand das bewusste Ich und damit das Phänomen Bewusstsein, wie wir es heute kennen. Diese Epoche geht ihrem Ende entgegen und damit auch die Tendenz einer gelegentlich etwas überheblichen Gesellschaft, die der Meinung ist, alles ließe sich geradlinig planen und rational begründen. Die neuerliche «Mutation» der Menschheit könnte mit der *Datenexplosion* zusammen hängen.

Unsere Informationsgesellschaft basiert auf der folgenreichsten technischen Revolution der letzten 600 Jahre. Die digitale Technik hat inzwischen die ganze Welt überrollt und innert 25 Jahren so ziemlich alles im Alltag auf allen Kontinenten grundlegend verändert. Für die Datenübertragung sind Raum und Zeit vernachlässigbare Größen, sie schuf eine «digitale Nachbarschaft», die einerseits faszinierend, andererseits beängstigend ist. Datenschutz und Datenklau sind zu Begriffen mit Sprengkraft avanciert. Nationale und kontinentale Grenzen sind transparent für kulturelle und wirtschaftliche Unternehmen. «Der digitale Planet besitzt die Größe und Form eines Stecknadelkopfs» (Nicholas Negroponte). Wie wir kommunizieren, beeinflusst unser Denken, Lernen, Arbeiten, Forschen — unser Leben. Diese unblutige Revolution hat die alten Printmedien in einen abgrundtiefen Krisenstrudel gerissen, während gleichzeitig Laptops, Play-Station, iPods, iPads, Skype-Telefonie, Facebook oder immer leistungsstärkere Computer neue Kommunikations- und Forschungsformen ermöglichen. Musik und Bilder werden digitalisiert, indem sie als Kette einzelner Zahlen aufgezeichnet, anschließend in Bits umgewandelt werden. Glasfaserkabel erleichtern den schnellen Internet-Zugang. Briefe werden, zum Leidwesen aller Postgewerkschaften dieser Welt, elektronisch versandt. Bücher erscheinen über Nacht im Internet, ganze Bibliotheken werden digitalisiert, wir können am Sonntag — statt in die Kirche zu gehen — weltberühmte Klosterbibliotheken in die gute Stube holen. Das Smartphone ersetzt das Schulbuch. «Die Frage ist nicht, ob die Schule solche Geräte erlaubt oder nicht, in fünf bis zehn Jahren haben alle Kinder so ein Gerät. Die Frage ist nur, wie die Schule damit umgehen will» (Beat Grossrieder). Die Gleichzeitigkeit der Welt ist Tatsache. Wenn wir also in diesem Buch die Wissensexplosion als Auslöser der zu Ende gehenden *mentalen* Zeitstruktur bezeichnet haben, so scheint es folgerichtig, zu Beginn des 21. Jahrhunderts von der Datenexplosion als treibender Kraft in die *integrale* Zukunft zu sprechen.

Wir wollen also versuchen, aus der unendlichen Fülle von neueren Entdeckungen im Gefolge dieses epochalen Umbruchs einige

«Wegweiser» herauszusuchen, die unsere These des modernen *Verstehenkönnens* dokumentieren. Die einzelnen Beispiele sind nicht repräsentativ, aber scheinen im gewollten Zusammenhang geeignet, uns die Augen zu öffnen. Beginnen wir schon mal bei der Neudefinition der *Komplexität*. Physiker berichteten schon zu Ende des letzten Jahrhunderts über die Ergänzung der Begriffe Ordnung und Unordnung. Es muss etwas Drittes geben, meinten sie, etwas das weder totale Unordnung noch vollkommene Ordnung ist, etwas, das nicht trivial, sondern kompliziert ist, ohne untergeordnet zu sein – Komplexität. Würden wir die Welt nur in der dualistischen Sichtweise von Ordnung oder Unordnung sehen, hätten wir nur sehr wenig Spielraum. Totale Unordnung ist uninteressant, ein Durcheinander, das man nicht klar beschreiben kann. Aber auch vollkommene Ordnung ist uninteressant, was es darüber zu schreiben gibt, ist schnell gesagt. Dieser Bereich zwischen Ordnung und Chaos umfasst jedoch alles in allem das, worüber zu reden sich lohnt, lebendige Wesen, veränderliches Wetter, wunderbare Landschaften, freundschaftliche Gespräche. Genau das hatte im alten naturwissenschaftlichen Weltbild eines Newton keinen Platz, es beschrieb eine einfache und überschaubare Welt. Wenn wir Komplexität als vielschichtiges Ganzes betrachten, dessen Einzelteile vielfältig verknüpft sind, liegt auch hier die Informationstechnologie zu Grunde. Plötzlich konnte man in vollem Umfang nachrechnen (seit Computer zur Verfügung stehen, die die mühselige Rechenarbeit erledigen) und stellte dabei fest, dass selbst einfache Gleichungen zu sehr komplizierten Lösungen führten. Damit wurden die einfachen Weltbilder durch viel komplexere ersetzt.

Unser Bewusstsein ist etwas sehr Seltsames. «Der Trick des Bewusstseins besteht darin, dass es zwei sehr verschiedene Arten des Zugangs zur Welt kombiniert, nämlich einerseits die Sinnesempfindung von Einwirkungen aus der Außenwelt und andererseits das Bild, mit dem wir diese Wahrnehmungen erklären. Die Simulation unserer Wahrnehmungserlebnisse ist eine Hypothese über die

Wirklichkeit. Die Simulation ist das, was wir erleben, die Dinge selbst erleben wir nicht. Wir erleben nicht einfach das, was wir wahrnehmen, weil wir viel zu viel wahrnehmen, Millionen Bits pro Sekunde. Wir erleben nur einen Teil dessen, was unsere Sinne erfassen, den Teil nämlich, der im gegebenen Zusammenhang sinnvoll ist» (Tor Nørretranders). Diese Auffassung setzt die sehr weitreichende Behauptung voraus, unser unmittelbares Erleben sei eine *Illusion*, die gedeutete Daten präsentiert, als seien sie unbearbeitet. Diese Illusion ist der Kern des Bewusstseins: Die Welt, erlebt als sinnvoll und gedeutet. Aber warum erleben wir nicht, dass unser Erleben aus bearbeiteten Daten besteht und dass vorher riesige Informationsmengen aussortiert worden sind? Eine vereinfachte Erklärung für diese Frage lautet: Das Bewusstsein stellt sich verzögert ein, weil es uns ein Bild der Außenwelt präsentieren will, das zweckmäßig ist. Es ist ein Bild der Außenwelt, das uns präsentiert wird, nicht eines von all der Feinarbeit, die das Gehirn leistet. Und dieses Bild ist unser persönliches Erlebnis und nichts mehr. Wir schneiden quasi eine Menge Informationen aus der Umgebung heraus (andere halten wir fern oder mustern sie aus), um uns unserem eigenen Leben im Innern unseres Kopfes und im Innern der Gesellschaft widmen zu können. Deshalb die etwas brutale Definition: Die Welt, die wir sehen, spüren, fühlen und erleben ist eine Benutzerillusion. Jetzt sind wir um eine Illusion ärmer.

Trotzdem können wir natürlich auch von kollektiven gesellschaftlichen Bewusstwerdungsprozessen sprechen, die – vergleichbar mit jenen vor 2500 Jahren – die Menschen ihre Welt neu sehen lassen. Mit dem wunderbaren aufrüttelnden Bild unseres azurfarbenen Planeten, übermittelt aus dem All von den um die Erde kreisenden Kameras, erwachte ein neues Denken und Verantwortungsgefühl. Umweltbewusstsein ist fortan, als Folge eben dieses Bildes der Außenwelt, sozusagen eine Erlebniserweiterung per se. Unser Selbstverständnis ist ein neues, seit die Erde selbst zum von außen betrachteten Himmelskörper geworden ist. Dieses Bild in unserem

Gehirn konnten frühere Menschen nicht sehen, es ist aber heute – ob wir wollen oder nicht – in uns «kodiert und abgelegt»: Die Verantwortung für unseren Lebensraum können wir nicht mehr an andere delegieren. Viele Menschen wissen das heute intuitiv und beschäftigen sich – sozusagen kollektiv – mit diesem wichtigen Thema, das eines der Hauptkriterien unserer *integralen* Zukunft sein wird.

Zum neuen Weltbild gehören zweifellos auch die Entdeckungen des Mathematikers Benoît Mandelbrot, Mitbegründer der Chaostheorie und fraktaler Geometrie. Die fraktale Dimension, ein neuer Begriff für eine neue Zeit, will aufzeigen, wie viel Platz «zwischen» unseren Alltagsvorstellungen liegt. Diese Welt des Mathematikers ist vielleicht vergleichbar mit Albert Einsteins vierter Dimension (die, der Zeit), kompliziert und für uns nicht vorstellbar. Hier aber interessiert im Buch-Zusammenhang die Feststellung, dass wir mit «gradlinigen» Begriffen zu operieren gewohnt sind, wenn wir uns die Welt simulieren, wenn wir unser Weltverständnis in Form technischer Systeme vergegenständlichen (etwas, was es in der Natur gar nicht gibt). «Die Balance zwischen dem Geradlinigen und dem Ungeradlinigen ist eine der großen Herausforderungen der Zivilisation. Sie ist letztlich eng verwandt mit der Aufgabe, die Balance zwischen dem Bewussten und Nichtbewussten zu finden. (...) In der Tendenz der Zivilisation zur Geradlinigkeit drückt sich deshalb die Macht des Bewusstseins über das Nichtbewusste, die Macht der Planung über die Spontaneität und schließlich in reinster Ausprägung dort, wo viel Macht konzentriert ist, aus» (Nørretranders).

Wer jetzt nur an den planwirtschaftlichen Sozialismus sowjetischer Prägung denkt, vergisst die sehr großen kapitalistischen Monopolkonzerne, die heute mit ihrer Macht, genannt Marktdominanz, den Handlungsspielraum der Weltpolitik einschnüren (Erdöl-, Erdgas- und Energiekonzerne, Universalbanken, Multis aus der Bau- oder Nahrungsmittelbranche als Beispiele). Der Marktmechanismus «der Markt regelt sich selbst» hat sich ad absurdum geführt und gesucht ist jetzt eine Alternative für die Zukunft. Davon sind wir noch weit entfernt. Dass die Politik in zunehmendem Maße damit zu tun haben wird, sich ebenfalls in neuen Begriffen zu definieren, erscheint in diesem Zusammenhang unausweichlich. Davon mehr im Kapitel 6.

Vorläufig begnügen wir uns mit der Überzeugung, dass je mehr Informationen uns zugänglich werden, wir desto empfänglicher werden für Unvorhersagbarkeit, Verblüffung, Überraschungen, Chaos, eben für das Andere, Neue neben der bestehenden Ordnung (der Ruf nach «Ruhe und Ordnung» ist immer reaktionär). Und vergessen dabei nicht, dass unser Bewusstsein aus ziemlich wenig Informationen besteht und sich trotzdem selbst als Ordnung betrachtet. Jetzt bekommen wir mehr Freude daran, nicht alles unter Kontrolle zu haben.

DER BIENENSCHWARM IN UNSEREM GEHIRN

«Im Gehirn werden Informationen multidimensional, nichtlinear und in permanenter Rückkoppelung ausgetauscht, es gleicht einem Bienenschwarm, der ständig seine Form, Zusammensetzung und Arbeitsverteilung ändert». So äußerte sich der Neurowissenschaftler Henry Markram, Leiter des Blue Brain Projects (Bau eines künstlichen Gehirns) an der ETH in Lausanne. Der Unruhestifter unter den Hirnforschern ist hervorragend geeignet, uns als Türöffner zur Neuzeit zu dienen, zum Übergang in die *integrale* Struktur – wie wir sie nannten – und damit gewissermaßen zu deren immanenten, eigentlichen «Quantensprung». Wir können *verstehen* lernen, um ganzheitlich handeln zu können. All die bisherigen Bemühungen der Hirnforschung, das Gehirn in seine Teile zu zerlegen, es in Areale einzuteilen und die Funktion einzelner Zellen zu erforschen, haben nach Ansicht des Forschers das Geheimnis des menschlichen Denkorgans nicht gelöst. Um dessen Funktionieren zu beschreiben, greift er zur Metapher: Im Gehirn sieht er eine ideale Demokratie verwirklicht; jede Nervenzelle ist einzigartig, und ein und dasselbe Signal wird von tausend Nervenzellen auf tausend unterschiedliche Arten verarbeitet. Doch zugleich respektieren sich die Neuronen vollständig und gleichen permanent ihre Interpretationen miteinander ab.

Dieser letzte Satz ist entscheidend: Noch sind wir in unseren Demokratien nicht soweit. Da ist uns ein anderes Gesellschaftsbild vertrauter, jenes, in dem einer behauptet, er habe recht und alle andern unrecht. Warum das so ist? Die Fortschritte der Neurowissenschaften geben erste Hinweise. Sie sind vorsichtig zu genießen, natürlich, aber sie sind ungemein spannend.

Markram ist wohl in vielerlei Hinsicht der Prototyp des modernen Naturwissenschaftlers, der mit seiner Arbeit einen Blick ins 21. Jahrhundert ermöglicht. Sein Aufbruch ins wissenschaftliche Neuland kennt vor allem zwei mögliche Ausgänge: Weltruhm oder glorioses Scheitern. Es braucht eine gehörige Portion Mut, ein solches Projekt zu starten. Doch seine Vision vom großen Ganzen, das alle Teile vereint und zugleich in allen Teilen enthalten ist – hier ist sie wieder, die *integrale* Zukunft.

Die Hirnforschung ist also hervorragend geeignet, uns erstaunliche Erkenntnisse zu liefern, die einen neuen Wissensschub auslösen könnten. Diese «Mutation» ist quasi Voraussetzung unseres Hoffens auf die großen, zukünftigen Chancen bei der Lösung der gewaltigen Probleme in unserer globalisierten Welt. Dabei können wir auf eine rund 4500-jährige Geschichte aufbauen: Die Ur-Hirnforschung wurde schon 1700 v. Chr. auf einem altägyptischen Schriftstück (Papyrus) thematisiert; es ist dort die Rede von 48 medizinischen Fällen, darunter allein 27 Hirnverletzungen, die wahrscheinlich bis 2500 v. Chr. zurückreichen.

Aus den Arbeiten Luz Jänckes, Professor für Neuropsychologie an der Universität Zürich, geht hervor, dass seit dem 20. Jahrhundert ein holistischer Ansatz dazu führt, psychische Prozesse als integrative Gesamtleistungen des Gehirns zu definieren. Die geistigen Funktionen entstehen danach im dynamischen Ensemble des ganzen Gehirns oder großer Teile davon. Da finden wir sie wieder, die ganzheitliche Erkenntnis. Die heutige Neuropsychologie beschränkt sich keineswegs darauf, nur die für geistige Prozesse jeweils «zuständigen» Areale auszukundschaften, sondern vielmehr das Zusammenwirken einzelner Module zu beobachten, um so die komplexen Leistungen des Wahrnehmens, Denkens und Fühlens immer besser zu *verstehen*. Mit der ständigen Verfeinerung der bildgebenden Verfahren − mittlerweile lässt sich mittels funktioneller Magnetresonanztomografie (fMRT) neuronale Aktivität bis auf circa einen Millimeter genau festmachen − gelingt es immer besser, das arbeitende Gehirn bei der Lösung von Aufgaben zu beobachten. Der warnende Hinweis des sprachgewaltigen Wissenschaftlers, die momentane Beliebtheit neuronaler Erklärungen könnte auch teilweise trend- und modebedingt sein, ist sympathisch. Die Realität kann noch viel komplizierter sein...

Jäncke vermutet weiter, dass viele Denktätigkeiten dem Einfluss unbewusst aufgenommener Reize unterliegen. Mittlerweile ist belegt, dass bei fast allen Lernvorgängen unbewusste Prozesse ablaufen, die zur Konsolidierung von Gedächtnisinformationen beitragen. Überhaupt liefert die neuropsychologische Forschung viele Belege für eine bemerkenswerte Plastizität des Gehirns. Die neuen Methoden offenbaren inzwischen, dass Lernen nicht nur das Verhalten, sondern natürlich auch das Gehirn verändert. Profimusiker verfügen beispielsweise über vergrößerte sensorische und motorische Areale und zwar umso mehr, je länger und intensiver ihre Ausbildung war. Es lassen sich also immer mehr psychische Phänomene am Gehirn «ablesen». Um bei diesen Arbeiten voranzukommen plädiert Jäncke für Kooperation statt Konkurrenz unter Neuroforschern und Psychologen. «Man muss schließlich wissen, wonach man sucht, um im Gehirn auch fündig zu werden».

Kooperation statt Konkurrenz oder Konfrontation (siehe Kapitel

3). Eine der wesentlichen Erkenntnisse zu Beginn des 21. Jahrhunderts, um zu neuen Lösungen zu gelangen – nicht nur in der Wissenschaft, auch der Politik würde dieser *integrale* Ansatz gut anstehen.

Wenn wir uns weiter für diesen Weg interessieren, wenn wir also *verstehen* wollen, warum wir in die Lage versetzt werden sollen, überhaupt *verstehen* zu können, lohnt es sich, die Bücher von George Lakoff, Professor für kognitive Wissenschaft und Linguistik an der UCLA in Berkeley zu studieren. Dieser Mann ist umstritten – wie alle Menschen, die grundlegend Neues verkünden. Doch er wird vor allem von seinen politischen Gegnern, den Republikanern kritisiert, das müssen wir einordnen. Denn die Erkenntnisse Lakoffs lassen ganz neue Schlüsse zu, etwa: Warum jener Mensch (z.B. George W. Bush) so und nicht anders tickt, so fundamental anders als eben dieser (z.B. Barack Obama).

Lakoffs Domäne ist der Zusammenhang zwischen unserem Denken und Handeln einerseits und der Wirkungskraft der daraus geformten politischen Sprache andererseits. Er versucht also nachzuweisen, dass sich in der Sprache und den darin verpackten Metaphern nicht nur eine (un-)heimliche Macht manifestiert, sondern dass eben mit seiner Theorie auch die dahinter steckenden Mechanismen aufgedeckt werden können (George Lakoff & Mark Johnson). Warum herrscht in der Rhetorik vieler politischer Führer die alte, dualistische Unterteilung in «Gut» und «Böse» vor? Mit einem «Blick ins politische Gehirn» zeigt sich, dass das politische Handeln in hohem Maße durch die Begriffe entschieden wird, in denen dieser Mensch über Politik denkt und spricht. Warum er aber gerade so und nicht anders denken kann, ist das Überraschende. Der laienhafte Versuch, in diesem Buch etwas Licht in den neuen Forschungszweig zu bringen, soll zweierlei dienen. Erstens: Wenn ich *verstehe*, warum ein Politiker, vor allem eine Führungsfigur, so (ganz anders als ich) spricht und dabei von der felsenfesten Überzeugung geleitet wird, nur diese, seine Sicht der Dinge sei «wahr» – wenn ich das nachvollziehen kann, wird meine Argumentation eine ganz andere werden. Zweitens: Was für Politiker gilt, lässt sich auf alle anderen Menschen übertragen. Im Vordergrund stehen die Wirtschaftsführer – weil auch diese im Rampenlicht und in der öffentlichen Verantwortung stehen, auch wenn sie es manchmal nicht wahrhaben oder begreifen wollen. Und wohl würden wir bei solchen Gedankenspielen auch weitere Personen aus unserem persönlichen Umfeld einzuordnen versuchen: zuallererst uns selbst, dann unsere Familienmitglieder, unsere Partner, Freunde, ab und zu wohl auch Autofahrer, Lobbyisten, den Papst oder den hohen Militäroffizier. Das alte, griechische «Erkenne dich selbst!» erhält jetzt eine ganz neue Dimension.

Gemäß Lakoff (aber für dieses Buch natürlich sehr stark komprimiert) bestimmen, ja formen – neben den genetischen Strukturen – unsere Erfahrungen die Beschaffenheit unseres Gehirns (George Lakoff & Elisabeth Wehling). In den fünf ersten Lebensjahren formt es sich, einzelne neuronale Verbindungen verschwinden, neue kommen dazu. Wer oder was entscheidet über diese «Bilanz»? Unsere persönlichen, einmaligen Erfahrungen. Jene Verbindungen, die zu unseren Erfahrungen passen, werden gestärkt, die übrigen geschwächt. Je häufiger eine Synapse genutzt wird, umso mehr chemische Rezeptoren für Neurotransmitter (Botenstoffe) wandern zu dieser Synapse. Deshalb gilt: Je häufiger eine Verknüpfung aktiviert wird, desto stärker wird die neuronale Verbindung zweier Ideen.

Bei allen Menschen läuft der überwiegende Teil ihres Denkens unbewusst ab, d.h. dieser Teil wird gar nicht wahrgenommen, nicht reflektiert, nicht kontrolliert. Und da wir alle in unterschiedlicher Umgebung, anderen Familien und Kulturräumen aufwachsen, machen wir natürlich entsprechend unterschiedliche Erfahrungen. Diese wiederum, diese «Bilder» sind sehr persönlich. Als Beispiel diene hier die bekannte Metapher «Diskussion = Krieg». Während unter Diskussion durchaus Argumentation verstanden werden kann, ist doch die Kriegsmetapher weit verbreitet: Diskussion wird dann als Kampf, ja Krieg gedacht – «Wort-Gefechte» oder mit Worten «schießen» und natürlich den Diskussionspartner, «den Feind besiegen» sprechen Bände. Jetzt ahnen wir bereits: Wenn jeder von uns die Welt zu einem großen Teil in Metaphern und anderen mentalen Konzepten versteht, benennen und verstehen wir viele Dinge so, wie sie (nur) für uns in unserem Gehirn vorhanden sind, eben in metaphorischer Form. Unsere gedankliche Realität – das, was für uns die «Wahrheit» ist – ist demzufolge zu einem erheblichen Teil «persönlich metaphorisch.» Doch längst wissen wir auch um die falsche Annahme, dass es objektive Wahrheiten in der Welt gäbe. Richtig hieße es: Für mich subjektiv wahr. Und da beginnen dann die Schwierigkeiten.

Die Erste: Die Annahme «Denken ist bewusst», wird widerlegt durch den oben beschriebenen Umstand, dass Denken zum allergrößten Teil unbewusst ist. Die Zweite: «Denken ist buchstäblich, es bildet die Welt an sich ab»; wenn das zuträfe, gäbe es weder Metaphern noch andere mentale Strukturen. Die Dritte: «Denken ist universell, jeder hat Verstand und denkt auf die gleiche Weise», wird durch die unterschiedlichen persönlich/kulturell geprägten Weltanschauungen widerlegt. Alle diese drei «entlarvten» Annahmen über den menschlichen Verstand wohnen dem Rationalismusgedanken inne. Und sie sind alle wissenschaftlich widerlegt. Die kognitive Wissenschaft hat gezeigt, dass sie schlichtweg falsch sind. Rationalismus – allein das rationale Denken als Erkenntnis zulassend – ist ein Mythos.

DEM HAUPT DER FAMILIE AUF DEN ZAHN GEFÜHLT

Wer kommuniziert, verwendet Metaphern, meistens ohne ihnen besondere Aufmerksamkeit zu schenken. Wer denkt, strukturiert den Kosmos seines persönlichen Bedeutungs-Universums durch solche Sprachbilder. Oft finden wir uns von Gefühlen überschwemmt, dann wieder treffen wir mit einer spontanen Bemerkung den Nagel auf den Kopf. Neue Erkenntnisse der Hirnforschung und der Linguistik kombinieren die Unbewusstheit eines großen Teils unseres Denkens mit solchen Sprachbildern. Ein Bild erklärt oft mehr als tausend Worte. Es ist deshalb hochinteressant, dieser Sache auf die Spur zu kommen. Metaphern haben einen Bedeutungsrahmen, der positiv und negativ genutzt werden kann. Spannend wird es für uns, wenn wir erkennen, dass diejenigen Menschen, die bewusst bestimmte Metaphern in die öffentliche Diskussion einführen, unser vermeintlich freies Denken sehr direkt beeinflussen können. So manipulieren sie eben zum Beispiel mit ihrem metaphorischen Konzept «Diskussion gleich Krieg», wie wir gesehen haben, den Zuschauer-, Zuhörer- oder Leserkreis. Sie greifen ihr Gegenüber an, sie fordern auf: Schießen sie los!, und mit ihrer Strategie versuchen sie, ihren Feind in eine Sackgasse zu treiben, um ihn zu vernichten. Der große Erfolg vieler Populisten liegt auch in dieser Taktik begründet, da liegt der Hund begraben, sind wir versucht zu sagen. Wer konsequent mit solchen Sprachschöpfungen argumentiert, etabliert in den Köpfen des Publikums Bilder, es gelingt ihm, seinen persönlichen Deutungsrahmen des Problems zu vermitteln und auch anderswo einzupflanzen. «Die Achse des Bösen» oder «Krieg gegen den Terror» öffnen Tür und Tor in den Köpfen des Publikums und lassen oft genug den wahren Hintergrund, die Rückseite der Medaille, verschleiert.

In diesem Buch, in dem es darum geht, in Zukunft besser verstehen zu können (warum etwa die Gesellschaft auf Populisten hereinfällt, warum sich in der Wirtschaftswelt eine Schattenwelt der Banker bilden konnte, warum hohe Wirtschaftsführer Jahresbezüge von Dutzenden von Millionen CHF/€ als gerechtfertigt betrachten oder wie sich konservative von liberaler Politik unterscheidet), ist unser Verständnis für den Gebrauch von Metaphern, deren Funktionieren und deren Suggestionskraft wichtig. Dass sich diese Bildübertragung im Gehirn unbemerkt abspielt, dass sich gewissermaßen «Macht-Haber» auf leisen Sohlen ins Gehirn schleichen, dass sich hinter der Rhetorik gefährliche Verführerinnen, mutige Winkelriede oder geniale Rattenfänger von Hameln verstecken, müssen wir erkennen. Im Kapitel 4 gehen wir diesen Phänomena nach. Im Moment verbleiben wir im eher etwas trockenen, theoretischen Teil, um später die praktischen Auswirkungen dieser Sprachbilder umso besser zu durchschauen. Der Krug geht zum Brunnen bis er bricht.

Die Duden-Erklärung für Metapher lautet: «Sprachlicher Ausdruck, bei dem ein Wort, eine Wortgruppe aus seinem eigentümlichen Bedeutungszusammenhang in einen anderen übertragen wird, ohne dass ein direkter Vergleich die Beziehung zwischen Bezeichnendem und Bezeichnetem verdeutlicht, bildhafte Übertragung». Jetzt sind wir im Bild! Die persönlichen Erklärungsversuche des Autors, warum, als Vorbereitung auf die Zukunft und des Verstehen-Könnens, die neuesten Erkenntnisse dessen, was in unserem Gehirn passiert wenn wir denken, so entscheidend sind, tragen das Risiko einer privaten Überbewertung in sich. Damit das Bild nicht aus dem Rahmen fällt: Versuch und Irrtum begleiten uns seit Menschengedenken.

Dem Haupt der Familie auf den Zahn gefühlt, den bildlich übertragenen Sinn dieser zwei Metaphern verstehen wir alle. Trotzdem, und damit keine Missverständnisse entstehen: Der Vater (Mann) ist natürlich längst nicht mehr der Familien-Chef oder gar Platzhirsch und die Ausforschung seines Tuns ist auch nicht Sache des Zahnarztes. Wir können also getrost feststellen, dass hier die erste Metapher von der Zeit selbst in der Abstellkammer der Gesellschaft verstaubt, während der zweite Teil durchaus überlebt in geheimen Hearings, schwer-wiegenden PUKs (politischen Untersuchungskommissionen) und in der entlarvenden Homestory der vermeintlichen Stars.

Um eine Vorstellung davon zu bekommen, wie alltagssprachliche metaphorische Ausdrücke uns Einsicht vermitteln können in deren Struktur, untersuchten Lakoff & Johnson das metaphorische Konzept Zeit ist Geld (Lakoff & Johnson). Wir sprechen so oder ähnlich: Sie vergeuden meine Zeit, dieses Gerät wird ihnen viel Zeit ersparen, ich habe keine Zeit zu verschenken, dieser platte Reifen kostete mich eine Stunde, du musst mit deiner Zeit haushalten, ich habe durch meine Krankheit viel Zeit verloren. Oder ganz prosaisch aus der Sicht des Autors dieses Buches: Danke für die Zeit, die Sie sich beim Lesen genommen haben! Das Konzept dahinter lautet: Zeit ist Geld oder Zeit ist ein kostbares Gut. Wir ziehen quasi unsere Alltagserfahrungen im Umgang mit Geld oder begrenzten Ressourcen heran, um die Zeit zu konzeptualisieren. Dieser Vorgang ist immer an eine bestimmte Kultur gebunden – natürlich nur dort, wo Zeit die gleiche Rolle spielt wie im Westen. In unserer Gesellschaft ist Geld eine begrenzte Ressource und diese sind kostbare Güter lautet also die Ableitung.

Die gezielte Systematik, aufgrund derer wir den einen Aspekt eines Konzeptes in Bildern eines anderen Konzeptes erfassen können, kann die anderen Aspekte dieses Konzeptes verschleiern. Wir konzentrieren uns zum Beispiel auf den vordergründigen kriegerischen Aspekt und lassen uns so davon abhalten, die anderen, versteckten Aspekte zu beachten. Daneben entscheidet das Bild darüber, ob wir im Gesprächspartner den Menschen sehen, der uns seine Zeit schenkt und um gegenseitiges Verständnis bemüht ist oder den andern, den es zu bekämpfen gilt und da treten dann die kooperativen Aspekte in den Hintergrund. Daraus lässt sich schließen, dass eine Metapher nicht unabhängig von ihrem Ursprung in der persönlichen Erfahrung verstanden werden kann. Kooperation statt Konkurrenz oder Konfrontation, da sind wir wieder bei dieser Feststellung im vorangegangenen Kapitel. Welche Metaphern ein Mensch gebraucht, weist somit darauf hin, welche Ziele er damit erreichen will und wie seine persönliche Prägung dabei eine Rolle spielt.

An dieser Stelle lohnt sich ein Einschub: Bis heute unterscheidet die Wissenschaft im «alten» Denkgebäude des Dualismus mehrheitlich zwischen Objektivismus und Subjektivismus. Entweder wir erfahren und beschreiben die Welt anhand von Objekten wie «Das ist ein Stein» und über diese objektive Realität können wir Aussagen machen, die objektiv, absolut und unabdingbar wahr oder falsch sind. Absolute Wahrheit wird hier als Faktum nicht in Frage gestellt. Objektiv zu sein, ist zudem etwas Gutes. Nur objektives Wissen ist richtiges Wissen und zudem vom Verstand geleitet. Oder wir begeben uns auf die Schattenseite: Wir verlassen uns eher auf unsere Sinne und Gefühle oder Intuitionen. Dabei betrachten wir unsere persönliche Geisteshaltung als Wegweiser oder Richtschnur. Während die Gegner dieser Konzeption darauf hinweisen, wie gefährlich solche persönlichen, unbewiesenen Aussagen wären, da sie die Wichtigkeit des Individuums übertreiben, warnt die andere Seite davor, dass Objektivität noch gefährlicher wäre, da sie das für Menschen Wichtigste, Substanzielle nicht erfasse, da es keine objektiven und rationalen Mittel gäbe, unsere Gefühle anzusprechen. Somit sei die objektive Wissenschaft unbrauchbar, wenn es darum gehe, die für das individuelle Menschenleben wichtigsten Dinge zu erschließen. Hier begegnen wir nach Peter Kunzmann dem Jahrtausende alten Widerspruch zwischen «Wahrheit ist absolut» des Platon und «Wahrheit ist subjektiv» des Aristoteles. Noch ist unsere Zeit geprägt vom Wahrheitsmodell der empirischen Wissenschaft, nicht zuletzt deshalb, weil sich die Romantiker mit ihrem radikalen Subjektivismus dem Postulat der Rationalität verweigerten. Doch was wird passieren, wenn es sich in der nahen Zukunft erweisen würde, dass dieser Gegensatz, das konstruierte Wahr/Nichtwahr, Richtig/Falsch, Rational/Irrational, keineswegs die einzigen erkenntnistheoretischen Wahlmöglichkeiten sind? Was, wenn Vernunft und Imagination, Rationalität und Emotionalität neue Bilder, neue Felder, neue Metaphern ohne Krieg, sondern als Kooperation definiert würden? Wir kommen im nächsten Kapitel wieder auf diesen wichtigen Aspekt einer Zukunft, in der wir wissen können, zurück.

Auf jeden Fall zeichnen sich auf vielen Ebenen neue Chancen ab. Der unversöhnliche Gegensatz, die Grabenkämpfe zwischen Objektivismus und Subjektivismus, müssen in den Hintergrund treten. Neue Realitäten, neue Bedeutungen, neue Optionen führen zur Gewissheit: Wenn Objektivismus und Subjektivismus je mit blindem Eifer vertreten werden ist das zu vergangenheitsbezogen. Weder ist das Eine, noch das Andere ausschließlich.

Damit nähern wir uns dem Neuen, das noch weitgehend in der Zukunft verborgen liegt. Es lässt sich für dieses Kapitel dadurch beschreiben, dass Metaphern nicht nur zwei sich unversöhnlich gegenüberstehende Welten symbolisieren, sondern dass alternative Deutungsmuster weiterführen werden. Denn, wie die Hirnforschung täglich zeigt, ist das Gehirn der Menschen zu unendlich viel mehr fähig als dem denkenden Abwägen zwischen nur zwei Möglichkeiten. Diese stimmige Weltsicht ist tröstlich. Das Sichtbare und das Unsichtbare in unserer Welt können allein schon durch einen Perspektivenwechsel verschmolzen werden. Während die Menschen in Zürich um Mitternacht den Sternenhimmel betrachten und, nicht zu Unrecht behaupten, es sei Nacht, schauen ihre Mitmenschen im Global Village in Neu Seeland zur selben Zeit in den gleichen Himmel und stellen zweifelsfrei fest: Es ist Mittag. Somit sagt die ganzheitliche Sicht der Dinge: Es ist nicht entweder dunkel oder hell auf der Erde, es ist gleichzeitig beides.

Die Zeit ist überfällig, in der wir verstehen können, warum der dualistisch verengte Röhrenblick, in dem die jeweils leitenden persönlichen Interessen die anderen Denkrichtungen ausblenden, unzeitgemäß geworden ist. Verstehen ist möglich, gerade weil wir beginnen zu realisieren, warum der Andere so und nicht anders denken kann. Und wer das nicht versteht, versteht er überhaupt sich selbst?

DENKEN IST HANDELN OHNE ZU HANDELN

«Die meisten Wörter, die wir beim inneren Sprechen verwenden, bevor wir einen Satz sagen oder schreiben, existieren in unserem Bewusstsein als akustische oder visuelle Bilder» (Antonio Damasio 1). Auch Damasio, Professor für Neurologie an der Universität von Iowa (USA), spricht also von «Vorstellungs-Bildern» beim Denken, «…sie machen vermutlich den Hauptinhalt unserer Gedanken aus». Ähnlich äußerten sich andere berühmte Wissenschaftler, etwa Benoît Mandelbrot (fraktale Geometrie, Anfang dieses Kapitels), der bekannte, er denke stets in Bildern, Richard Feynman, der große Physiker, der als Knabe Radios durch «denken» reparierte, verband Gleichungen immer mit Illustrationen und am deutlichsten sagte es Albert Einstein: «Wörter oder Sprache in schriftlicher oder gesprochener Form scheinen keine Rolle in meinem Denkmechanismus zu spielen. Die psychischen Gebilde, die als Elemente des Denkens zu dienen scheinen, sind bestimmte Zeichen und mehr oder weniger deutliche Vorstellungsbilder, die sich willkürlich hervorrufen und kombinieren lassen» (Helen Dukas & Banesh Hoffmann). Denken vollzieht sich somit nach Meinung führender Hirnforscher weitgehend in Bildern.

Eine weitere, bald hundertjährige Erkenntnis wird von den modernen Neurowissenschaften bestätigt. Wie schon Sigmund Freud feststellte, dass unsere psychische Aktivität vorwiegend unbewusst bleibt, so vertreten viele Kognitionswissenschaftler heute ebenfalls die Meinung, dass das Bewusstsein im geistigen und psychischen Leben nur eine Nebenrolle spielt und sich der Großteil unserer mentalen Operationen unbewusst vollzieht. (Der Nachweis dieser Erkenntnis beruht auf der klinischen Beobachtung hirnverletzter Patienten). Wenn man also bedenkt, wie viele tausende Informationsbruchstücke wir unentwegt verarbeiten, dann zeigt diese Methode – die Fähigkeit des Bewusstseins zu messen – wie ungemein begrenzt dieses tatsächlich ist. Der Löwenanteil an Informationen, die wir ständig verarbeiten müssen, wird offensichtlich im unbewussten Teil unserer Psyche prozessiert.

Zwei weitere Pioniere der Neuropsychoanalyse, Mark Solms und Oliver Turnbull, sind aufgrund jahrelanger Forschungen und eindrucksvoller Fallbeispiele zur Ansicht gelangt, dass sogar 95 % unserer Aktivitäten unbewusst determiniert sind (Mark Solms & Oliver Turnbull). Diese Art der Messung des Bewusstseins legt also nahe, dass es lediglich 5 % unseres Verhaltens erklärt. Aber ungeachtet der Frage, mit welchen Methoden das Bewusstsein gemessen wird, stimmen die meisten modernen Neurowissenschaftler in diesem Punkt also mit Freud überein: Lediglich ein sehr kleiner Teil unseres mentalen Lebens ist bewusst.

Die Einführung zu diesem Kapitel scheint wichtig im Zusammenhang mit Lakoffs Versuchen, die Auswirkungen unseres Denkens in Bildern und Metaphern zu untersuchen und entschlüsseln. Wie jetzt soeben festgestellt, bestätigen diese Forscher in aller Deutlichkeit, dass Geist und Körper eine enge Einheit bilden und dass ohne Gefühle kein vernünftiges Handeln möglich ist. Diese spektakuläre Versöhnung von Körper und Geist wird uns später in diesem Buch wieder beschäftigen. Für den Moment begnügen wir uns mit der Feststellung, dass Rationalität und Emotionen eng miteinander verflochten sind.

Die eigentliche Antriebskraft unseres zielgerichteten Handelns ist die biologische Notwendigkeit, unsere Bedürfnisse in der Außenwelt zu befriedigen. Unser Bewusstsein ist maßgeblich an der Erfüllung dieser Aufgabe beteiligt. Es setzt Informationen über den augenblicklichen Zustand des Selbst zu den Gegebenheiten der äußeren Umwelt in Beziehung – der Quelle aller Objekte, die das Selbst benötigt, um seine inneren Bedürfnisse befrieden zu können. Unsere Emotionen informieren uns über den augenblicklichen Zustand des körperlichen Selbst (Solms & Turnbull). Wichtig erscheint an dieser Stelle: Nur ich kann meine Emotionen oder nur Sie selbst (als Person, die dieses Buch liest) können Ihre Emotionen empfinden. Somit ist nicht nur die Wahrnehmung der Emotion subjektiv, sondern auch das, was sie wahrnimmt. «Was Sie wahrnehmen, wenn Sie eine Emotion empfinden, ist Ihre eigene subjektive Reaktion auf einen Vorgang – nicht der Vorgang selbst. Emotion ist eine Wahrnehmung des Zustands des Subjekts, nicht der Objektwelt. Wenn Sie durch einen Blitz oder Donnerschlag erschreckt werden, haben Sie nicht den Blitz oder Donner emotional wahrgenommen (diese haben Sie mit Ihrem Gesichts- bzw. Hörsinn gesehen und gehört); emotional wahrgenommen haben Sie vielmehr Ihre Reaktion auf diese Vorgänge. Das ist der Grund, weshalb ein und dasselbe Geschehen einen Menschen erschrecken kann und den anderen nicht» (Solms & Turnbull). Daneben gibt es natürlich auch bestimmte Vorgänge, die in nahezu allen Menschen ähnliche Gefühle wecken.

Unsere persönlichen Emotionen sind sozusagen mentale Fingerabdrücke. Daraus lässt sich Wichtiges ableiten: Wer aus seinem persönlichen Befinden (z.B. Ärger über den Bundesrat in der Schweiz) heraus generell ableitet, selbstverständlich hätten auch die anderen Menschen gleiche Reaktionen, ist auf dem Holzweg. Ein Großteil dessen, was mir als selbstverständlich erscheint, – die Welt, wie sie nun einmal ist – ist in Wirklichkeit das, was ich über die Welt gelernt habe, wie ich sie erinnere. Deshalb kann man wohl auch sagen, dass wir Erwachsenen fortwährend unsere Erwartungen (die Resultate früherer Erinnerungen) auf die Welt projizieren. Wir konstruieren somit unsere Umwelt in einem weit höheren Ausmaß als wir sie wahrnehmen. Somit wird auch klar, dass die Welt unserer (persönlichen) Alltagserfahrungen von der «Realität» abweicht, einerseits durch unseren Wahrnehmungsapparat, der selektiert und repräsentiert und andererseits durch unser Gedächtnis, das unsere früheren Erinnerungen zu wieder erkennbaren Objekten organisiert und transformiert.

Besonders eindrücklich formuliert dies der russische Neurologe Alexander Lurija. Er geht davon aus, dass der hierarchische Aufbau von Wahrnehmung und Gedächtnis sich während des menschlichen Reifungsprozesses umkehrt. «Beim Kleinkind hängen sämtliche Wahrnehmungsvorgänge von den Sinnesorganen ab und seine kognitiven Vorgänge werden durch die konkrete Wahrnehmungsrealität aktiviert. Im Laufe der Entwicklung aber wird die Steuerung unserer Wahrnehmungsprozesse nach und nach von jenem tief kodierten und abstrakten Wissen übernommen, das auf diesen früheren Lernerfahrungen beruht. Daher sehen wir, was wir zu sehen erwarten, und sind entweder überrascht oder sehen nichts, wenn die Realität unseren Erwartungen widerspricht» (Solms & Turnbull). Dazu kommt, dass sich unser Gedächtnis (Kurz- und Langzeitgedächtnis) auf eine Vielfalt von Speicherungssystemen stützt und deshalb auch Erfahrungen, an die wir uns bewusst nicht erinnern können, unser Verhalten und unsere Überzeugungen beeinflussen. Dieser Punkt ist ebenso einleuchtend wie wichtig. Zwischen dem bewussten Erinnern, dem Abruf von Informationen, und wie die Informationen tatsächlich unbewusst gespeichert und organisiert werden, besteht ein großer Unterschied. Gedächtnisspuren können somit unbewusst ständig aktiviert werden; man muss eine Erinnerung nicht explizit abrufen, damit sie aktiv wird und unser Denken und Verhalten beeinflusst.

Immer deutlicher realisieren wir jetzt, in welchem Ausmaß unser Denken vom persönlichen Gedächtnis, vom Erinnern an frühere Erfahrungen, beeinflusst wird. Da zudem die Gehirnstrukturen plastisch sind – d.h. sie passen sich ständig den neuen Anforderungen an –, werden neue Synapsen gebildet, während nicht mehr genutzte abgebaut werden. (*Use it or loose it!*). Dieser Prozess bewirkt, dass die ständig benützen Verbindungen sich immer weiter entwickeln und ein Mensch dadurch eine eigene, persönliche «Kompetenz» erlangt. Kurz und bündig: «Jeder Mensch hat seine individuelle Persönlichkeit – basierend auf seiner genetischen Anlage und seinen Erfahrungen –, die seine Sichtweise bestimmt. Oder, frei nach Immanuel Kant: Wir sehen die Dinge nicht so, wie sie sind, sondern wie wir sind» (Solms & Turnbull).

Jetzt ist vielleicht der richtige Moment, noch etwas über Persönlichkeit und Charakter zu sagen. Natürlich ist die Umschreibung eines Charakters schwierig, deshalb hat man sich dazu oft für die so genannten «Big Five» entschieden (Norbert Herschkowitz). Extraversion (Geselligkeit, positive Aktivität – Gegenteil: schweigsam, zurückgezogen), Verträglichkeit (Verhalten, Vertrauen, Kooperation – Gegenteil: misstrauisch, kühl), Gewissenhaftigkeit (Sorgfalt, Zuverlässigkeit – Gegenteil: Nachlässigkeit, Ungenauigkeit), Emotionale Stabilität (Ausgeglichen, entspannt, gelassen – Gegenteil: unausgeglichen, nervös, ängstlich), Offenheit für Erfahrungen (Interesse an neuen Erfahrungen, Erlebnissen, Eindrücken – Gegenteil: Konservatismus) bilden den Vergleichsrahmen. Persönlichkeit besteht zudem aus zwei Hauptkomponenten: Temperament und Charakter, wobei Temperament sich auf emotionale Reaktionen bezieht, zum großen Teil angeboren ist und relativ stabil bleibt. Der Charakter dagegen entwickelt sich im Laufe des Lebens und ist zum großen Teil von kulturellen Einflüssen und persönlichen Erfahrungen geformt.

Diese – subjektiv ausgewählten und erwähnten – Faktoren über das Denken an sich, das Denken in Bildern und Metaphern, über das Bewusste und Unbewusste unserer Aktivitäten, über den «Fingerabdruck» unserer Emotionen, unseres selektiven Gedächtnisses und des Erinnerns sollen darauf hinführen, besser zu *verstehen*. Einen Menschen besser *verstehen* zu wollen, ist empathiegetrieben. Die Bereitschaft und Fähigkeit, sich in die Einstellungen anderer Menschen einfühlen zu können oder wollen, ist in der Bevölkerung unterschiedlich vertreten. Doch dabei hilfreich ist sicherlich, dass wir uns einiger Zusammenhänge des Gehirns und der inneren Welt des Menschen, dessen Fühlens, Denkens und Handelns bewusst werden. Erst dann können wir – sofern wir überhaupt wollen – daran gehen, einen der interessantesten Schlüsselaspekte gelingender menschlicher Zukunftsbewältigung auszuarbeiten. Vorerst wollen wir uns aber noch etwas näher mit der Frage beschäftigen, inwieweit sich ein zukunftsgerichtetes Weltbild «neue, progressive» Werte wie Empathie, Verantwortungsgefühl für sich und andere oder Kooperation einerseits oder «alte, konservative» Weltbilder wie Autorität, Vernunft, Konkurrenzdenken und Heroisierung der Vergangenheit andererseits im Alltag mehr oder weniger unversöhnlich gegenüberstehen, ja sich deren Exponenten recht eigentlich bekämpfen. Warum sie so denken, warum sie nicht anders denken können, wir ahnen schon, warum.

Wenn Denken Handeln ist ohne zu handeln, dann doch nur, um als Vorbereitung zum Handeln, zur persönlichen Konzeptentwicklung, zu dienen. Denn Denken ohne entsprechend zu Handeln ist Ressourcenverschleiß. Diesem Vorwurf wollen wir uns nicht aussetzen, ebenso wenig jenem, dass uns die Zukunft nicht interessiere.

FRAGMENTIERUNG UNSERES DENKENS

In diesem Kapitel ist viel die Rede von den neuen Erkenntnissen darüber, wie wir denken. Wie wir denken, doch nicht worüber. Unsere Zeit ist geprägt vom Spezialistentum, das ist an sich eine Errungenschaft der letzten Jahrhunderte. An sich – die Schattenseite macht sich, später oder früher bemerkbar, wenn unbeabsichtigte Folgen dieses Trends auftreten. In Spitälern, Universitäten, Großkonzernen, Banken, Industrie, IT-Campus, Verwaltungen, Medien usw. – überall wird das Spezialwissen vorangetrieben und die reele Gefahr besteht, dass der Überblick für das Ganze dabei abhanden kommt. Können wir diesem Trend irgend etwas entgegensetzen, ihn durchsichtiger machen für unsichtbare Konsequenzen? Nichts gegen hochqualifizierte Fachkräfte und Forscher – wir verdanken ihnen sehr vieles. Auch sind erfolgreiche Ansätze zu fachübergreifenden interdisziplinären Projekten festzustellen. Doch das genügt nicht.

Viele entscheidende Fragestellungen verbergen sich zwischen den einzelnen Lehrstühlen, zwischen den Hierarchien der Spitäler. Sie bleiben unbeantwortet. Ökonomische Business-Plans berechnen den «Return on Investment» auf Jahre und Kommastellen genau – vergessen geht die Ökologie. Während Investmentbanker ihre Millionenbezüge jährlich einfahren, erkennen diese Menschen nicht ansatzweise, was dies in der Gesellschaft letztlich für verheerende Folgen haben wird. Die Autoindustrie wird mit öffentlichen Mitteln künstlich am Leben erhalten – die Umweltschädigung, der Verkehrslärm – alles nicht ihre Verantwortung. Google, Microsoft und andere entwickeln immer neue und phänomenalere Applikationen, Persönlichkeits- und Urheberrechte, auch gesellschaftliche Spätfolgen (Stichwort Killerspiele) – *none of their business.* Die politischen Verwaltungen kreieren jährlich Tausende von Paragraphen, Gesetzen, Verboten, nicht nur in Brüssel oder Washington, auch in Berlin oder Bern – alle zum Wohl der Bürger natürlich – derweil sich die alten Bestände an Vorschriften selbst dann am Leben erhalten, wenn sie völlig vom Zeitgeschehen überholt sind. Die Medien konzentrieren sich hochprofessionell auf die gerade dominierenden «Hypes» rund um den Globus – wobei sie übersehen, dass sie selbst diese dadurch bestimmen und andere völlig übersehen bis zum Tag der Überraschung.

Stellvertretend soll das Beispiel der Banker noch etwas verdeutlicht werden. Es gilt in einem kleineren Ausmaß auch für Spitzenmanager und deren Top-Vergütungen, doch von größerem öffentlichen Interesse sind nun mal die Banken, da aus dieser Ecke die ganze Finanz- und Wirtschaftskrise 2007 ihren Anfang nahm. Nicht wenige dieser Herren verdienen in den USA zwischen 10 und 30 Millionen Dollar jährlich, einzelne wesentlich mehr. Abgesehen von der Absurdität dieser Anspruchshaltung (die leider völlig legal ist) erstaunt weltweit, mit welcher Nonchalance bereits zwei Jahre nach Ausbruch der Krise wieder solche Bezüge erlaubt sind. Selbst bei Wall-Street-Größen sorgt das mittlerweile für Stirnrunzeln.

Die Branche begreift die Lage nicht – offensichtlich fehlt jegliches ganzheitliches Denken, das einbeziehen müsste, wohin solches Verhalten, zu welchen Reaktionen in der Gesellschaft, dies führen wird. Die *Head-Hunters*, die bei allen wichtigen Personalbesetzungen mitverdienen (in Prozenten der Lohnsummen) werden seit Jahren nicht müde, den aufgebrachten Medien und Politikern achselzuckend zu erklären: «Der Kapitalismus funktioniert nun mal so!» Natürlich ist dieser Berufsstand Teil des Problems. Denn der Kapitalismus funktioniert eben gerade so nicht – auf die Dauer. Mit ihrer Unschuldsmine und fragmentarischen Betrachtungsweise eines Problems, das letztlich weit über Banken oder einzelne Großkonzerne hinausgeht, ignorieren sie – aus purem Egoismus – die Spätfolgen im weiteren Umfeld. In Zeiten der Arbeitslosigkeit, Lohndumping, des *Struggles for life* wird die soziale Unrast zunehmen bis zu einem Ausmaß, das für die Regierungen dieser Welt zu unlösbaren Problemen führen wird. Niemand ist in der Lage, den 99 % der Bevölkerung zu erklären, warum dem so ist. Eine selbsternannte Pseudo-Elite innerhalb eines elitären Zirkels von VR, CEO, *Head-Hunter* lebt da in einem Fragment des Kapitalismus, das längst aus dem Rahmen gefallen ist. Es ist kein Ruhmesblatt und weder begründ- noch entschuldbar. Sie verstoßen auch gegen die neuen Forschungsresultate der Neurologie, sie kennen sie wohl gar nicht.

Bei vielen wichtigen Denkvorgängen gerät zu oft der Mensch, das Gegenüber, das Team in Vergessenheit. Dabei vermeldet eben die Hirnforschung, dass unser Gehirn einer lernenden Organisation gleicht, die sowohl linear, als auch parallel oder gar chaotisch funktioniert. Unser Gehirn führt ununterbrochen «Dialoge» mit sich selbst um herauszufinden, was für das große Ganze (den Träger des Hirns) vorteilhaft ist, jetzt müsste nur noch der Mensch von dieser fantastischen Institution lernen wollen. Vermeintliche Sicherheit (Atomendlager) ist zu hinterfragen, nicht durch die Energie- und Atomlobby. Hedgefonds sind zu bändigen, nicht durch die Finanzinstitute, sondern mittels Gesetzen jener, die die Konsequenzen zu tragen, die Suppe auszulöffeln haben, wenn deren Köche schon längst über alle Berge sind, also der Gesellschaft, vertreten durch ihre Politiker (Währungsspekulation, z.B. gegen den Euro).

Der Dialogbegriff nach antiker Tradition ist uns im Zeitalter der Globalisierung abhanden gekommen. Die politische Weltzivilisation mangelt an einem Berufsstand, der von den großen *Players* eingeführt und alimentiert zu werden hätte, um aus Fragmenten wieder Ganzheit zusammenzufügen. Um Vorgänge rechtzeitig transparent auf unbeabsichtigte oder (bewusst) ignorierte Folgen zu machen. Natürlich würden die verfestigten Meinungen, die gezinkten Vorurteile vieler Gesprächsteilnehmer diesem Ansinnen im Wege stehen. Doch, was ist die Alternative? Bankrott großer und größter *Players* weltweit, die nicht rechtzeitig über den Horizont hinaus sehen wollten? Wie dieser Berufsstand heißen könnte? «Trans-Parent»? «Perspectiver»?

In diesem Sinne gerät dieses Buch vorübergehend in die Falle der Zivilisationskritik der Moderne. Doch sie soll nicht dort gefangen bleiben, vielmehr ergäben sich daraus im Idealfall Ideen zur Neugestaltung einer dialogischen Kultur als neuer Pfeiler im IT-getriebenen Alltag. Der «Geist der Experten» allein genügt nicht? Der CEO hat Wichtigeres zu tun? Die Premierministerin zu nebulös taktierend? Der Rektor zu beschäftigt? Die Spitalleitung gar nicht existent? Der VR-Präsident der Großbank blind? Der Google-Gründer zu brillant? Der Verwaltungchef nicht neutral? Die Medien überfordert? Statt Polarisation – Angriff und Verteidigung, Krieg und Frieden, der niemals zu Frieden führen kann – brauchen wir Vertrauen und Respekt als Vorbedingung. Durchsicht als Begabung. Verantwortung aus Berufung. Den «Geist der Philosophen»?

SOKRATES AM WEF (WORLD ECONOMIC FORUM)
PHILOSOPHISCHER ZWISCHENHALT II

Entlüften wir zwischendurch etwas unser Gehirn! Ob all der neuen Theorien der Kognitionswissenschaften besteht die Gefahr, dass wir vorzeitig «abschalten». Es kommt dazu, dass wir hin und her gerissen sind zwischen der etwas gefährlichen Meinung, alles heute viel besser zu wissen als früher und der defätistischen Feststellung, der Mensch hätte in Jahrtausenden nichts Entscheidendes dazugelernt. Persönlich scheint auch hier der goldene Mittelweg gangbar.

Wir Menschen funktionieren also etwas anders, als Descartes dachte. Auch die Ansichten Platons, Aristoteles, Rousseaus und vieler anderer Philosophen werden erweitert durch die neuen Erkenntnisse der Neurowissenschaft und fordern Philosophen und Psychologen heraus. Der Mensch ist eine faszinierende Kreatur, dessen Gehirn immer neue Überraschungen bereithält. Ein tieferes Verständnis folgt auf das alte, wenn es darum geht, den Menschen *verstehen* zu wollen. Wenn wir unser kollektives Selbstverständnis und unser individuelles, persönliches Ich immer besser «durchschauen» – was liegt näher, als dass sich auch das Politik- und Wirtschaftsverständnis im Gefolge dieser Entdeckungen dramatisch verändern müssten? Oder die «Qualität» der politischen und wirtschaftlichen Größen? Vielleicht ist es an dieser Stelle hilfreich, sich an Sokrates zu erinnern. Tagelang verunsicherte er seine Mitmenschen mit bohrenden Fragen. Seine Philosophie beruht auf der Grundüberzeugung, dass das Sittliche erkennbar und lehrbar ist und dass dieses Wissen die Voraussetzung zum entsprechenden Handeln ist. «Zu wissen meinen» ist, heute wie früher, weit verbreitet, und, wie die Erfahrungen der Weltwirtschaftskrise zeigen, die 2007 in den USA begann und in den folgenden Jahren auf die ganze Welt überschwappte, ein Trugschluss. Heute werden Fragende durch vermeintlich Wissende (in Politik und Wirtschaft) an die Wand gedrängt. Doch es mehren sich die Stimmen, die ethisches (eben, früher «sittliches» genannt) Verhalten als Voraussetzung zurückfordern, 2500 Jahre nach Sokrates. Für ihn war die Selbsterkenntnis entscheidend: Weiß ich nämlich, was ich bin, so weiß ich auch, was ich soll. Weiß ich es tatsächlich?

Sokrates, nach 2500 Jahren? Wie können Worte noch hundert Generationen später zitiert werden, wenn sie gar nur mündlich – vom Hörensagen – überliefert worden sind? Wie im ersten Kapitel kurz gestreift, entfaltete sich damals – aufbauend auf früheren Strukturen – die *mentale* Phase, die großartige Zeit der griechischen Bewusstwerdung des Menschen, jenes «Erdbeben», als die Menschen zum wirklichen Denken erwachten. Jene Jahrhunderte, in denen Raum und Zeit in der Vorstellung der Menschen Gestalt annehmen; Raum und Zeit, die jetzt zu Beginn des 21. Jahrhunderts als menschliche Erfahrung wieder neu definiert werden. Sokrates, geschildert als völlig normaler Mensch, der kein Aufheben von seiner Person machte, der keine Heilsprogramme verkündete und nie verlangte, die Menschen hätten ihm scharenweise zu folgen. Verstand er etwa vieles, was andere Zeitgenossen nicht kapieren wollten? Damals wie heute hätten seine Gegner ihn am liebsten mundtot gemacht. Dafür hätte sich das «Scherbengericht» vorzüglich geeignet. Kleisthenes, der Gründer Athens, hatte diese Praxis eingeführt, um dem Persönlichkeitskult entgegenzuwirken. Plutarch definierte sie als eine milde Befriedigung des Neides. Das Scherbengericht funktionierte etwa so: Wenn ein Athener zur Überzeugung gelangt war, dass einer seiner Mitbürger der Polis auf irgend eine Weise Schaden zufügte, brauchte er sich nur zur Agora zu begeben und den Namen seines Feindes auf die dafür vorgesehene Keramikplatte zu schreiben. Schlossen sich insgesamt 6000 Leute dieser Anklage an, musste der Unglückliche ins Exil gehen. Hätte diese Regel so lang überdauert, wie Sokrates' Worte, wer weiß, wie viele Politiker oder Wirtschaftsbosse ihre Heimat längst hätten verlassen müssen… Es folgt hier keine Liste, doch Leserinnen und Leser mögen jetzt ihre eigene zusammenstellen.

Sokrates' Kritiker wurden immer zahlreicher. Schließlich wurde er vor Gericht gezerrt und angeklagt, was damals noch jeder Bürger tun konnte. Das öffentliche Gericht tagte, Anklage und Verteidigung (durch den Angeklagten, nicht dessen Anwälte) folgten. Die Anwesenden waren auch die Richter. Einer von ihnen äußerte sich abschließend: «Ich habe nicht den geringsten Zweifel: Er ist schuldig! Und selbst, wenn er es nicht wäre, würde ich ihn verurteilen. Seine Reden, sein ewiges Infragestellen der Überzeugungen anderer, ist der Polis nicht dienlich. Sokrates verbreitet Unsicherheit. Je schneller er stirbt, desto besser ist es für alle!» (Zitiert nach Luciano De Crescenzo). Die entscheidende Abstimmung ergab (mit schwarzen oder weißen Steinchen), nachdem die erste fast unentschieden geendet hatte, das deutliche Verdikt von 360 gegen 140. Sokrates wurde wegen «Gottlosigkeit» zum Tod durch den Schierlingsbecher verurteilt.

Warum das, mögen wir uns heute fragen? «Die Menschen brauchen Gewissheiten, um leben zu können, und weil es diese nicht gibt, tritt immer irgendeiner auf und erfindet solche Gewissheiten zum allgemeinen Wohl. Ideologen, Propheten, Astrologen, Populisten verkünden manchmal in gutem Glauben, manchmal aber auch nur aus Berechnung Wahrheiten, um die Ängste der Gesellschaft zu besänftigen oder zu schüren. Wenn aber einer kommt und behauptet, dass niemand wirklich etwas wissen könne, wird dieser schnell zum öffentlichen Feind Nummer eins der Politiker und Priester. Ein solcher Mann muss sterben!». Jetzt mögen Leserinnen und Leser wieder ihre eigene Personenliste zusammenstellen, nicht über Todeskandidaten, sondern über jene, die für die heutigen «Wahrheiten» zuständig sind. Es dürften Männer (!) verschiedener Sprachen zusammen kommen.

Sokrates hat die Wahrheit nicht gefunden. Wenn er sagte: «Ich weiß, dass ich nichts weiß», wollte er wahrscheinlich eher seine Mitbürger aufstacheln, Wahrheiten zu suchen, um auf diesem Weg zu mehr Erkenntnis zu gelangen. Dazu passt seine Antwort auf die

Frage, warum er nichts niederschreibe. «Was hätte ich schreiben sollen, da ich nichts weiß?» (Zitiert nach De Crescenzo). Besonders irritierte Sokrates sein Gegenüber mit der unendlichen Fragerei nach Weisheit, Moral und Tugend (heute auch Verantwortung und Ethik genannt). Er quittierte jede Antwort mit der nächsten Gegenfrage solange, bis sein Gegenüber sich geschlagen geben musste. (Der Wahrheit zuliebe muss an dieser Stelle gesagt sein, dass wir nicht wissen, ob Sokrates all dies wirklich sagte, oder ob es ihm nicht von Platon in den Mund gelegt wurde, um seiner eigenen Theorie mehr Gewicht zu geben). Sokrates hatte viele bedeutende Schüler, die sich zum Teil später selbständig machten, eigene Schulen begründeten und die Lehren ihres Meisters weiter entwickelten.

Das Überleben der sokratischen Dialogtechnik ist zweifellos eindrücklich. Stellen wir uns bloß vor, am nächsten WEF (World Economic Forum) in Davos (Schweiz) würde auf der Einladung – statt wie 2010 «Wir müssen neu denken!» – stehen: «Wir müssen alt denken!» Hat der zu Tode verurteilte Sokrates «überlebt», weil er für grundsätzliche und ehrliche Werte kämpfte, anstelle von momentan gültigen, modischen, auch methodisch gültigen und deshalb vergänglichen Themen?

Im Kontext dieses Buches kann festgestellt werden: Sokrates vollzog den Schritt von den materiellen, sinnlich wahrnehmbaren Ursachen hin zum Geist als Ursache. Er stellte fest, dass die scheinbar äußeren und objektiven Ursachen in Wahrheit immer schon von uns gedachte Ursachen sind. In seinen Dialogen gelingt es ihm, mit äußerster Sachlichkeit die Auffassungen der anderen zu untersuchen und die inneren Widersprüche ihrer Behauptungen aufzudecken. Sokrates war frei von Vorurteilen (einem der größten Übel aller Zeiten). Die Erkenntnis des Guten ist nicht vergleichbar mit Wissen, das aus Voraussetzungen abgeleitet wird. Eben dieser Verzicht auf Voraussetzungen – das Nichtwissen – macht noch heute die sokratische Weisheit aus.

Nochmals, blenden wir kurz ans WEF. Da finden täglich Diskussionen auf «hohem» Niveau statt, wichtige Leute aus Politik, Wirtschaft, Gesellschaft, Wissenschaft (und Medien) reden viel – mit wenig konkreten Folgen. Der Graben zwischen Rhetorik und Realität wird immer breiter, obwohl «die dringlichsten Fragen der Zeit» diskutiert werden. Woran mag das liegen? Wo sind die sokratischen Lehren geblieben – unter dem Schnee zugedeckt? Wer übernimmt nächstens die undankbare Aufgabe, auf die inneren Widersprüche der im Rampenlicht stehenden Rednerinnen und Redner hinzuweisen? Wer entlarvt die Vorurteile der Staatsskeptiker und wer diejenigen der Wirtschaftskritiker? Da wissen wir seit längerem, dass die gegenwärtige Wirtschaftskrise ihre Wurzeln in einer globalen Wertekrise hat. Die Verantwortlichen mit ihrem Kurzfristdenken, die sich weder um politische Akzeptanz ihres Handelns, noch um ihre Kunden groß kümmern, sind am besten als Casino-Players zu beschreiben. Und ein Teil dieser Mannschaft sitzt in Davos, um über *Improve the State of the World* zu diskutieren. Ihre Welt ist die Finanzwelt, die Schattenwelt des 20./21. Jahrhunderts in deren Dunkelheit Diebstahl und Abzockerei gedeihen. (Diese Aussage ist nicht eben stilvoll, doch wie soll man dieses anhaltende Welt-Debakel, das Missverständnis einer ganzen Berufsgattung, anders beschreiben)? Davos wird dabei nicht helfen, denn auch dort sitzen sie, die exakt selben Leute, die kraft ihrer Macht, ihres Geldes und ihres Einflusses für den Zustand dieser Welt maßgeblich mitverantwortlich sind.

Vor unserem geistigen Auge «sehen und hören» wir uns da in die Zeiten der großen Panathenäen in Athen zurückgeführt, da sich Heraklit und Parmenides über das «Viele und das Eine» stritten und sich die beiden Thesen schließlich widersprechend und unversöhnlich gegenüber standen. In diesem Moment mischte sich der junge Sokrates ein. Er entwickelte eine Theorie, um zwischen beiden Seiten zu vermitteln, um eine Lösung zu ermöglichen. Da erkennen wir, dass schon damals die Fragen nach dem Verhältnis von Materie und Geist, von Objektivität und menschlichem (Un-)Bewusstsein

diskutiert wurden. Vielleicht bringt uns heute die neueste Denk-
runde, angeführt von der Neurowissenschaft weiter? Doch wir suchen vergebens nach den bekannten Namen dieser Fakultäten auf
der Einladungsliste für Davos. Sind sie nicht relevant? Mögen sich
die Leader dort oben im Schnee lieber nicht damit befassen, wie
ihre Meinungen im Gehirn zustande kommen? Ist ihr politisches
Denken etwa unempfänglich dafür? Sind die Bankenobersten gar
Opfer ihres unbewussten Denkens? Oder wie ist dann eigentlich
der Aufruf zum «Neudenken» aufzufassen? Innerhalb der alten
Muster und Vorurteile? Dabei gäbe es tatsächlich Neues zu berichten. Oder verharren – vor lauter Zeitnot – diese wichtigen Welt-
Leaders noch im alten Denken, wonach Verstand weit wichtiger
wäre als Gefühl?

3 Das menschliche Gehirn
Von neuen Wundern zum ganzheitlichen Menschenbild

DER AUFTRITT DER GEFÜHLE

Das Herz hüpft vor Freude oder *der Angstschweiß steht uns auf der Stirn, unsere Knie schlottern* und *wir lassen traurig die Schultern hängen* – haben wir unsere Gefühle nicht im Griff? Erst wurden wir *kreidebleich vor Schreck*, dann *hochrot vor Zorn* und wenn wir dann feststellen, wie der andere elegant die Situation meistert, werden wir *gelb und grün vor Neid*. Die Italiener können das alles noch signalisieren und kommunizieren allein mit ihren Händen, ohne auch nur ein Wort zu sagen. Gefühle haben es in sich.

Unser Versuch, aus verschiedenen Perspektiven spannende Einzelerkenntnisse zu einem stimmigen Ganzen zu verschmelzen und auf diese Weise, zu Beginn der *integralen* Zeitstruktur, auch prägendes neues Wissen aus der Neurologie zu orten, kann nicht auf das geistige Phänomen der Gefühle verzichten. Noch bis vor kurzem entzogen sich diese dem Verständnis der Biologie und speziell der Neurobiologie hartnäckig. Schmerz und Lust als Gefühlsbeispiele in unserer hochentwickelten Gesellschaft mit ihrem schamlosen Kult mit Gefühlen – schlecht verstanden? Deren tägliche Manipulation – mit Alkohol, Drogen, Medikamenten, Nahrung, Sexualität, Konsumtipps, sozialer oder religiöser Praktiken – ist so alltagsprägend, dass wir das kaum glauben können. Doch Antonio Damasio, Professor für Neurologie an der University of Iowa, (dem wir schon im Kapitel 2 begegnet sind), weist mit Nachruck darauf hin, dass Gefühle von Schmerz, Lust und jede Empfindung dazwischen die Grundgefüge unseres Geistes bilden (Damasio 1). Das Übersehen dieser schlichten Tatsache führt er darauf zurück, dass die Bilder der uns umgebenden Objekte und Ereignisse zusammen mit den Vorstellungen der Wörter und Sätze, die ihrer Beschreibung dienen, einen Grossteil unserer überlasteten Aufmerksamkeit beanspruchen. Und dieses Manko wiederum bekämpfen wir mit Pillen, Getränken, Kuraufenthalten, Fitnessprogrammen und spirituellen Übungen. Oder mit dem Handy am Ohr und dem iPod im Blickfeld.

Damasio spricht von einem Zwischenbericht über die Fortschritte der Forschung – man beachte diese sympathische Relativierung – wenn er über das Wesen der Gefühle und ihre Bedeutung für das menschliche Leben spricht. «Im Wesentlichen bin ich gegenwärtig der Auffassung, dass Gefühle ein Ausdruck menschlichen Wohlbefindens und menschlichen Elends sind, so, wie sie in Geist und Körper auftreten. Gefühle sind nicht einfach bloßer Zierrat, der Emotionen begleitet und auf den man auch verzichten könnte, sondern häufig Enthüllungen einer Verfassung, die den ganzen Organismus betrifft. Da das Leben ein Drahtseilakt ist, bringen die meisten Gefühle das Bemühen um Gleichgewicht zum Ausdruck, geistige Entwürfe für jene feinen Anpassungen und Korrekturen, ohne die der ganze Akt im Sturz endet» (Damasio 1). Er begegnet der Frage mit Überzeugung, ob der Versuch, die Gefühle zu verstehen, mehr verspricht als die Befriedigung der eigenen Neugier. Die Neurobiologie der Gefühle und der ihnen vorausgehenden Emotionen sind entscheidend für unsere Auffassung vom Leib-Seele-Problem, von zentraler Bedeutung für unser Verständnis, was wir sind. Emotionen sind dem Körper zugeordnet, Gefühle jedoch dem Geist. Die Untersuchung der Frage, wie Gedanken Emotionen erzeugen und wie körperliche Emotionen zu jenen Gedanken werden, die wir Gefühle nennen, ermöglicht uns einen einzigartigen Einblick in Körper und Geist, diese beiden so offenkundig disparaten Manifestationen eines einzigen und unauflöslich zusammen-hängenden menschlichen Organismus.

Wir fragen uns vielleicht jetzt, wozu dies denn in unserem All-tag so nützlich sein sollte. Eine Antwort: Wollen wir den künftigen Entwurf des Menschenbildes zu Beginn des *integralen* Zeitalters ver-tiefen, sollten wir auch die Gefühle besser *verstehen* können. An die-sen Voraussetzungen arbeiten Damasio und sein Team. Sie unter-streichen immer wieder die Tatsache, dass Erfolg und Versagen der Menschheit in hohem Maße davon abhängen, inwieweit sich die Öffentlichkeit und die Institutionen, die die Geschicke des öffentli-chen Lebens lenken, dieses neue Menschenbild theoretisch und praktisch zueigen machen. Je besser wir also die Neurobiologie der Gefühle *verstehen,* desto besser sind wir in der Lage, Grundsätze und politische Ziele zu formulieren, die sowohl menschliches Leid lin-dern, als auch die Entfaltung menschlicher Möglichkeiten fördern. Übertragen in die Alltagssprache könnten wir zum Beispiel diese Formulierung vorschlagen: Die zukünftigen *Leaders* des *Global Vil-lages* sind aufgerufen, sich mit Vorteil diesem neuen Zukunftsbild anzunähern, statt z.B. ihren vergangenheitsverklärten Idolbildern nachzueifern. Und die Gesellschaft – wir alle – kann doch fasziniert auf diese Entdeckungen blicken, statt in Angst und Reaktion zu erstarren vor all den Herausforderungen unserer Zeit.

Emotionen gehen Gefühlen voraus, lautet also eine These. Die Emotionen treten auf der Bühne des Körpers auf, die Gefühle auf der Bühne des Geistes. Beide sind im Zuge eines kontinuierlichen Prozesses so eng miteinander verknüpft, dass wir aber dazu neigen, sie als ein einziges Phänomen wahrzunehmen. Dennoch: Die Hauptrolle, die Gefühle spielen, verschleiert die Frage, wie sie ent-stehen und fördert die Auffassung, irgendwie wären da zuerst die Gefühle, die anschließend in Gestalt der Emotionen zum Ausdruck gebracht werden. Offensichtlich ist diese Annahme falsch. Doch warum sollen Emotionen den Gefühlen voraus gehen? Weil die Evolution zuerst die Emotionen und dann die Gefühle hervorgebracht hat, lautet die Antwort. Emotionen bestehen aus einfachen Reaktionen, die auf simple Art und Weise für das Überleben eines Organismus sorgen. Entscheidend scheint, dass wir von Geburt an mit Mechanismen ausgestattet sind, die dazu bestimmt sind, die Grundprobleme des Lebens (wie Suche nach Energiequellen, Aufnahme und Verwertung von Energie, Aufrechterhaltung eines inneren chemischen Gleichgewichts, Erhaltung und Reparatur des Körperbaus und Abwehr äußerer Verursacher von Krankheiten) automatisch, ohne Denkprozesse im eigentlichen Sinne, zu lösen.

Im Laufe der Evolution haben wir diese Automatismen immer weiter verfeinert, sie wurden immer raffinierter. Stellen wir uns einen skizzierten Baum vor, wären die grundlegendsten zuunterst im Stamm angesiedelt (etwa Stoffwechselprozesse, Immunsystem und Grundreflexe), darüber fänden wir in den unteren Hauptästen unsere Verhaltensweisen, die normalerweise mit dem Konzept von Lust (und Belohnung) oder Schmerz (und Bestrafung) verknüpft sind. Darüber, in den vielen Verästelungen, folgten Triebe und Motivationen (Hunger, Durst, Neugier, Sexualität) und in der Baumkrone die Emotionen (Freude, Traurigkeit, Furcht, Scham usw.). Schließlich, ganz zuoberst, die Gefühle, die Schatten der äußeren Manifestationen von Emotionen (Damasio 1).

Wenn wir jetzt die Biologie der Emotionen vielleicht ein kleines bisschen besser zu *verstehen* beginnen, und uns dafür entscheiden, dass der Wert der verschiedenen Emotionen in unserer heutigen menschlichen Umwelt einer Neubewertung bedarf, können wir daraus Rückschlüsse ziehen von großer praktischer Bedeutung für unser Verhalten. Jetzt beginnt sozusagen der praktische Teil dieses Kapitels. Beispielsweise lernen wir, dass einige Emotionen extrem schlechte Ratgeber sind und überlegen uns, wie wir sie entweder unterdrücken oder wie wir unsere Reaktionen auf ihre Ratschläge entschärfen können. Damasio glaubt zum Beispiel, dass Reaktionen, die zu ethnischen oder kulturellen Vorurteilen führen, teilweise auf sozialen Emotionen beruhen, deren evolutionäre Bedeutung darin lag, Unterschiede an anderen zu entdecken, weil Unterschiede Risiken oder Gefahren signalisieren konnten. Die Folge war daher Rückzug oder Aggression. Wahrscheinlich waren solche Reaktionen in einer Stammesgesellschaft nützlich, während sie heute keineswegs mehr zuträglich und vollkommen unangemessen sind. Daher sollten wir uns im Klaren sein, dass einige Mechanismen in unserem Gehirn noch immer genauso reagieren, wie sie es in einem ganz anderen Kontext vor Jahrmillionen getan haben. Der Vorschlag lautet, dass zuerst wir selbst bei uns lernen sollten, solche Reaktionen zu vermeiden. In einem zweiten Schritte wäre zu überlegen, ob und wie wir andere Menschen veranlassen könnten, dies ebenfalls zu tun!

Zuletzt jetzt der Versuch einer Interpretation der Gefühle. Kann man das so beschreiben: Gefühle im engeren Sinn entsprechen der Vorstellung des Körpers in einer bestimmten Verfassung? Hier entspräche dieser Vorstellung auch «Gedanke» oder «Wahrnehmung». Jetzt bekommen wir den Kern des Gefühls in den Blick. Sein Inhalt besteht aus der Repräsentation eines bestimmten Körperzustands im Gehirn oder anders gesagt, der wesentliche Inhalt von Gefühlen ist weitgehend die Abbildung eines bestimmten Körperzustands. Die gegenwärtigen Versuche, die grundlegenden Prozesse zu entdecken, die Gefühle ermöglichen, haben zu neuen Überlegungen geführt, die an dieser Stelle nicht erläutert werden, einerseits weil sie uns Laien eher ablenken, andererseits weil wir uns im speziellen auf allgemeine Wirkungsaussagen beschränken, die auf unsere Generalthema zugeschnitten sind. Dazu gehört etwa das Gefühl der Empathie.

Die Entwicklung von Empathie ist eine Kernkompetenz zur Bewältigung der Probleme unserer Zeit. Wir werden das in einem späteren Kapitel begründen. Hier schon mal die Erklärung des Neurologen: Wenn sich die Emotion des Mitleids in das Gefühl der Empathie verwandelt, kann dies als Fähigkeit des Gehirns betrachtet werden, bestimmte emotionale Körperzustände intern zu simulieren. Wenn wir die Bereitschaft und Fähigkeit trainieren wollen, uns in die Einstellungen anderer Menschen hineinzufühlen zu können, um zu *verstehen,* begeben wir uns auf die Ebene der Kooperation statt Konfrontation. Für beide Systeme gibt es Vorbilder im guten wie im schlechten Sinn.

Zum Schluss möchten wir etwas herausheben, was quasi als unsichtbares Dach dieses Buches Bestand hat. Damasio führt uns mit seinen Thesen an die Grenzen der wissenschaftlichen Forschung. Seine Antworten auf Fragen wie: «Worin ist die Freiheit des Willens begründet?» oder «Wie bestimmen Gefühle unser Leben?» sind aber gleichzeitig ein radikales und intellektuell überzeugendes Plädoyer für die *Ganzheitlichkeit.* Mit anderen Worten: Die Auffassung des Leib-Seele-Problems, das als Dualismus der Substanzen bezeichnet wird – das den Körper als stoffliche Materie definiert, den Geist aber nicht, – ist auch heute noch weit verbreitet. Die Trennung zwischen Geist auf der einen Seite und dem Körper und dem Gehirn auf der anderen Seite, diese Absicht ist heute weder in den Naturwissenschaften, noch in der Philosophie weiterhin aktuell. Wir erkennen heute, dass geistige Phänomene in hohem Maße von der Funktion vieler spezifischer Schaltkreise im Gehirn abhängen. Die Entdeckung einer Kausalverbindung zwischen Gehirn und Geist und der Abhängigkeit des Geistes vom Gehirn ist einerseits hoch erfreulich, andererseits sollten wir darüber nicht vergessen, dass das Leib-Seele-Problem damit noch lange nicht befriedigend gelöst ist. Doch kann schon ein einfacher Perspektivenwechsel eine erste Hürde dabei überwinden. Der unversöhnliche Dualismus als prägende Kraft und unglückliche Manifestation einer eingeengten Perspektive aus einer überlebten Zeit kann so überwunden werden.

DAS EMOTIONALE ALPHABET

Noch immer schwebt da und dort die traditionelle Behauptung in der Luft, wonach sich der Mensch bei seinen Entscheidungen von Vernunft und Verstand/Ratio leiten lasse. Dabei seien Gefühle möglichst zurückzudrängen. Diese Ansicht gipfelt in der Feststellung, Vernunft und Verstand seien schließlich diejenigen Eigenschaften, die den Menschen von allen (anderen) Tieren unterscheide. Diese Aussagen lassen sich heute offensichtlich nicht mehr aufrechterhalten.

Wie wir bereits weiter vorn gesehen haben, werden aus der Sicht des neuro- und kognitionswissenschaftlichen Menschenbildes unsere bewussten Entscheidungen und Handlungen vorbereitet und getroffen durch emotionale Vorgänge. Somit findet rationales Abwägen und Handeln immer in diesem Rahmen statt. Gerhard Roth jedenfalls, Professor für Verhaltensphysiologie an der Universität Bremen, vertritt diese Meinung dezidiert. «Das emotionale Entscheidungssystem hat bei der Handlungssteuerung das erste und letzte Wort. Das erste beim Entstehen von Wünschen, Absichten und Plänen, und das letzte bei der Entscheidung, ob das, was geplant ist, wirklich jetzt und so und nicht anders ausgeführt werden soll. Dies garantiert, dass wir alle Handlungen stets im Lichte der vergangenen Erfahrung tun» (Gerhard Roth 2). Allerdings schließt das Fehlentscheidungen nicht aus.

Damit jedoch kein Missverständnis aufkommen: Verstand und Vernunft sind absolut notwendig für das Bewerten komplexer Situationen, das Abrufen von Expertenwissen, das Abschätzen von Konsequenzen, das Abwägen von Alternativen. Diese sind beratender Funktion, sie entscheiden nichts. Diese Arbeit übernimmt das emotionale System aufgrund lebenslanger Erfahrung, die aktuell gar nicht bewusst in Rechung gestellt werden. Wir reden einerseits von rein affektiv-emotionalen Entscheidungen («Bauchgefühl»), aber es gibt keine rein rationalen Entscheidungen.

Nicht erst seit der Psychologe Daniel Goleman 1995 den Begriff «Emotionale Intelligenz» in die Medien und Öffentlichkeit brachte, ist dies für die Neurowissenschaften ein Forschungsfeld. Aufgrund von Untersuchungen an Patienten wird heute zwischen emotionaler und kognitiver Intelligenz unterschieden. «In diesem Sinn kann von einer realen emotionalen Intelligenz gesprochen werden; sie existiert nicht nur als Theorie in den Köpfen der Psychologen, sondern als funktionelles Netzwerk im Gehirn. Kognitive und emotionale Intelligenz sind keine Konkurrenten, sondern im Idealfall Partner. Unser Gehirn liefert dazu die notwendigen Voraussetzungen» (Herschkowitz).

Immer auf der Suche nach Möglichkeiten, unsere Mitmenschen in Zukunft besser *verstehen*, den Umgang mit uns selbst und mit anderen verbessern zu können, scheint es lohnenswert, sich auch über die emotionale Intelligenz ein bisschen klarer zu werden, soweit dies hier auf kleinstem Platz möglich ist. Personen mit ausgeprägter emotionaler Intelligenz weisen folgende Qualitäten auf: Sie können sich selbst bestens motivieren, sie sind ausdauernd, auch angesichts von Frustrationen, sie können ihre Impulse besser kontrollieren, sie sind ausgeglichen, sie zeigen Empathie und verfügen über ein hohes Maß an Hoffnung und Zuversicht. Bereits an dieser Stelle ergibt sich die Möglichkeit der Selbstprüfung, die jedoch nicht in jedem Fall neutral ausfällt. Einfacher ist es wohl, diese Merkmale bei anderen, uns bekannten oder besonders wichtigen Menschen zu suchen. Wieder einmal besteht für Leserinnen und Leser die Möglichkeit, eine eigene Liste der Bekanntschaften aufzusetzen, sozusagen einzelne Punkte bei ihnen zu bewerten und sich so ins Bild zu setzen.

Sich selbst motivieren zu können heißt, immer wieder aufs neue Leistungsbereitschaft und Begeisterungsfähigkeit entwickeln zu können. Ausdauer ist gefragt in schwierigen Arbeits- oder Projektphasen. Die eigenen Stimmungen und Gefühle zu beeinflussen oder gar zu steuern verhilft dazu, unseren Gefühlen weniger ausgeliefert und damit ausgeglichener zu sein. Empathie, wir haben das schon gesagt, bezeichnet das Einfühlungsvermögen, sich in Gefühle und Sichtweisen anderer hineinversetzen zu können. Ob wir mit Hoffnung und Zuversicht oder eher bedrückt und pessimistisch in die Zukunft blicken – auch das gehört zur emotionalen Kompetenz. Schließlich zählen auch Qualitäten wie Kontakt- und Beziehungsfähigkeit zu anderen Menschen und eine gewisse Kommunikationsfähigkeit dazu, die Begabung, sich klar und deutlich auszudrücken und – wohl am schwierigsten – anderen zuzuhören. Ganz allgemein gilt, dass es tückisch ist, die eigene Selbstbewusstheit einzuschätzen. Vielleicht hilft der wohlgesinnte Partner da etwas nach.

Mit dem Fernziel vor Augen, nach dem *Verstehen* auch unser Handeln in Zukunft entsprechend zu konditionieren, wollen wir diesen Emotionen noch etwas weiter nachgehen. Im letzten Abschnitt wurde die Theorie vertreten, diese gingen den Gefühlen voraus. Seit die Wissenschaft in der Lage ist, Emotionen mit messbaren physiologischen Zuständen zu vergleichen, sind sie gewissermaßen objektivierbar. Ein Mensch, dessen Adrenalinspiegel sich beim Anblick eines bestimmten Objektes oder einer bestimmten Szene nicht deutlich ändert (heute messbar), verspürt auch keine Furcht. In diesem Sinne greifen Emotionen in die bewusste Verhaltensplanung und -steuerung ein, sie unterscheiden bewusst oder unbewusst zwischen Erstrebenswertem oder zu Vermeidendem. Auch dem Zusammenhang zwischen Emotionen und Gedächtnis wird in Untersuchungen nachgegangen. Wohl nicht unbekannt ist ja, dass wir uns Dingen umso besser erinnern, je deutlicher sie von emotionalen Zuständen begleitet waren. Brisant dabei ist die Tatsache, dass emotional überwältigende Erlebnisse unsere Gedächtnisleistungen eher trüben als befördern. So gilt es als erwiesen, dass unsere subjektive Gewissheit nicht unbedingt ein guter Indikator dafür ist, dass bestimmte Erinnerungen auch tatsächlich wahr sind. «Scheinbar» legen sich Menschen bewusst oder unbewusst zu ihrer Verteidigung Dinge so lange und so detailliert zurecht, bis sie felsenfest davon überzeugt sind, dass diese wirklich so und nicht anders passiert sind. Besonders brisant: Auch das wiederholte Hören oder Sehen von Berichten anderer am Radio oder TV kann dazu führen, dass man später fest glaubt, man hätte diese selbst erlebt. Jetzt leuchtet wohl da und dort eine Warnlampe auf: Die täglich unzählige Male wiederholten *Breaking News* bleiben nicht ohne Wirkung auf uns. Die Absender dieser Botschaften wissen das ganz genau und es ist ab und zu nicht auszuschließen, dass sie damit einen verdeckten Zweck kaschieren. Da finden wir uns wieder in der Kraft der Bilder und Metaphern, die wir schon weiter vorn durchleuchtet haben.

Noch immer sind unsere Schulen und unsere Kultur primär auf messbare Leistungen und akademische Fähigkeiten fokussiert. Und dies, obwohl man sich heute einig ist, dass Jugendliche - allein mit schulischer Intelligenz ausgerüstet – auf das Durcheinander, aber auch auf Chancen, auf die Wechselfälle des Lebens schlecht vorbereitet sind. Noch immer wird der IQ als so etwas wie ein Garant für Wohlstand, Ansehen und Glück missverstanden und die emotionale Intelligenz (EQ) sträflich übersehen, obwohl gerade diese Kompetenz für unser ganzes Leben, unser persönliches Schicksal von enormer Bedeutung ist. Fachleute sind sich einig, dass das Gefühlsleben ein Bereich ist, der genau wie Mathe oder Sprache mit mehr oder weniger Können gehandhabt werden kann. Wie geschickt (geschult?) sich der Mensch im Bereich Emotionen verhält, entscheidet weitgehend über seinen persönlichen Erfolg im Leben. So gesagt, ist die emotionale Intelligenz eine Metafähigkeit, von der es abhängt, wie gut wir unsere sonstigen Fähigkeiten, darunter auch den reinen Intellekt, zu nutzen verstehen.

Da stellt sich jetzt doch die Frage, wie weit die in allen Ländern des Westens feststellbare enorme Zunahme der Kriminalität der Teenager mit obiger Erkenntnis zusammenhängt. Immer mehr Kinder, schon 12–14-jährige, begehen Straftaten, prügeln «grundlos» auf zufällig vorbeigehende Passanten ein oder schießen gar mit

Waffen an Schulen um sich. Ist «grundlos» richtig vermutet? Warum sind Teenager nicht besonders gut darin, Streitigkeiten zu vermeiden oder sie ohne strafbares Verhalten auszutragen? Was früher in Faustkämpfen und Nachbarschaftsscharmützeln ausgetragen wurde, endet heute nicht selten – im TV und Handy als reale Welt vorgelebt – in unglaublichen Gewaltexzessen. Wäre es an den Eltern, ihren Kindern wichtige lebenspraktische Fähigkeiten zu vermitteln? Könnten die Schulen emotionale Grundbegriffe wie Zorn thematisieren und positive Konfliktlösung lehren? Überlassen wir das einfach dem Zufall?

Wo liegt der Hund begraben? Studien zeigen, dass die gesellschaftliche Dynamik zu immer mehr Individualisierung und Autonomie, von dort zu größerem Konkurrenzkampf und zu weniger Solidarität führt. Dies wird in der Arbeitswelt, an Universitäten, in Familien beobachtet. Am Ende steht die wachsende Isolierung des Einzelnen und zum Verfall der sozialen Integration. Kann dieser ungemütlichen Entwicklung etwas entgegen gehalten werden? Die schleichende Desintegration der Gemeinschaft und die Verstärkung eines rücksichtlosen Durchsetzungsstrebens sind vielleicht – das ist der Hoffnungsschimmer – Anzeichen des Zerfalls einer epochalen Struktur, die sich überlebt hat. Die Hirnforschung zeigt, dass wir Menschen nicht auf Kampf, sondern auf Kooperation angelegt sind.

KOOPERATION STATT KAMPF

Streben Menschen ihre Ziele rücksichtslos an oder arbeiten sie von Natur aus lieber zusammen? Die Erfahrung lehrt uns zweierlei. Politik und Wirtschaft bewegen sich zu oft in einer Welt des permanenten Kampfes, Konkurrenzkampf hier, Wahlkampf dort. Doch erleben wir nicht selten, in der glücklichen Partnerschaft und der gelebten Nachbarschaft, dass kooperatives Verhalten weit sinnvoller und befriedigender ist. Diese persönliche, banale Feststellung wird

89

neuerdings von neurowissenschaftlichen Erkenntnissen gestützt, was für viele Politiker im Rampenlicht oder Spitzenmanager der Superkategorie geradezu subversiv tönen muss. Offensichtlich lässt sich heute, aus wissenschaftlicher Sicht nachweisen, dass das menschliche Handeln in erster Linie durch das Streben nach Zuwendung und Wertschätzung motiviert ist. Denn das Gehirn belohnt gelungenes Miteinander mit der Ausschüttung von Botenstoffen, die gute Gefühle und stabile Gesundheit unterstützen.

Seit 2500 Jahren, wohl schon viel länger, steht der *Kampf* für uns Menschen im Zentrum. Ging es in der Frühzeit der Menschen intuitiv ums nackte Überleben, hielt später der altgriechische Philosoph Heraklit (wie schon erwähnt) «den Krieg für den Vater aller Dinge» – eine Ansicht, die noch heute verheerende Auswirkungen zeitigt. Doch seit in den letzten Jahren aus moderner neurobiologischer Sicht beschrieben wird, wie sich der Mensch und seine inneren Antriebe verhalten, gilt – als Verpflegung auf der Wanderung ins 21. Jahrhundert – eben auch hier ein neues Verständnis: Der Mensch ist ein Wesen, dessen zentrale Motivationen auf Zuwendung und gelingende mitmenschliche Beziehungen gerichtet ist. Daraus könnten nun tatsächlich weitreichende Folgerungen gezogen werden. Jedenfalls ist der Medizinprofessor Joachim Bauer (Universität Freiburg) dieser Meinung und er steht damit nicht alleine da. Er stützt seine doch überraschende These auf Forschungen an Genen des Immunsystems und später im Bereich der Neurobiologie. «Gene sind nicht egoistisch, sondern funktionieren als biologische Kooperatoren und Kommunikatoren» (Joachim Bauer 1), ist eine seiner Hauptaussagen. Und er verbindet diese mit den Entdeckungen von Neuroforschern in den USA, die vermuten lassen, dass die große biologische Bedeutung der sozialen Akzeptanz beim Menschen im Gehirn sozusagen «aus Psychologie Biologie macht». Daraus entstand der Begriff *social brain*, und hier wird erneut deutlich, aus anderer Perspektive als schon besprochen, dass Menschenbilder zu einem nicht geringen Teil mit den Erfahrungen zusammenhängen, die wir mit anderen – vielleicht aber auch mit uns selbst – gemacht haben.

In der Mitte des 19. Jahrhundert revolutionierte Charles Darwin die Welt. Seine Bestseller *Über die Entstehung der Arten* und später *Die Abstammung des Menschen* lösten die biblische Schöpfungsgeschichte durch eine besser begründete Theorie ab. Doch seine Grundregeln, wonach der «Krieg der Natur» und «Kampf ums Überleben» vom niederen zum höheren Wesen geführt hätten, führten in der Folge zu vielen Missverständnissen. Heute erkennen wir das und die Sicht der Neurobiologie, aber auch aus dem Blickwinkel der Genetik, zeigen neue Perspektiven auf. Ob Konkurrenz oder Kooperation die primären inneren menschlichen Triebkräfte sind, ist fraglich. Jedenfalls ist bewiesen, dass Darwins Ansicht, wonach Gene gegeneinander konkurrierende Akteure sind und gegenseitig um die Vorherrschaft kämpfen, nicht haltbar ist; zumindest ist sie einseitig und unvollständig. Die neue These lautet: Wir sind auf soziale Resonanz und Kooperation angelegte Wesen. Kern aller menschlichen Motivation ist es, zwischenmenschliche Anerkennung, Wertschätzung, Zuwendung oder Zuneigung zu finden (Bauer 1). Die Antriebsaggregate des Lebenswillens werden als «Motivationssysteme» oder «Belohnungssysteme» bezeichnet (*reward systems*). Der Botenstoff Dopamin wird dafür verantwortlich gemacht, uns zielgerichtet zu bewegen, er liefert quasi den Antrieb und die Energie dazu. Das Ziel: Zuwendung und gelingende Beziehungen zu anderen.

«Die Botschaft hör ich wohl, allein mir fehlt der Glaube», ist man wohl jetzt versucht zu sagen. Das tönt so ganz anders, als wir es täglich empfinden, wenn wir den Medien zuhören oder lesen, was Wirtschaftsführer und Spitzenpolitiker verkünden. Wird hier in etwas naiver Form für eine neue Weltsicht geworben? Oder gilt sie nur im privaten Kontext und nicht für Wirtschaft und Politik? Und dann käme sogleich die nächste Frage: Auch da haben wir es doch mit Menschen zu tun, warum verhalten die sich in Amt und Würde anders als im Familienkreis? Oder hat Darwins Kampf als Grundprinzip der Natur doch etwas an sich? Erinnern wir uns zudem an die Ausdruckskraft von Metaphern, dann kommt uns doch das im Alltag erlebte fundamental anders vor als der Bauersche Befund. Vielleicht realisieren wir jetzt aber, dass gerade der «Krieg gegen den Terror» und ähnliche Aufrufe eine sehr ungemütliche, ja gefährliche Entwicklung begünstigen. Solche Alleingänge im Dienste seines eigenen Volkes (verdeckt bleibt dabei, welche Teile des Volkes gemeint sind) verschieben weltweit die moralischen und rechtlichen Maßstäbe. Wer im Namen der nationalen Sicherheit die Menschenrechte zur Disposition stellt, gibt die Grundsätze der Rechtsstaatlichkeit auf. Das gilt natürlich auch für den «Krieg gegen Andersgläubige oder Ausländer». Da *liegt der Hase im Pfeffer begraben*, denn nur die internationale Achtung der Menschenrechte kann wirkliche Sicherheit schaffen. Wer mit dieser Argumentation einig ist, versteht jetzt vielleicht eher die Bemühung des Autors, das neue Menschenbild Kooperation statt Konfrontation wenigstens zu diskutieren. Es ist ja nicht auszuschließen, dass neue wissenschaftliche Erkenntnisse auch jene oben anvisierten Leaders dieser Welt erreichen.

Eine heute weit verbreitete Meinung in wissenschaftlichen Kreisen lautet immer noch dem Sinn nach, dass Gene die eigentlichen Akteure der biologischen Weltgeschichte seien. Diese Sicht scheint unvollständig. Tatsächlich reagieren Gene in einem Ausmaß auf die Umwelt, wie dies bis vor wenigen Jahren noch unvorstellbar war. Zwar war bekannt, dass Gene in ihrer Aktivität fortlaufend reguliert werden. Doch jetzt wird aus der Epigenetik bekannt, dass Umwelterfahrungen einen prägenden Einfluss darauf haben, ob, und wenn ja, wie stark ein Gen überhaupt abgelesen wird. Mit Epigenetik wird das «Gedächtnis» der Gene bezeichnet. Es zeigt sich hier, dass Gene die Möglichkeit haben, Erfahrungen des Organismus in seiner Umwelt in Form eines biochemischen Skripts abzuspeichern ohne dabei die DNA-Sequenz zu verändern. Joachim Bauer meint:

«Für die Funktion der Gene hat das eine mindestens ebenso weit reichende Bedeutung wie der eigentliche ⟨Text⟩ des Gens. Intensive, prägende Erfahrungen, die in der frühen Zeit des Lebens in das epigenetische Muster eingehen, hinterlassen ihre Spuren (...) Daraus folgt, dass wir außerhalb des eigentlichen Erbgangs nachhaltig biologisch geprägt werden können (...). Gene und Umwelt, Beziehungserfahrungen und körperliche Biologie bilden eine Einheit, sie sind Teil eines kooperativen Projekts» (Bauer 1). Darauf werden wir, zusammen mit den gemachten Feststellungen im Kapitel 4 wieder zu sprechen kommen.

Im Moment wird die Ansicht vertreten, dass unser Leben so gestaltet sein müsste, dass sich die im Menschen angelegten Potenziale optimal entwickeln könnten. Wenn die moderne Neurobiologie die Konturen eines Menschen hervortreten lässt, der von Natur aus auf Kooperation konstruiert zu sein scheint, sollte dies nicht ohne Konsequenzen bleiben für die Art, wie Menschen ihr Zusammenleben gestalten. Und da vernünftige Menschen nicht nur in der Gesellschaft, sondern auch in Politik und Wirtschaft anzutreffen sind, wäre die auf gelingende statt konfrontative Beziehungen angelegte Form des täglichen Umgangs wohl dem Darwin'schen Menschenbild vorzuziehen. Fangen wir bei uns selbst an? Können wir in uns diese von Natur aus vorhandene Anlage schulen, üben und kultivieren? Dies wäre bedeutend einfacher und harmloser, als laut nach einer idealen Gemeinschaft zu rufen.

Beginnen wir morgen in der eigenen Familie! «Killerspiele», im Fernsehen als Film getarnt oder gleich unverblümt als solches gekauft für Kinder und Jugendliche, stärken das fatale Menschenbild «Leben heißt kämpfen», das im letzten Jahrhundert vor und zwischen zwei Weltkriegen dominante Credo, führt später zu «Kampfmaschinen». Wollen wir das? Wenn Jugendliche sich viele Stunden täglich und gar über Jahre hinweg in solche «Spiele» vertiefen, entwickelt sich das nicht nur zu einem neurobiologischen Skript. Es erzeugt – und dabei sind wir wieder bei den Jugendexzessen – aggressive Handlungsbereitschaft, die bei Bedarf abgerufen werden. Welche Eltern (und Produzenten) können das verantworten? Doch auch der «Wett-Streit» in der Wirtschaft nach dem angeblich Tüchtigsten innerhalb der neoliberalen Konzepte, der phantasielose Drang nach Größe, koste es was es wolle (Umwelt ist bekanntlich kein Kostenfaktor, der ins Gewicht fällt), der «Kampf» bei der Übernahme des unbequemen Konkurrenten – können wir das eines Tages in einem anderen Licht sehen?

Jetzt sind wir auf dem Sprung, solche Zusammenhänge zu *verstehen*. Noch vor wenigen Jahren war das nicht in diesem wissenschaftlichen Kontext möglich – wohl aber im philosophischen. Der Ruf nach Menschlichkeit entspricht dem gelungenen Konzept Kooperation. Über Cicero, Dante und Kant ist ja Humanität, diese erstrebenswerte Höchstentfaltung des Menschen immer wieder deklamiert worden.

SCHLÜSSELKOMPETENZ: EINFÜHLUNG

Schon seit mehreren Jahren verweisen nachdenkliche Menschen auf eine wichtige menschliche Schlüsselkompetenz, die dazu beitragen könnte, auf dem Weg zu einem neuen globalen Bewusstsein hilfreich zu sein. Über Empathie sind mittlerweile viele Bücher und Medienbeiträge verfasst worden. Neuerdings sucht die Hirnforschung sogar nach Wegen, wie sich Empathie antrainieren ließe. Diese Anstrengungen sind vielen Zeitgenossen suspekt. Wohl nicht ganz zu Unrecht. Gibt es doch da jene Kreise, für die das Ganze zu einer Art Ersatzreligion verkommt und natürlich die anderen, für die nur schon der Gedanke, eine andere Person könne sich in sein Inneres einfühlen ihn also gar durchschauen, unerträglich sind. Auch hier – Missverständnisse zuhauf. Doch Tatsache bleibt: Immer mehr Verhaltensforscher verabschieden sich vom Dogma des stets egoistischen Menschen. Zum Umdenken brachten sie neue Möglichkeiten der Hirnforschung, der Evolutionsbiologie und der experimentellen Ökonomie.

Warum also sollte ich fühlen können, was du fühlst? Und warum ist die umgekehrte Vorstellung gar für viele etwas ungemütlich? Bevor wir versuchen, der Sache etwas auf den Grund zu gehen, hier deshalb einige interessante Fakten. Neue wissenschaftliche Erkenntnisse aus dem Bereich der Resonanzphänomene, also der intuitiven Übertragung von Gefühlen oder körperlichen Gesten, spielen für uns alle eine große Rolle. In Politik und Wirtschaft dienen sie als Mittel zur Beeinflussung. Jetzt steigt vielleicht das Interesse der Leserschaft. Seit der Entdeckung der Spiegelnervenzellen ist die alte Frage, ob das nicht alles mit Einbildung oder gar Esoterik erklärbar wäre, beantwortet. Das neurobiologische Verständnis lehrt: Ohne Spiegelnervenzellen gäbe es weder Intuition, noch Empathie oder spontanes *Verstehen* zwischen Menschen. Deshalb ist für dieses Buch der Einfluss dieses neuen Wissens von zentraler Bedeutung. Wir sind ja auf der Suche nach Wissen, das ein neues *Verstehen* erst ermöglicht. Spiegelneurone im (frontalen Kortex) Gehirn werden dafür verantwortlich gemacht, dass bestimmte emotionale Körperzustände intern simuliert werden, etwa dann, wenn sich die Emotion des Mitleids in das Gefühl der Empathie verwandelt (Damasio 1). Diese Nervenzellen, die unmittelbar auf unsere Beobachtung von Bewegungen, Gesichtsausdrücken, Gebärden und Lauten anderer Menschen reagieren, spielen eine große Rolle (z.B. bei der Imitation), sie steuern aber auch in unserem eigenen Körper bestimmte Vorgänge oder Empfindungen. «Die Resonanz dieser Spiegelneurone setzt spontan, unwillkürlich und ohne Nachdenken ein. Spiegelneurone benutzen das neurobiologische Inventar des Beobachters, um ihn in einer Art innerer Simulation spüren zu lassen, was in anderen, die er beobachtet, vorgeht» (Bauer 2).

Intuitives *Verstehen* benötigt keine Sprache, wir alle haben das schon (mit Erstaunen, Freude oder Ärger) erlebt. Doch können natürlich auch mittels der Sprache ausgelöste Spiegelphänomene –

auch das kennen wir bestens aus unseren Alltagserfahrungen – im Zuhörenden nicht nur Handlungsideen aktivieren, sondern auch Körpergefühle auslösen. Es soll begabte Kommunikatoren oder Kommunikationsagenturen geben, denen diese Zusammenhänge bestens bekannt sind (siehe dazu Kapitel 4). Was sie anderen Menschen sagen, kann eine suggestive Wirkung entfalten und diese beeinflussen. Verstärkt werden diese Botschaften durch Bilder (Inserate, TV), durch Gesten, durch Metaphern. Ein Populist mit breiten Lachen auf seinem Gesicht erreicht sein Publikum besser als ein um Wahrheiten ringender Professor. Doch auch hier sind wohl automatisch gewisse Grenzen gesetzt. Argumentiert dieser lachende Populist gleichzeitig mit überholten, unverständlichen Ansichten, reagieren die eben noch faszinierten Anhänger plötzlich mit Skepsis und einer gewissen Ratlosigkeit. Einigermaßen ernüchternd mag da die Feststellung wiederholt sein, dass es keine objektive Wahrnehmung gibt, da die zwischenmenschliche Wahrnehmung immer über die Bildung von Repräsentationen geschieht.

Die Spiegelneurone stellen gewissermaßen eine Art soziales neurobiologisches Format dar, in dem sich jeder Einzelne, aber auch die Gemeinschaft wiederfindet. Dass dies aber auch immer eine individuelle Angelegenheit ist, geht daraus hervor, dass die persönlichen Reaktionsprogramme für typischerweise vorkommende Situationen abgerufen werden, die individuell von Mensch zu Mensch durch Resonanz aktiviert, abgeglichen und kommuniziert wurden. Zur Wahrnehmung und inneren Abbildung anderer Menschen setzt das Gehirn also dieselben Programme ein, mit denen es sich auch sein Bild von sich selbst modelliert. Deshalb kann dieses System als ein überindividuelles neuronales Format dargestellt werden, durch das ein gemeinsamer zwischenmenschlicher Bedeutungsraum erzeugt wird.

Seit vielen Jahren beschäftigt sich der amerikanische Soziologe und Ökonom Jeremy Rifkin mit Fragen des wissenschaftlichen und technischen Wandels, deren Einfluss auf Gesellschaft, Wirtschaft und Umwelt. Er ist Gründer und Präsident der *Foundation on Economic Trends* und Berater vieler Regierungen. Seine 17 Bücher sind in über 20 Sprachen übersetzt, seine Ansichten ernten weit herum große Aufmerksamkeit. Zu seinen bekennenden Gegnern gehören erklärtermaßen die harten Vertreter des neoliberalen Wirtschaftsverständnisses. In seinem neuesten Buch «Die empathische Zivilisation» thematisiert Rifkin den bevorstehenden Wechsel hin zu einer empathischen Gesellschaft, den er am Horizont wahrnimmt. Sich auf neuere neurowissenschaftliche Erkenntnis stützend, entwickelt der Amerikaner eine Art Universaltheorie über die Entwicklung der Menschheit, die alles, was man über unsere menschliche Natur zu wissen glaubt, über den Haufen wirft. Wichtig zu wissen: Rifkins Weltbild fußt auf dem Prinzip Hoffnung. Das ist für viele Menschen tröstlich und ermutigend, für andere Grund zur Häme.

Rifkin sieht, im Gefolge von Krisenstimmung bezüglich Wirtschaft und Klima, einen Wendepunkt: Erstmals sieht er die Umrisse eines globalen Bewusstseins. Nicht zum ersten Mal kritisiert er Politiker und Wirtschaftsmanager, die mit Denkformen des 18. und 19. Jahrhunderts die Probleme des 21. Jahrhunderts lösen wollen und damit jene Ideen der letzten Aufklärung mit ihren rationalen Betonungen und ihrer Fokussierung aufs Eigeninteresse der Menschen. Viele von Rifkins Schlüssen, die er aus den neusten neurobiologischen Erkenntnissen ableitet, sind Leserinnen und Lesern dieses Buches jetzt bereits bestens bekannt. Zum Beispiel: Der Mensch kommt nicht als kühles, kalkulierendes und eigennütziges Wesen auf die Welt. In der Empathie als Schlüsselkompetenz und Maßstab des menschlichen Fortschritts ortet Rifkin den Hoffnungsschimmer. «Das menschliche Bewusstsein verändert sich immer dann grundsätzlich, wenn Energie- mit Kommunikationsrevolutionen einhergehen» (Jeremy Rifkin).

Stellt sich die Frage, ob Hoffnung auf Lernfähigkeit der Menschen weiter führt als «rationale» Skepsis. Die *Neue Zürcher Zeitung* kennt die Antwort: Träume und Visionen, wie sie Rifkin in seinen

Pamphleten beschwört, seine kulturpsychologischen Holzschnitte, die er in «großen Erzählungen» ausbreitet, die Fortschrittsgeschichte, die er erzählt – nicht nur in den Köpfen notorischer Pessimisten würden darob Zweifel keimen. Dass diese Kritik von kompetenter Seite gerade in der *NZZ* so unverhohlen begründet wird, könnte auch mit deren vornehmer «liberaler» Weltsicht zusammen hängen. Schon immer gab es Menschen (und Medien), die die Freiheit des Individuums auch dann noch verherrlichten, als deren gelegentlich fatalen negativen Auswirkungen bereits bedrückende Tatsache waren. Da ist für den Autor die Wahl zwischen eines sich entwickelnden globalen Mitgefühls und des Verharrens in der Überheblichkeit neoliberaler Ideologie des Profitstrebens, spontan rasch entschieden. Bei der hoffnungsgetriebenen Suche nach einem Ausweg aus den gewaltigen Sackgassen der Gegenwart; bedenken wir zudem Albert Einsteins Ratschlag «Wir können die Probleme nicht mit derselben Denkweise lösen, wie wir sie geschaffen haben» (Helen Dukas).

Pikant an Rifkins früheren Publikationen ist der visionäre Blick dieses streitbaren Ökonomen. Bereits 2004 vertrat er in seinem Buch *The European Dream* die provokative Ansicht, dass Amerika als Staat ausgeträumt hätte, aber – leider – Europa schlafe. Ihm schwebte damals eine Art heimlicher Supermacht Europa vor, eine Vision, die bis heute nicht hielt, was sie versprach. Doch ein Teil seiner Voraussage, «Amerika, einst das Land der unbegrenzten Möglichkeiten, steuert in eine gesellschaftliche Sackgasse» (Rifkin), ist im Jahr 2010 nicht mehr sehr weit entfernt von jener Warnung. Seine Ansicht, Amerikas Geist sei rückwärtsgerichtet – von 2001 bis 2009 war George W. Bush Präsident der USA – ist Bestandteil des konservativen Weltbildes.

Wer will, kann auf dem spannenden Weg in die Zukunft davon profitieren, dass die Wissenschaft deren neue Konturen mit beeinflusst. Tania Singer forscht an der Universität Zürich wie Menschen im Miteinander «ticken». Sie will herausfinden, wie man Empathie trainieren kann. Immerhin hat sie dafür 2,4 Millionen Franken vom europäischen Forschungsrat bekommen. «Dass sich das Gehirn umbaut, wenn jemand bestimmte Bewegungen trainiert oder Gedächtnisübungen macht, weiss man schon lange. Ich möchte sehen, ob das auch für Empathie gilt» (Tania Singer). Die Hirnforscherin baut seit 2006 das Zentrum für Soziale und Neuronale Systeme auf, das eng mit dem Institut für Empirische Wirtschaftsforschung des renommierten Ökonomen Ernst Fehr verbunden ist. «Manager sollten ihre Empathie trainieren, weniger den Bizeps», sagt die ehemalige Verhaltensforscherin. Auch sie geht davon aus, dass das menschliche Gehirn auf Zusammenarbeit (nicht Kampf) geeicht ist. «Menschen kooperieren viel mehr als gedacht, sie handeln nicht nur egoistisch», lautet ihr Befund.

Stellt sich an dieser Stelle die Frage, inwieweit auch andere Gefühle antrainiert werden könnten? Wie wäre es zum Beispiel, wenn angehende Ökonomen an der Universität den Rentabilitätsgedanken um die Dimension der Nachhaltigkeit erweitern würden? Nachdem die Länder dieser Erde seit 2007 im Gefolge der «Irrläufer» innerhalb eines Teils des Wirtschaftssystems verzweifelt versuchen, sich aus dem Dreck zu ziehen, sind Zweifel an der Theorie des Strebens nach Profit (und deren Reglementierung) lauter geworden. Nun bleibt der Politik nichts anderes, als mit einer gigantischen Schuldenwirtschaft zu versuchen, der Rezession zu entkommen; Arbeitslosigkeit ist ja deren Konsequenz und wenn Millionen von Menschen verzweifelt nach Arbeit Ausschau halten, ist das langfristig nicht nur sehr unbefriedigend, es ist auch sehr gefährlich (eine Erfahrung des 20. Jahrhunderts).

Aus dieser Sicht sind alle wissenschaftlichen «Entdeckungen», die im Hinblick auf das menschliche Verhalten neue Wege denkbar machen, sehr willkommen.

DIE BIOLOGIE DER SEELE

«Nennen Sie es Seele oder Psyche: Was den Menschen ausmacht, ist das Ergebnis von zellulären, biochemischen und elektrischen Prozessen in den Neuronenschaltkreisen des Gehirns» (Volker Sturm & Ulrich Bahnsen). Der Kölner Neurochirurg Sturm und seine Kollegen in Europa und USA gelten als Pioniere der neuen Psychochirurgie: Mit der Sondentechnik behandeln sie Patienten mit schweren Depressionen, Angststörungen oder Zwangsneurosen. Um in den Schädel seiner Patienten einzudringen, wird zunächst grobes Gerät eingesetzt. Bohrer und Skalpell zum Öffnen der Schädeldecke, dahinter werden mit filigraner Technik mikroelektronische Sonden millimetergenau in kritische Hirnareale verpflanzt. Damit könnten kranken Menschen geholfen werden, ihre geistige Freiheit wieder zu entfalten. Mit diesem Verfahren der Tiefenhirnstimulation lassen sich Symptome psychischer Leiden beseitigen, nachdem es ursprünglich für Parkinson-Patienten entwickelt worden war. Bewusstsein und Gedächtnis werden von den winzigen Stromimpulsen ebenso beeinflusst wie Stimmungen.

Sturm und seine Kollegen dringen tief ins Hirn vor – zum Innersten des Menschen, seiner Psyche, der Summe der Eigenschaften und Verhaltensweisen, die seine Persönlichkeit einzigartig machen. Wie genau die Nervenschaltkreise im Kopf eines Menschen sein Wesen hervorbringen, ist noch immer eine der schwierigsten und weithin ungelösten Fragen der Wissenschaft. Doch mit diesen Eingriffen in des Menschen geistige Autonomie wird die Überzeugung, dass das Wesen des Menschen auf einer spirituellen Seele beruht, weiter erschüttert. Zeigen diese neuen Erkenntnisse, dass die Persönlichkeit einfach ein Produkt der Biologie ist? Dies erscheint uns erschreckend und faszinierend zugleich. «Wer weiß, wie die Nervenverbände zu kontrollieren sind, der kann die Seele gängeln» schreibt Ulrich Bahnsen. Weitgehend einig scheint man sich darin, dass jene Nervennetze im Gehirn, die psychische Erkrankungen hervorrufen können – wenn aus dem Takt geraten –, auch die Eigenschaften der gesunden Seele steuern. Was aber hat welchen Einfluss auf die Seele?

Psychogenetiker sind der Ansicht, dass seelische Eigenschaften durch große Gruppen von Genen beeinflusst werden, die durch ihre Funktion miteinander vernetzt sind. Zwar machen diese komplexen genetischen Netzwerke im Gehirn allein noch keine Persönlichkeit aus, sie können das Verhalten eines Menschen nicht direkt steuern. Aber sie sind für die Struktur seiner Nervenschaltkreise verantwortlich. Wie schon beschrieben, zeigen die neuen Erkenntnisse der Genomerkundung, dass unsere Gene einerseits Informationen (Erbanlagen) enthalten, andererseits lebenslang auf äußere Einflüsse reagieren und damit die Funktion der Gene beeinflusst wird. Dabei ist unser individuelles Verhalten so variantenreich – etwa ob wir unsere Position in einem Streit vehement vertreten oder eher defensiv sind –, dass sich dies wiederum darauf auswirkt, wie andere auf uns und unser Verhalten reagieren (Rückkoppelung). Auch aus diesem Blickwinkel der Forschung zeigt sich, was wir schon erkannt haben: Erbanlagen und Umwelteinflüsse sind zwei Seiten derselben Medaille. Der unselige Streit darüber, wer der beiden bestimmend sei, beruht auf vermeintlichen Gegensätzen des alten dualistischen Weltbilds.

Wir finden hier die Bestätigung dessen, was weiter oben beschrieben wurde. Aus anderem Blickwinkel und in anderen Worten ausgedrückt: Das Hirn eines neugeborenen Babys gleicht eher dem Rohbau eines Gebäudes, das die Bewohner noch verputzen, tapezieren und einrichten müssen. Während es reift, ist das Hirn in den ersten Lebensphasen auf die prägende Kraft seiner Umgebung angewiesen (Laute, visuelle Eindrücke, Berührungen). Diese Einflüsse lösen elektrische Aktivität in den noch unfertigen Schaltkreisen aus und aktivieren dabei ein zweites genetisches Netzwerk –, an dessen wichtigsten Knotenpunkten die eGene sitzen. Die neuronale Aktivität steuert Hunderte von Genen in einem präzise koordinierten zeitlichen Muster. Dieser Zusammenhang zwischen erfahrungsabhängiger Nervenaktivität und Genaktivierung ist die Basis für Lernen und Gedächtnis. Erst Erfahrungen aktivieren also die eGene und machen uns zu dem, was wir sind.

Tatsächlich könnte diese Form der Koppelung zwischen Genen und Umwelt auch das Funktionsprinzip der Plastizität des Gehirns darstellen, wie es schon beschrieben wurde. Indem neue Nervenzellen gebildet und neue Kontakte und Kommunikationswege aufgebaut werden, entsteht die Fähigkeit des Zentralnervensystems, sich ständig zu verändern. Es bestätigt sich also, dass sich das Hirn allein durch seine eigene elektrische Aktivität laufend neu und anders vernetzt und damit könnten die Unterschiede in den Persönlichkeitsstrukturen der Menschen erklärt sein. Und die Forschung bestätigt auch die schon geäußerte These, wonach das Hirn seine Nervennetze durch evolutionär anmutende Mechanismen selbst organisiert. Es wurden Erbanlagen gefunden, die dafür sorgen, dass Nervenzellen nur überleben, wenn sie elektrisch angesteuert werden. *Use it or loose it* wird einmal mehr bestätigt. Fazit für unsere Suche nach dem Neuen: Mit dem Älterwerden verlieren wir keineswegs an Denkfähigkeiten, im Gegenteil. Wofür wir uns intensiv interessieren, verändert unsere entsprechende Kompetenz. Jetzt liegt es an uns zu entscheiden. Etwa: Wollen wir gefangen bleiben im Ritual der Beschwörungen des Alten, Gestrigen oder befreien wir uns davon und lassen wir Neugier zu, gerichtet auf Neues und auf Veränderungen in der Zukunft?

Viel über unser Wesen und die Grundmechanismen der Persönlichkeit erscheinen als Folge dieser Forschungen in neuem Licht. Die Fähigkeit, mit anderen Menschen zu kommunizieren, – der Kern dessen, was eine Persönlichkeit und einen Charakter ausmacht – liegt in diesem Gennetzwerk begründet. Gendefekte, die eine falsche Verschaltung verursachen, können auf diese Weise zum Beispiel verschiedene Autismusformen hervorbringen. Für Eltern von Teenagern ist – sozusagen als Nebenwirkung dieser Studien – folgende tröstliche Botschaft wichtig: Nicht nur im frühen Kindesalter durchläuft das Gehirn eine Reifungsphase, auch von der Pubertät bis ins frühe Erwachsenenalter kommt es zu massiven Umbauten im Gehirn. Dies wäre die neuronale Erklärung für die Flegeljahre, das impulsive und von emotionalen Schwankungen geprägte Verhalten Heranwachsender. Wenn Jugendliche mit Wutanfällen auf Nichtigkeiten reagieren, nur um gleich darauf in Melancholie zu versinken, ist das kein Indiz für erzieherische Versäumnisse. «Das Teenagerhirn ist eine Baustelle», resümiert Jäncke.

Noch sind neue Theorien zu großen Teilen spekulativ, das sollten wir nicht vergessen. Doch bewahrheiten sie sich, tun sich umwälzende Möglichkeiten auf. Viele Fragen ließen sich beantworten: Wie funktioniert Erziehung oder wie könnte sie besser wirken? Warum haben Freunde und Familie Einfluss auf Menschen? Stehen wir gar vor einem neuen Zeitalter der wissenschaftlich fundierten Neuropädagogik oder Neurosoziologie? Auch Psychiater und Psychoanalytiker könnten gefordert sein, alles noch einmal zu überdenken. Da sähen wir dann vielleicht die Versöhnung der verschiedenen Wissenschaften, ein weiterer Schritt auf dem Weg zum ganzheitlichen Verständnis.

Am Horizont zeigen sich aufregende neue Erkenntnisse. Mit fein regulierten elektrischen Stromimpulsen ins Nervengewebe gelang es Forschern, bei Patienten eine Langzeitwirkung der gewünschten Symptombehebung zu erzeugen. Werden einst derart «umgebaute» Nervenzentren dauerhafte Heilung für psychische Leiden ermöglichen? Oder wird es zutreffen, dass sich gewaltbereite Hooligans in friedfertige Jünglinge verwandeln? Schon heute versichern Forscher, diese Operation durchführen zu können.

Im Lauf der Jahrtausende ist die Seele immer wieder neu und anders verstanden und beschrieben worden. Heute kennen wir dafür etwa die allgemeine Definition «Inbegriff der Bewusstseinsregungen des Menschen oder der mit dem Organismus eng verbundenen Erlebnisse». Die Beantwortung der Frage, inwieweit die

Seele unsterblich ist und nach dem Tode weiterlebt, ist den Leserinnen und Lesern überlassen. Die Faszination, die vom Begriff Seele ausgeht, spricht dafür, dass uns eines Tages neue Antworten auf alte Fragen überraschen werden. Bis dann «lassen wir die Seele baumeln» – mit diesem Ratschlag ist wohl vielen «aus der Seele gesprochen».

DEMOSTHENES IN DER BUNDESVERSAMMLUNG (ODER IM BUNDESTAG)
PHILOSOPHISCHER ZWISCHENHALT III

Ob Bundesversammlung, Bundestag, Parlamento oder US Congress spielt hier eigentlich keine Rolle. Es geht um das Zusammenspiel zwischen den Akteuren am Rednerpult und ihrer Zuhörerschaft im politischen Alltag, um einen etwas hinterhältigen Vergleich mit der Situation vor ungefähr 2300 Jahren im alten Athen und heute. Es geht um die Wirkung der Sprache, der *Rhetorik*, also der Redekunst, wie sie im Altertum einen überragenden Einfluss auf das öffentliche Leben ausübte. Ihr berühmtester Repräsentant der Antike war wohl Demosthenes (384–322 v. Chr.), «der Redner» (*rhetor*), der es im Laufe seines Lebens vom Advokat und gewieften Redenschreiber zum «unüberhörbaren» Staatsmann gebracht hatte. Sechzig seiner berühmten Reden sind erhalten geblieben. Somit steht uns von ihm ein persönliches Selbstzeugnis zur Verfügung, das im Hinblick auf die großen Gestalten des vorchristlichen Altertums nach Umfang und historischer Aussagekraft lediglich von jenem Ciceros übertroffen wird (Gustav Adolf Lehmann). Offensichtlich hatten Demosthenes' Reden vor dem Volksgerichtshof und der Volksversammlung in der *polis*-Bürgergemeinschaft sehr großes Gewicht gehabt.

Eindrücklich in ihrer überdauernden Suggestivkraft lesen sich die taktischen Anwaltsregeln von damals: Der Sprecher hatte sich als einfacher, ruhiger und ehrlicher Bürger vorzustellen, während der Gegenseite stets Prozesssüchtigkeit oder Klagemissbrauch vorzuwerfen war. Zornige, gestenreiche persönliche Attacken auf den Gegner waren unerlässlich, wobei es bei der Pointierung weniger auf den Wahrheitsgehalt als auf den aktuellen Unterhaltungswert ankam. Schließlich durften am Ende einer Rede eine wirkungsvolle Zusammenfassung der Argumentationen und ein gut inszenierter Appell an die Emotionen der Richter nicht fehlen. Um diesen geschilderten hohen Anforderungen und Erwartungen entsprechen zu können, bediente man sich in Athen häufig der Hilfe eines cleveren Redenschreibers, dessen Manuskript der Anwalt auswendig zu lernen hatte, inklusive Gestik und Habitus. Was Demosthenes' Trainingsprogramm anbelangt, als er sich in jungen Jahren auf Größeres vorbereitete, ist überliefert: dass er gezielt gegen seine physischen Mängel in Aussprache und Stimmkraft, aber auch gegen Hemmungen und Schwächen seiner Artikulation angekämpft hatte. Nicht nur hatte er sich dazu flache Kieselsteine in den Mund gelegt –, um sich in der richtigen Atemtechnik zu üben –, sondern er holte sich professionelle Beratung bei erfahrenen Schauspielern.

Tauchen da und dort jetzt Bilder von zeitgenössischen Rednern auf? Fühlt sich der Zuschauer einer tumultartigen Debatte im italienischen Parlament in Rom mit Berlusconi am Rednerpult gar an dessen pfiffige Vorgänger im alten Athen erinnert?

In seiner berühmten Ersten Philippinischen Rede kämpfte Demosthenes an zwei Fronten. Seine Vorwürfe und Mahnungen richteten sich an die bisherige politische Führung und an die sattsam bekannten Verhaltensmuster in der bürgerlichen Öffentlichkeit. Scharf werden da die entschlusslose Aufgeregtheit in der Stadt und die Empfänglichkeit für wilde Gerüchte gegeißelt. Doch auch wenn er zu polemischen Ausfällen griff, gegen die wachsende Polarisierung in der athenischen Öffentlichkeit im anhaltenden Meinungsstreit über die richtige Außen- und Sicherheitspolitik war auch er weitgehend machtlos. Dazu kam «die Schwerfälligkeit der demokratischen Institutionen und die üblichen Widerstände und Verzögerungen in einer freien Gesellschaft» (Lehmann), die seine Arbeit behinderten. Er beklagte die Blockierung zwischen zwei annähernd gleich starken «Parteilagern», deren Organisierung von jeweils «rund 300 Claqueuren, die zum Schreien bestellt sind» und die Aufteilung der übrigen Anwesenden auf diese zwei «Parteien». «Damit muss umgehend Schluss gemacht werden!», rief er einst erzürnt und forderte vom Volk: «Ihr dürft nur noch euch selbst verantwortlich sein und habt alle die Pflicht, die politischen Beratungen, die Antragsstellung und die Ausführung der Beschlüsse zu eurem gemeinsamen Anliegen zu machen» (zitiert nach Lehmann). Deutlich und grundsätzlich distanzierte er sich hier von beiden «Parteilagern».

Demosthenes erkannte (vor 2300 Jahren) die Systemwidrigkeit einer ausgeprägten und dauerhaften politischen «Lagerbildung» im Rahmen einer direkten Demokratie, die auf die kontinuierliche und loyale Zusammenarbeit aller Kräfte und einen beständigen, individuell offenen Wettbewerb unter ihren Politkern in besonderem Maße angewiesen ist. Schon im fünften Jahrhundert, in der Ära des Perikles, hatte man sich in Athen daher auch entschieden gegen den Versuch einer offenen politischen Fraktionsbildung in Ekklesia (Versammlung der Bürger) und Ratsversammlung verwahrt, und auch Demosthenes bekämpfte diese Tendenz energisch. Nicht minder wortgewaltig beschwor er seine Mitbürger bei anderer Gelegenheit, sich endlich politisch aufzuraffen und zu handeln, um Athens Rang nach Vormacht in Hellas zurück zu gewinnen.

In unserer Zeit ist der polarisierte politische Alltag immer noch Tagesordnung, mit ihm seine Blockierungen, Diffamierungen und Anpöbelungen. Seien es in Washington die unversöhnlichen, zutiefst verletzten Republikaner, die auf Obamas Vorschläge à priori mit *no* antworten, in Berlin die Opposition mit ihren Claqueuren in den hinteren Reihen oder im gemächlichen Bern die rückwärtsgerichteten wackeren Mannen und Frauen aus der Volkspartei, die als deklarierte Oppositionspartei prinzipiell mit Nein votieren, wenn alle anderen einem Vorschlag zustimmen können. Wie doch die Zeiten sich nicht geändert haben.

Geradezu «zeitgenössisch» wirken einige der damaligen Vergleiche (zwischen der Hochblütezeit Athens um 500 v. Chr. und der Niedergangszeit 200 Jahre später) an. «Früher ist die Polis selbstbewusst und machtvoll aufgetreten, heute ist man dagegen schon stolz auf den frischen Verputz der Mauerzinnen, die Verbesserung der Strassen und der Brunnenanlagen und andere läppische Dinge!», wetterte Demosthenes und prangerte in der Folge auch das defiziente «Steuerwesen» an, das zu einer Lähmung und sanften Entmündigung der Bürgerschaft geführt hätte (zitiert nach Lehmann). «Früher war das Volk handlungsfähig, es besaß die volle Kontrolle über die Politiker und verfügte selbst über alle Zuwendungen. Nun aber ist das Gegenteil der Fall: Die Politiker haben die Kontrolle über alle Zuwendungen erlangt, alles wird von ihnen gesteuert. Ihr aber, das Volk, seid wie gelähmt, habt eure Staatseinkünfte und Bundesgenossen eingebüsst und seid auf den Status von Hilfspersonal und Nebenfiguren abgesunken!»

Heute ist das Bundeshaus in Bern mit Millionen renoviert, städtische Straßen erhalten neue Beläge, Gehsteig-Graniteinfassungen, Velowege und statt der Brunnen werden die Parkanlagen schon mal wieder für teures Geld neu gestaltet. Welches «die läppischen Dinge» heute ausmachen bleibt diskutabel, etwa Neupflästerungen von intakten städtischen Plätzen, Verkauf von durchaus fahrtüchtigen Straßenbahnwagen in den Kaukasus, um neue anschaffen zu können oder die EU-Unterstützungsbeiträge für gigantische, völlig überdimensionierte Autobahnen und Hafenanlagen in Spanien, Portugal oder anderswo. Und wer da nicht automatisch auch an die gigantischen Umverteilungsprozesse in der EU oder Hartz IV in Deutschland erinnert wird, hat wohl etwas Mühe mit seinem Denken in größeren Zusammenhängen oder, schlimmer, gehört er, in unseren Tagen, gar zum «gelähmten Hilfspersonal»?

Und, wenn wir schon so schön dran sind und uns die verflossenen 2500 Jahre oft eher wie ein Rückblick auf die vergangene Legislatur vorkommen mag, auch zum Thema Inflationsgefahr ist Interessantes von damals zu verzeichnen. In den frühen 320er Jahren wurden Athen und das übrige Hellas von den direkten und indirekten ökonomischen Folgewirkungen des Alexanderzuges in Mitleidenschaft gezogen. Der neue «König von Athen» hatte die gewaltigen Edelmetallvorräte, die von den Persern in ihren Reichsresidenzen über Jahrzehnte hin thesauriert worden waren, planmäßig ausmünzen und in den Wirtschaftskreislauf einfließen lassen. Diese staatlichen Geldspritzen hatten sich in Vorderasien vorerst äußerst segensreich und wirtschaftsbelebend ausgewirkt, dann aber in der griechischen Staatswelt zu einem raschen Anstieg des Preisniveaus geführt. Zusammen mit dem Aufkommen neuer kapitalstarker Konsumentenmärkte in Vorderasien entstanden gleichzeitig preistreibende Nachfragekräfte, was zu einer eigentlichen Teuerungskrise führte, die den Abstieg Athens beschleunigte.

Da sind wir nun gegenwärtig doch versucht an die Situation in den USA in den Jahren 2007–2010 mit seinen Irak- und Afghanistan-Kriegen zu denken und der gigantischen Schuldenwirtschaft, der staatlichen Finanzspritzen und Autoabwrackprämien und schließlich der wohl unausbleiblichen Inflation als deren direkter Folge. Das alles, vor dem Hintergrund der aufkommenden Märkte China, Indien, Brasilien, lässt ungute Prognosen erahnen (ohne dass gleich die Analogie mit dem Machtverlust und Abstieg Griechenlands vor 2300 Jahren heraufbeschworen werden muss).

Jede Zeit schafft sich ihren eigenen Demosthenes. Die Urteile über jenen vortrefflichen Redner der Antike gingen später weit auseinander. Solange Politiker verantwortungsbewusst und weitsichtig handeln, nehmen wir noch heute gerne auch rhetorische Spitzfindigkeiten zur Kenntnis. Demosthenes war um politische Stabilität bemüht und wollte flexibel auf aktuelle Herausforderungen reagieren und dabei waren ihm die polarisierenden und blockierenden Situationen der Parteien ein Gräuel. Wer wünschte sich nicht einen solchen Staatsmann? Unbeschädigt, hochaktuell und richtungsweisend auch nach über 2300 Jahren ist die Erkenntnis: Die Macht des Wortes ist ungebrochen.

4 Die menschliche Kommunikation
Politisieren, Polemisieren, Popularisieren

CHANGE!

«Welcher Sprache bedienen sich Politiker, um in den Köpfen der Menschen die gewünschte Wirklichkeit entstehen zu lassen» (George Lakoff & Elisabeth Wehling)? Dieser überraschenden Frage wollen wir nachgehen. George Lakoff unternimmt in seinem Buch *The Political Mind* den Versuch, aufzuzeigen, wie sich in den USA eine Revolution ausbreitet. Sie basiert einerseits auf den neuesten Erkenntnissen über unser Hirn und das menschliche Denken, die ihrerseits neue wissenschaftliche Ansichten über Verstand und Rationalität zur Folge haben. Andererseits entwickelt sich vor unseren Augen eine neue Konzeption der amerikanischen Demokratie, die ihren Anfang mit der Wahl Barack Obamas und dessen neuer Sprache (Politverständnis) nahm. Lakoff weist auf den verborgenen Link zwischen beiden Vorgängen hin, auf den großen Einfluss der persönlichen Weltbilder Obamas und Bushs jr., eines durch Empathie, das andere durch Autorität geprägt. Das eine visionär, auf die Zukunft gerichtet, das andere konservativ, vergangenheitsorientiert. Hier befinden wir uns im Camp der Demokraten, dort im Think-Tank der Republikaner. Der Befund ist spannend und noch ist es ziemlich ungewiss, ob sich das eine oder das andere als tauglicher erweisen wird. Vielleicht eine Mischung von beidem? Dass wir uns mit den Verhältnissen in den USA befassen hat seine Gründe. Lakoff beschreibt die Zustände in seinem Land und dessen Allgemein-

111

zustand ist für die ganze freie Welt von herausragender Bedeutung (George Lakoff). Es würde jedoch nicht der Absicht des Autors entsprechen, wenn nicht später im Buch Analogien gezogen würden zu den schweizerischen und europäischen Verhältnissen. Denn Konservative und Progressive streiten sich auch diesseits des Atlantiks darüber, ob die alten Vorbilder besser für das 21. Jahrhundert passen, oder eben doch die liberaleren Versuche den Herausforderungen des Wandels eher entsprechen. Und auch hierzulande benutzen erfolgreiche Politiker das Wort, Wortbilder und Metaphern, um zu punkten. Die einen unverfroren, bauernschlau und wortgewaltig, die andern eher abwägend, oft abstrakt und eher wortklug.

Zurück in die USA. Natürlich gilt es Kenntnis zu nehmen vom Resultat der Zwischenwahlen vom November 2010. Die Zurückeroberung des Repräsentantenhauses durch die Republikaner auf einer Welle des Protests gegen die Demokraten ist Tatsache. Das kurzatmige amerikanische Politverständnis hat die Demokraten unter Barack Obama für die hartnäckige Krise abgestraft, die der republikanische Vorgänger im Weißen Haus losgetreten hat. Die bedrohliche Schuldenwirtschaft, auch die Kriege im Irak und in Afghanistan, alles begann unter republikanischer Ägide. Im 7. Kapitel wird näher auf dieses Phänomen eingegangen.

Change! Wir erinnern uns dieses Aufrufs Obamas in seiner Wahlkampagne 2008/2009. Dieser Aufruf zur Veränderung ist Bestandteil eines Weltbilds, das davon ausgeht, dass viele Errungenschaften der Vergangenheit modifiziert werden müssen, sollen sie überleben. Wir erinnern uns ebenfalls des Ausdrucks der «schöpferischen Zerstörung» des Ökonomen Joseph A. Schumpeter, der für ständige Innovationen in der Wirtschaft plädierte, um als Firma/ Gesellschaft fit zu bleiben. Wenn die Einsicht zutrifft, dass sich Konzerne nur durch laufende «Neuerfindungen» längerfristig behaupten können, zutrifft, dann müsste sie auch für politische Konzepte gelten. Wer verharrt, verfällt. Die alte Eidgenossenschaft ging vor 200 Jahren unter, weil sie sich als reformunfähig erwiesen hatte.

Die verharrenden, konservativen Kräfte (der Aristokratie) waren schließlich durch Napoleon gezwungen worden, den *Change* zu akzeptieren. Heute spielt sich ähnliches ab: Diejenigen Politiker (des «Volkes»), die vom gegenwärtigen Zustand der Nation und der Fortschreibung des Alten profitieren (nicht selten auch im persönlichen/egoistischen Bereich), treten an, um den Wechsel zu verhindern. Dass schließlich die liberalen Kräfte die besseren Karten in der Hand haben werden, hängt nicht zuletzt mit den neuesten Erkenntnissen der Hirnforschung zusammen. *Brain Change and Social Change* – die veränderten Erkenntnisse über unser Gehirn spiegeln sich in einem sozialen Neuverständnis – künden von spannenden, kommenden Zeiten.

Am Ausgang der Untersuchungen Lakoffs steht der Befund, dass unsere unbewussten Gedanken unser Alltagsleben steuern, was, wie wir weiter oben gesehen haben, auch andere Forscher (mit vielleicht etwas anderen Worten) bestätigen. Wenn das zutrifft, ist auch unsere Politik davon abhängig. Wenn wir realisieren, dass unser «freies» Denken – jeder Gedanken – in unserem Hirn nach persönlichen Mustern konditioniert wird, realisieren wir, dass wir nur innerhalb dieser Struktur «frei» sind. Umgekehrt ist auch erwiesen, dass wir nicht in der Lage sind, etwas *nicht* zu denken, wenn von außerhalb entsprechende Impulse kommen. Bereits 2004 hat Lakoff in seinem weltberühmten Buch *don't think of an elephant!* nachgewiesen, dass wir der Aufforderung, jetzt, im Moment, nicht an einen Elefanten zu denken, nicht nachkommen können. «Es denkt gerade deshalb.»

Aus der bereits besprochenen Erkenntnis, dass wir alle stark in Bildern, Metaphern denken – dass wir uns ins Bild setzen –, wird jetzt abgeleitet, dass besonders einprägsame, populäre oder emotionale Bilder «gerahmt» werden müssen, um (politische) Botschaften erfolgreich in den Köpfen der Menschen einzupflanzen. Wer dieses «Handwerk» virtuos beherrscht, findet in der Bevölkerung große Zustimmung und Mehrheiten. So sind in den USA in den konservativen, republikanischen Kreisen Dutzende von *Think-Tanks* seit

Jahren und mit enormen Finanzmitteln ausgerüstet, damit beschäftigt, eben diese Aussagen zu formulieren, sie in Metaphern über die Medien zu verbreiten. Dass dabei die einfachen, «wahren» Botschaften besonders Zustimmung finden, ist nachvollziehbar. *Tax-Cuts* tönt gut, so wie es «Weniger Steuern für alle» tut. Alle wollen das. Dass hinter diesen vordergründigen Schlagzeilen ganz andere Ansprüche der Autoren stehen, bleibt dagegen weitgehend unsichtbar. Dies mündet darin, dass viele amerikanische Wählende oder Stimmende gegen ihre eigenen Interessen entscheiden, ohne es zu merken.

Ein Beispiel soll das näher erklären. Als Folge des 11. Septembers 2001 zeigte die Bush-Administration immer und immer wieder Bilder der einstürzenden *Twin-Towers* in New York. Die cleveren Autoren fügten immer die gleichen Worte dazu: «Bedrohung – Angst – Terror – Attacke». Diese Kampagne, über Monate durchgezogen, aktivierte in den Köpfen des Publikums negative Emotionen; das half, den konzeptuellen, verdeckten Rahmen der Bush-Absichten (Krieg um Öl) zu überdecken. Während Jahren setzte in der Folge die Administration diese konsequent in die Wirklichkeit um: Von den *Tax-Cuts* (ermöglicht durch die Elimination staatlicher Fürsorgeprogramme, Auslagerung staatlicher Aufgaben an Privatfirmen, Deregulierung oder ganz einfach durch Neuverschuldung) profitierten die Superreichen. «Kampf dem Terror» wurde zur Metapher, hinter der sich der *disaster capitalism* (Naomi Klein) ausbreitete. Private Konzerne erhielten den Zuschlag, in den Desastergebieten für Ruhe, Ordnung und Aufbau zu sorgen, alles frühere Staatsfunktionen. Da gleichzeitig die entsprechenden staatlichen Ämter mangels finanzieller Mittel *(Tax-Cut!)* geschlossen worden waren, wurden durch diese Verlagerung gewaltige Summen in private Kanäle transferiert. Dies alles verlief weitgehend von der Öffentlichkeit unbemerkt. Diese war der Metapher «Kampf dem Terror» sozusagen auf den Leim gekrochen.

Dass die Republikaner die Domäne des Metapherngebrauchs

besser spielen als die Demokraten ist eine längst bekannte Tatsache. Sie hängt damit zusammen, dass die republikanischen Abgeordneten (und Wähler) sehr viel disziplinierter funktionieren: Wenn etwas als richtig, «wahr» deklariert ist, stehen alle wie ein Mann, eine Frau dahinter. Umgekehrt denken die Demokraten viel differenzierter, für sie steht außer Frage, dass «wahr» je nach Blickwinkel der Betrachtung auch ganz anders lauten kann. Warum? Konservative und Progressive haben nicht nur unterschiedliche Ziele und Werte, auf denen sie aufbauen; sie haben auch sehr unterschiedliche Denkmuster. Wie diese bei allen Menschen kalibriert wurden, haben wir im letzten Kapitel gesehen. Und noch aus anderem Grund operieren die Republikaner weit effizienter: Ihre radikalsten Kräfte bestimmen seit Jahrzehnten die politische Agenda so erfolgreich, dass sich ihre Anliegen sozusagen als *mainstream* etablierten. Verstärkt wird dieser Eindruck noch zusätzlich durch unverfrorene Diffamierungskampagnen gegen die Demokraten: Diese werden (wieder mit repetitiven Wortbildern) in den Köpfen der TV-Zuschauer auf Fox-TV oder in anderen konservativen Medien als Kommunisten oder zumindest als linke Sozialisten denunziert, «die an unser Geld wollen.» Der Negativrahmen Kommunisten und «die an unser Geld wollen» nimmt in den Köpfen dieses Publikums, das sich an alten, überholten Werten ausrichtet, auch Jahrzehnte nach dem Kollaps des Kommunismus noch immer eine prägende Stellung ein. Mit erfolgreichen (falschen) Metaphern gewinnt man Zehntausende von Wählerstimmen. Nicht nur in den USA.

Auch beim Machtanspruch des früheren US-Präsidenten George W. Bush waren ähnliche dreiste Aktionen der Machtzementierung zu beobachten. Doch noch ein weiteres Element des konservativen Denkmusters wurde im Weißen Haus evident. Moralisches Verhalten wird definiert durch absoluten Gehorsam der ‹Truppe› gegenüber dem «General». Trotz des amerikanischen politischen Systems der *checks and balances*, in dem der Kongress gegenüber dem Präsidenten (und umgekehrt) dafür sorgt, dass «Kontrolle und Ausgewogenheit» herrscht, hat Bush in mehr als 800 Fällen schlicht seine Unterschrift, nötig für die Inkraftsetzung eines Kongressbeschlusses, verweigert oder seiner anders lautenden (undemokratischen) Meinung zum Durchbruch verholfen. In diesem Zusammenhang befragt von erzürnten Demokraten, ob der Präsident richtig oder falsch gehandelt hätte, antwortete der Sprecher: *The president is always right*. Das sind schon fast mittelalterliche Zustände.

Zum Schluss dieses ersten Teils der «amerikanischen Geschichte» stellt sich die Frage: Welches wären die Mechanismen im Gehirn konservativer Menschen, die bewirken könnten, dass diese vermehrt fortschrittliche Ideen generierten? Trotz des Umstandes, dass in den Menschen generell die vergangenheitsbasierten Denkmuster und Synapsen – wir erinnern uns: das Gedächtnis erinnert sich unbewusst – laufend ausgebaut wurden, und damit das persönliche Weltbild konservativ (Althergebrachtes betonend) fundiert und vernetzt erscheint, sind viele (nicht nur junge) Menschen in der Lage «neu zu denken». Wäre es möglich, dass diesen Leuten die unbewussten Vorgänge, zumindest als Tatsache, bewusst geworden sind? Dass sie sozusagen der Sache auf den Sprung gekommen sind? Dass durch dieses neue Denken die neuen, jüngeren Kompetenzzentren im Hirn laufend wachsen? Dass damit das Interesse an Neuem mehr und mehr die alten, angelernten Automatismen des Denkens überlagert? Bedenken wir also nochmals: Die unbewussten Gedankengänge haben einen weit größeren Einfluss als die bewussten. Im Moment, wo bisher unbewusste Vorgänge bewusst konzeptualisiert werden, können wir darüber sprechen, diskutieren, uns befragen und gegenseitig widersprechen. Solange Gedanken aber unbewusst «herrschen» haben sie uns im Griff.

Wie sagte Albert Einstein: «Wir können die Probleme nicht mit derselben Denkweise lösen, wie wir sie geschaffen haben» (zitiert nach Dukas & Banesh).

YES, WE CAN!

Im ersten Kapitel dieses Buches wurde die These der vier «Mutationen» der Menschheit vertreten und die natürlich völlig subjektive Meinung, dass wir uns zu Beginn des 21. Jahrhunderts an der Schwelle zur vierten befänden, ja, deren Eingangspforte wohl bereits durchschritten hätten. Anders gesagt: Jeweils eine «Aufklärung» markierte einen großen Aufbruch. Jedes Mal wurden die auf magischen, mythischen, religiösen oder die auf autoritären Doktrinen beruhenden Anschauungen durch solche ersetzt, die sich aus der Betätigung menschlicher Vernunft sukzessive ergeben hatten. Der Begriff der Aufklärung, die als geistesgeschichtliche Epoche wiederholt auftrat, erhält ja vielleicht gerade in unserer Zeit eine Erweiterung in Zeit und Raum, getrieben durch die Informationstechnologien (Gleichzeitigkeit) und den Globalisierungsprozess, der die Distanzen schwinden lässt. In diesem Sinne jedenfalls träumt auch Lakoff von einer neuen «Aufklärung», basierend eben auch auf bisher unbekanntem Wissen über die Vorgänge im menschlichen Gehirn. Geht die *mentale* Phase ihrem Ende entgegen und mit ihr die *rationale* Fixierung unseres Wissens? Stehen wir an der Schwelle zur *integralen* Phase, in der die Verschmelzung des Rationalen mit dem Emotionalen möglich wird, nicht zuletzt auch getrieben durch die neurowissenschaftlichen Erkenntnisse der Versöhnung des Unbewussten mit dem Bewussten, von Geist und Körper?

Vorerst befassen wir uns weiterhin mit den pointierten Ansichten George Lakoffs und seinen Thesen, wie Menschen denken, wie solche Denkstrukturen unser Gehirn auch physisch verändern und wie wir die Welt begreifen. Wenn wir der Frage nachgehen, warum wir in den USA den beiden fundamental unterschiedlichen politischen Konzepten der Republikaner und Demokraten begegnen, können wir auch konkreter fragen. Warum ist jemand für Steuersenkungen, aber gegen Waffenkontrolle der Bürger, warum kann man gegen das Recht zur Abtreibung und gegen Umweltgesetze stimmen? Auf der Suche nach Antworten entdeckt Lakoff den zentralen Zusammenhang zwischen amerikanischer Politik und Familienwerten (Lakoff & Wehling). Neben den bereits geschilderten Wertepolen Autorität und Empathie, die ja nie ausschließlich für eine menschliche Prägung verantwortlich sind, finden wir jetzt den Gedanken, dass die Nation als eine große Familie empfunden wird: Die beiden Versionen sind jetzt auf der einen Seite das strikte Vatermodell, das konservativer Politik zugrunde liegt, und das hegende, fürsorgliche *(nurturant)* Familienbild, das für progressive Politik steht. Natürlich gilt es einschränkend zu sagen, dass beide idealisierte Familienmodelle darstellen, mental strukturiert, nicht vor- sondern beschreibend. Dort ist der strenge Vater der moralische Führer der Familie und ihm wird gehorcht, denn er beschützt uns, etwas, das die Mutter nicht kann! In diesen «Rahmen» *(frame)* passen die konservativen «Karten»: Autorität, Gehorsam, Disziplin, Bestrafung – Werte eines patriarchalischen Familienverständnisses. Hier finden sich dann auch die absoluten Wertvorstellung von richtig oder falsch, wobei das Wortverständnis von *right* für richtig und rechts stehen kann. Es ist dies das alte, dualistische Gegensatzpaar, kompromisslos – aber überholt. Bei den fundamentalen Christen, die in den USA eine starke Rolle spielen, ist – das verstehen wir jetzt ohne weiteres – Gott der strenge Vater.

Beim fürsorglichen Elternmodell begegnen wir Vater und Mutter als gleichberechtigten Partnern mit geteilter Verantwortung. Deren Kinder wachsen in einer Umgebung des gegenseitigen Respekts (auch für andere Meinungen) und großer Toleranz auf. Offensichtlich sehen wir hier die liberale «Karte» abgebildet, die der progressiven Demokraten. Die beiden unterschiedlichen Denkmodelle sind «Vor-Bilder» und Metaphern zugleich: Die Nation als Familie. Wenn der Präsident an die Nation spricht: «Wir schicken unsere Söhne in den Krieg» wird das wohl überall auf der Welt verstanden. Jetzt schließt sich der Kreis «Metapher» (Kapitel 3). Diese primären Metaphern formten sich in unserem Gehirn spontan, normalerweise bereits im Kindesalter, zu jenem Zeitpunkt, als die beiden Gehirnhälften durch Erfahrungen verlinkt wurden. Damals verschmolzen diese Neuronen *(Neurons that fire together wire together)* und wir haben bereits gelesen, wie deren Synapsen durch ständige, tägliche Aktivierung in diesem Hirnbereich dadurch gestärkt werden bis zum Moment, wo ein permanenter Schaltkreis etabliert ist, der als neuronale Rekrutierung bezeichnet werden kann. Jetzt verstehen wir besser, wie eine Institution als Familie erfahren wird und warum eben auf zwei verschiedene Arten. Da sehen wir vor unseren Augen das autoritäre «Paterfamilias-Modell» Bush (2001–2009) und das anspruchsvolle Gleichberechtigungs-Modell Obamas (ab 2009). Und wir sehen heute (2010) bereits, dass es intellektuelles, differenziertes Denken schwer hat gegen einfache Wahrheiten, Weisheiten und Mythen.

An dieser Stelle fragen wir uns vielleicht: Warum ist das so? Warum erkennen viele Menschen diese Zusammenhänge gar nicht? Oder haben Medien und Demokraten einfach geschlafen?

So einfach ist es natürlich nicht. Doch wir erinnern uns jetzt der starken Kraft von Metaphern, deren Vergangenheitsbild in unserem Gehirn geformt worden sind. Politische Führung heißt Macht-Haben. Sie definiert sich über Moralvorstellungen und diese wiederum entsprechen der jeweiligen persönlichen Identität. Moralische Ansichten aber, wir wissen es längst, liegen im Bereich der unbewussten Erkenntnisse.

Natürlich haben viele Menschen beide Familienmuster integriert. Doch offensichtlich ist der «Transport» einfacher Ideale, die Berieselung der Bevölkerung mit laufend wiederholten Schlagworten (Bildern, Symbolen), die erlösende Sprache der Autorität (erlösend ist hier im Zusammenhang des Abladens von Verantwortung für den Einzelnen auf die Schultern des starken Chefs und der beruhigenden Vorstellung «Er wird es schon richten – er, und nur er!») erfolgreich. Da dies mittels konservativer Bilder wie «Richtig oder Falsch» geschieht, waren in der Vergangenheit die Republikaner erfolgreicher im Politisieren als die Demokraten. Die Republikaner fragen: Warum soll uns die Klimaveränderung verängstigen? Warum sollten unsere SUV weniger CO^2 ausstoßen? Warum soll unsere Außenpolitik anderen Menschen, statt der Vormachtstellung unserer Nation dienen? Warum sollen wir mehr Steuern bezahlen? Die Antworten auf alle diese Fragen sind einfach für die einen. Sie sind es aber natürlich nicht für die andern.

Durch das konsequente politische *Agenda-Setting* der Republikaner und deren Kompetenz bei der Nutzung einprägsamer Metaphern und einfacher Slogans ist die Situation entstanden, dass deren «Bilder» in den Köpfen eines großen Teils der Bevölkerung prädominant sind. Mit «Krieg gegen den Terror» oder «Weniger Steuern für alle» sind mentale Autobahnen besetzt worden. Wer dagegen erklären will, was sich in Wirklichkeit hinter dem patriotischen «Krieg gegen den Terror» oder dem populistischen «Weniger Steuern für alle» versteckt, hat es in zweifacher Hinsicht sehr schwer. Da ist einerseits die emotionale Kraft dieser Metaphern und andererseits die Tatsache, dass die Erklärungsversuche oft eine ungewünschte Nebenwirkung haben: Je mehr darüber geredet wird, desto stärker wird die ursprüngliche Wirkung. Was wäre dagegen zu tun? Natürlich: Ebenso wirksame, oder bessere, noch aufwühlendere Metaphern zu setzten, entsprechende Handlungsfelder zu «besetzen», schneller und einfacher zu formulieren und kommunizieren. Dies ist einfacher gesagt, als getan. Hinter der republikanischen Dominanz der politischen Themensetzung stehen Dutzende von großen *Think-Tanks*, finanziert durch jene Kreise, die an der Dominanz der Wirtschaft über die Politik interessiert sind (wie Erdöl-, Energie-, Gesundheits-, Militärlobbys). Sie kommunizieren seit Jahrzehnten hoch professionell und haben sogar erreicht, dass viele Amerikanerinnen und Amerikaner gegen ihre eigenen Interessen wählen oder stimmen, ohne es überhaupt zu merken. Hut ab vor dieser eindrücklichen Werbeleistung *(commercials)*!

Auch hier ein Beispiel: «Kampf gegen Kriminelle» ist ein einprägsamer Aufruf. Sofern die konservativen Politiker sich überhaupt die Frage stellten, was die Gründe der Kriminalität wären, würden sie antworten: schlechte Menschen, gefährliche Menschen ins Gefängnis mit ihnen; mehr Sicherheit für die guten Menschen. Die progressiver Denkenden kämen mit Begründungen wie: unglückliche Kindheit; von Armut geprägtes Umfeld; chancenlos, diskriminiert, ungebildet. Die große Herausforderung für demokratische Kommunikatoren wäre jetzt offensichtlich, ihre Ideale bildlich umzusetzen. Vorausgesetzt, dies gelänge auch, stünden wir bei der nächsten Schwierigkeit. Der hedonistisch und egoistisch geprägte Mensch unserer Zeit (USA und Europa) will seine Ruhe und Sicherheit, alles andere ist im eher nebensächlich.

Egoismus und Hedonismus sind weit verbreitet. Sie sind so offensichtlich, dass man versucht sein könnte, diese Erscheinungen als typisches Produkt unserer materiell geprägten Zeit zu bezeichnen. *So what?* wäre in diesem Fall die Antwort. Doch der Mensch ist vielschichtiger. Ab und zu braucht es ein Erdbeben, um tiefer liegende Schichten menschlicher Verhaltensweisen freizulegen. Ein solches Erdbeben fand tatsächlich statt in Haiti im Januar 2010. Die schrecklichen Bilder schreiender Kinder, verletzter Mütter, gestikulierender Väter und hilfloser Retter gingen um die Welt. Jetzt reagierten Hunderttausende von Menschen spontan, sie wollten helfen, sie spendeten Geld, sie zeigten sich schockiert und betroffen. Mit einem Mal tauchten «verschüttete» Qualitäten und Kompetenzen zu Tage. Offensichtlich tragen wir in uns eben doch auch den empathischen Teil. Warum braucht es erst ein Erdbeben, damit Menschen füreinander einstehen statt gegeneinander kämpfen? Der Mensch ist kooperativ, sofern ihm diese Qualität nicht vorzeitig abhanden kommt. Können wir das vermeintlich rationale (Geld regiert die Welt) Verhalten kultivieren, wenn wir begreifen, dass auch dieses auf emotionalen Strukturen basiert und dies nicht mehr verleugnet werden muss? Wenn wir realisieren, dass ohne Gefühle kein vernünftiges Handeln möglich ist? *Yes, we can!*

PRÄGEN VERANLAGUNGEN UNSERE POLITISCHE GESINNUNG?

Auf unserer Entdeckungsreise über neue Erkenntnisse der Forschung lohnt sich an dieser Stelle eine kurze gedankliche Ruhepause, um sich bewusst zu werden, wie sich alle diese bahnbrechenden Entdeckungen als Abfolge menschlichen vorläufigen Wissens ohne Ende darstellt. «Versuch und Irrtum» ist tatsächlich eine treffende Beschreibung dafür. Da war die kopernikanische Revolution, gefolgt von den Thesen Darwins und schließlich Freuds Entdeckung des Unbewussten – alles Stationen des Neuen im letzten Jahrtausend. Doch verschiedene Forscher sind der Meinung, dass wir jetzt vor der größten Revolution – der Erklärung des menschlichen Gehirns – stehen. Wie dem auch sei, tatsächlich sind wir zu Beginn des *integralen* Zeitraums (Kapitel 1), wie wir es nannten, dem Gehirn auf der Spur, jenem Organ, das die früheren Umwälzungen in der Außenwelt, der Kosmologie, Biologie oder Physik erst ermöglicht hat. Aus diesem Grund ist es vielleicht eben doch – in aller Bescheidenheit – gestattet, von einem «erdbebengleichen» Umbruch unserer Zeit zu sprechen. Die neuen Erkenntnisse über das menschliche Gehirn wirken sich direkt und teilweise revolutionär nicht nur auf die Natur-, sondern auch auf die Geisteswissenschaften aus.

Vieles lässt sich am besten aus einem evolutionären Blickwinkel verstehen. Es heißt, es gebe im gesamten Universum keine Struktur, die so komplex organisiert ist wie das menschliche Gehirn. Dazu ein paar Zahlen: Das Gehirn besteht aus einhundert Milliarden Nervenzellen oder Neuronen, welche die Grundbausteine und Funktionseinheiten des Nervensystems bilden. Jedes Neuron stellt etwa 1000 bis 10 000 Kontakte, so genannte Synapsen, zu anderen Neuronen her (Ramachandran). Ist es nicht verblüffend, dass die ganze Vielfalt unserer geistigen Existenz – alle unsere Gefühle und Emotionen, unsere Gedanken, Ambitionen und Liebesregungen, unsere religiösen Überzeugungen und all das, was wir für unser privates Selbst halten – lediglich das Produkt dieser winzigen gallertartigen Gebilde in unserem Kopf sind?

Hier interessieren hauptsächlich – subjektive Auswahl des Autors – unsere emotionalen Reaktionen auf visuelle Eindrücke. Diese erfahren wir täglich durch kollektive Bilder: In den Strassen unserer kleinen Stadt, an der Gemeindeversammlung unseres Wohnorts, im einschläfernden *Deal or no deal* des Fernsehens oder den sorgfältig gesetzten Bildern der Printmedien. Sogar das Radio sendet unaufhörlich – als Reaktion auf das gehörte Wort – «Bilder» zu uns. Nicht erst jetzt, schon seit Jahrtausenden ist die persönliche Verarbeitung (Reaktion) dieses Bilderflusses von entscheidender Bedeutung für unser Überleben. (Das Verständnis der Wahrnehmung verlangt von uns allerdings, die Vorstellung von «Bildern *im* Gehirn» aufzugeben und stattdessen an Umwandlungen oder symbolische Repräsentationen von Objekten und Ereignissen in der Außenwelt zu denken. Ebenso wie Schriftzeichen etwas symbolisieren oder repräsentieren können, mit dem sie keine physische Ähnlichkeit haben, so dient auch die Aktivität von Nervenzellen im Gehirn der Repräsentation von Objekten und Ereignissen in der Außenwelt). Viel früher wohl als Fluchtauslöser oder Ernährungschance, später in Friedens- und Kriegszeiten, heute in der unübersichtlichen Fülle von Möglichkeiten einer materiell übersättigten Zeit.

Und vor allem fragen wir uns jetzt, wo und wie wir besser *verstehen*, was in unserem Gehirn abläuft, wie reagieren wir persönlich, was glauben wir zu wissen. Da in unserer heutigen Gesellschaft die Wirtschaft als deren Bestandteil, eben nicht als *Agenda-Setter* der Politik funktionieren sollte, wollen wir besser *verstehen*, warum da etwas falsch läuft. Deshalb jetzt zurück zum «politischen» Gehirn.

Ob konservativ oder liberal ist also auch eine Sache der Veranlagung, unserer persönlichen neuronalen «Landschaft» im Gehirn. «Auch» ist zu betonen, aber es ist wichtig. Auch genetische Faktoren spielen ja mit. Wir haben gesehen, dass Konservative eher am Altenbewährten festhalten, während liberale Typen sich leichter auf Neues einstellen. Bei vielen Menschen fällt tatsächlich auf, dass ihre politische Einstellung im Laufe des ganzen Lebens unverändert bleibt, sie ist den ursprünglich empfangenen Prägungen treu, vielleicht weil sie keine Gelegenheit hatte, schon in jungen Jahren auch andere Impulse zu verarbeiten. Die beiden letzten Kapitel haben Erklärungen geliefert. Auch andere Wissenschaftler beteiligen sich an dieser Forschung. So haben David Amodio und sein Team an der New York University (Social Neuroscience Laboratory) in Tests an Probanten festgestellt, dass deren in einer bestimmten Region des Gehirns gemessene Hirnaktivität mit ihrer eigenen mündlich geäußerten politischen Einschätzung oder Zugehörigkeit übereinstimmt. Konservative folgten eher ihren alten Gewohnheiten. Dies soll nicht wertend festgestellt sein. Doch wer bisher meinte, seine politische Sprache sei vernunft- und willensgesteuert, muss nachdenklich werden. Wir sind manipulierbar – aus unserem Unterbewusstsein heraus.

Dass emotional aufgeladene Werte sich besser eignen als Aushängeschild einer (konservativen) Politik gilt natürlich auch in Europa. Dagegen haben es abstrakte Programme einer (liberalen) Politik schwerer. Das hängt offensichtlich damit zusammen, wie die Botschaften bei einer Mehrheit der Bevölkerung im Gehirn ankommen und verarbeitet werden. Am Beispiel Ausländerpolitik sehen wir, dass die Metapher «Das Boot ist voll» unendlich viel mehr bewirkt als die beschwörende Feststellung, mit 26% Ausländeranteil sei der kritische Punkt wohl überschritten.

Da die politische *Road-Map* darüber entscheidet, in welche Richtung wir uns zukünftig als westliche Gesellschaft bewegen werden, lohnt es sich, weitere «Etappenstationen» zu besuchen. Interessantes geschah im Jahr 2002, als der Wirtschafts-Nobelpreis an die Amerikaner Daniel Kahneman und Vernon Smith vergeben wurde, beides Psychologen. Wirtschafts-Nobelpreis an Psychologen? Die beiden (zusammen mit Amos Tversky) hatten experimentell nachgewiesen, dass sich Menschen nicht immer rational verhalten bezüglich Risikoeinschätzung[8]. Eine ihrer Erkenntnisse: Haben

Menschen Gewinne angehäuft, scheuen sie das Risiko, haben sie aber Verluste eingefahren, versuchen sie durch riskantes Verhalten die Verluste wieder wettzumachen. Diese Wissenschaftler forschten abseits traditioneller Wirtschaftstheorien. Doch je mehr sie der Frage nachgingen, wie Menschen Entscheidungen treffen und Urteile fällen – vor allem dann, wenn sie unsicher sind – gab es eine erstaunliche Entdeckung. Es zeigte sich, dass menschliche Entscheidungen systematisch von den Vorhersagen der traditionellen Ökonomie abwichen. Mit ihrer Theorie *(prospect theory)* haben die beiden eine ganze Generation von Forschern in der Volkswirtschaft und Finanzwissenschaft inspiriert, die ökonomischen Theorien mit Einsichten aus der kognitiven Psychologie um menschliche Motive zu bereichern.

Für unser Projekt des «Verstehenwollens» gibt Kahneman zusätzliche aufklärende Impulse. Er unterscheidet zwischen «reflektierenden» und «reflexiven» Gedanken. Die Eigenschaften des Reflektierenden bezeichnet er als langsam, kontrolliert, serienmäßig, regelkonform. Mit Reflexiv meint er unbewusst, schnell, parallel, mühelos, assoziativ. Das passiert etwa, wenn wir in ein fremdes Gesicht sehen und sofort feststellen: Diese Person ist wütend, oder verängstigt, oder glücklich. Beide Formen benutzen angelernte frames (Rahmen), erstere eher rationale, letztere – nein, nicht irrationale! – «arationale». Dieses Adjektiv wird im Amerikanischen oft gebraucht, es versöhnt quasi rational mit irrational, der Einsicht folgend, dass nicht alles, was nicht als rational eingestuft werden kann, unbedingt irrational sein muss. Dieses alte Gegensatzpaar wird auch den neuesten Erkenntnissen der Hirnforschung nicht mehr gerecht. Vielleicht könnte man statt arational auch ganzheitlich verwenden? Kahneman jedenfalls vermutet, dass seine oben beschriebenen Verhaltensweisen aus der Ökonomie (Risikoverhalten bei Gewinn und Verlust) auch auf die Politik und Gesellschaft übertragen werden

---

8 Die zugrunde liegende Theorie: «Prospect Theory».

können. Zum Beispiel: Warum reagiert der amerikanische Präsident im Irakkrieg oder in Afghanistan auf Verluste so und nicht anders? Genau, er versucht durch «riskantes Verhalten» diese Verluste wieder «wettzumachen». Er schickt mehr Soldaten. (Fairerweise muss in Betracht gezogen werden, dass ein Präsident sich, was Krieg betrifft, von Generälen beraten lässt, und diese wohl nicht anders denken können, als mit «mehr desselben», also mehr Soldaten, um zu gewinnen. Die wahren Hintergründe eines Konfliktes sind für Militärs nicht interessant, nicht sichtbar und deshalb nicht entscheidend).

In den USA kämpfen (argumentativ) seit jeher «Falken» gegen «Tauben», Scharfmacher gegen Friedensapostel, etwas vulgär übersetzt. Öfters gewinnen die Falken. Warum? Deren Neigungen – man könnte vielleicht auch Vorurteile sagen –, die konzeptionellen «Rahmen» sind optimismusfokussiert. «Wir werden siegen *(We shall overcome)*, wir haben alles unter Kontrolle, wir können es uns schlicht nicht leisten, zu verlieren, wir werden sie (die Taliban) aus ihren Höhlen räuchern!». Zweckoptimismus zu verstrahlen ist bei weitem erfolgreicher, als das Gegenteil. Wer pessimistische Voraussagen macht, auch wenn diese dann später eintreten, erntet dafür keine Lorbeeren. Deshalb gibt es jene Sprachkünstler, die – eigentlich als Überbringer schlechter Nachrichten – diese so konfigurieren, dass daraus ein positives Bild gemalt werden kann. Ein makabres Beispiel dieser Berichterstattung: Statt die Anzahl der toten amerikanischen Soldaten im Irak zu vermelden, lautet die Botschaft: «Wir machen täglich Fortschritte. Der Feind wird zurückgedrängt. Die Zahl der Anschläge hat sich halbiert.» Diese Sprache kennen wir schon. Diese Botschaften sind wirkungsvoll weil ermutigend. Verhilft hier die moderne Gehirnforschung vielleicht zu neuem, kritischerem Verhalten? Wenn man die kognitiven Zusammenhänge erkennt, wird man eines Tages die Schattenseite solcher populären Aufrufe erahnen? Sie führten in der Vergangenheit zu oft ins Desaster, denken wir nur an Korea, Vietnam oder Irak.

WERTE SCHLAGEN PROGRAMME, WENN SIE ALS «WAHR» ERKANNT WERDEN

Immer noch in den USA, betrachten wir weitere Untersuchungen über das Wählerverhalten. Schon zu Zeiten des republikanischen Präsidenten Ronald Reagan und später bei George W. Bush war der Frage nachgegangen worden, warum sie gewählt worden waren, was sie besser gemacht hatten im Wahlkampf als ihre demokratischen Gegner und mit welcher Taktik sie eine Mehrheit im Land überzeugt hatten. Die Antwort: Reagan und Bush haben über «Werte» gesprochen und damit authentisch und vertrauenswürdig gewirkt. Ihre Strategie der Kampagnen hatte sich auf den vier Faktoren Werte, Vertrauen, Authentizität und Identität gestützt. Mit anderen Worten: Das Wahlvolk wollte mehrheitlich nichts über politische Programme und schon gar nichts über Probleme hören, sondern vertraute auf ihre «Vernunft». Dies hängt zusammen mit der uramerikanischen Idee eines Rationalismus, dem sie blind folgen seit der Gründerzeit der USA und den Idealen der Aufklärung, die Voraussetzung dazu gewesen waren. Die Menschen glaubten, sie wären «wahr». Genau das Gleiche glauben die TV-Zuschauer, wenn für eine teure Kosmetikmarke geworben wird. Oder wenn Fox-TV Sarah Palin einen nostalgischen Blick zurück auf die Vergangenheit werfen lässt, auf wunderbare Zeiten, die es nie gegeben hat und die deshalb in den Hirnen der amerikanischen Tea-Party-Anhänger (der extremen Rechten) stets neu erfunden werden müssen.

Nur, das Erstaunliche ist, wie wir schon wissen, dass dem gar nicht so ist. Die Annahme über den menschlichen Verstand, die dem Rationalismus implizit ist, ist ja längst widerlegt. Sie geht fälschlicherweise davon aus, dass unser Denken bewusst sei. Wie wir gesehen haben aus der kognitiven Wissenschaft ist es zum allergrößten Teil unbewusst. Zudem ist Denken weder buchstäblich, noch universell. Rationalismus ist ein Mythos.

Im Gegensatz zu den Republikanern denken die demokratischen Wahlkampagnenstrategen immer noch an den vernünftigen Wähler[9]. Sie fragen etwa: Welches sind die wichtigsten Punkte für Sie? Wo drückt Sie der Schuh? Daraus verfassen sie ihr Programm, das diese Punkte berücksichtigt. Die Fehlannahme dieser Strategen: Sie gehen davon aus, dass der rationale Wähler diejenige Partei wählen würde, die seine wichtigsten Interessen vertritt. Tatsächlich wählen nicht wenige Amerikaner buchstäblich gegen ihre eigenen Interessen, ohne es zu ahnen. Sie glauben dem Verkünder wahrer Werte blindlings. Die demokratischen Strategen meinen immer noch, wenn man es nur schaffen würde, der Öffentlichkeit alle Fakten zugänglich zu machen, dann würden die Menschen durch rationales Denken und gemäß ihren politischen Eigeninteressen die richtige Partei wählen. Leider ist diese Annahme vollkommen falsch. Eben weil ein Großteil unseres Denkens unbewusst abläuft und weil wir in Metaphern oder anderen mentalen Konzepten denken. Während die Konservativen moralische Werte kommunizieren, bemühen sich die Progressiven ständig, Fakten in die öffentliche Debatte zu bringen.

Wie wir mittlerweile wissen, prallen Fakten unter bestimmten Bedingungen im Gehirn des Menschen ab – Informationen, die im Widerspruch stehen zum persönlichen Deutungsrahmen *(frame)*, werden ganz einfach ignoriert, weil sie – bildhaft gesprochen – keinen ihnen zugesprochenen Platz im Gehirn haben. Diese wichtige Erkenntnis kognitiver Wissenschaft lehrt uns: Frames[10] übertrump-

---

9 Eine Ausnahme bildete die Wahlkampagne des jetzigen Präsidenten Barack Obama. Indem er genau an die tief verwurzelten, alten Werte im Land appellierte, gewann er überraschenderweise als ursprünglich krasser Außenseiter die Wahlen. Leider begann er bereits im ersten Amtsjahr wieder mit den demokratischen Kommunikationsfehlern und versuchte, seinen Mitbürgern mit Fakten und Zahlen sein Programm erklären zu wollen. Dabei verlor er innert Kürze viele Wählerstimmen.

10 «Frames», Rahmen wörtlich übersetzt, steht hier für Bedeutungsrahmen, im erweiterten Sinn für Metaphern, Bilder. Politisches Framing meint deshalb die Schaffung «Wertvoller» Botschaften.

fen Fakten! Deshalb sind jene Politiker erfolgreich, die – im übertragenen Sinn – mit Bildern kommunizieren, die von einem Großteil der Bevölkerung «verstanden» werden, da sie in ihrem Gehirn tief verankert sind weil sie unser generelles Verständnis der Welt strukturieren, zum Beispiel aufgrund unserer moralischen und politischen Prinzipien, die eben für uns «wahr» sind. Die Appelle zur Mobilisierung der Wähler mit den Slogans «Kampf dem Bösen!» oder «Mehr Sicherheit für Sie!» stimmen sicher und sichern Stimmen. Sind dagegen Wahlversprechen programmatisch (ehrlich), riskieren sie in ihrer Abstraktheit, dass sie im Gehirn des Wählerpublikums auf keine «vorhandenen» Frames stoßen und deshalb nicht erkannt werden. So hat die *New York Times* 2006 über ein Experiment berichtet (natürlich unter dem Titel: *Shocking!*) in welchem erklärten Demokraten oder Republikanern Aussagen von John Kerry (Demokrat) und George W. Bush (Republikaner) vorgelegt wurden, Aussagen die jeweils in sich widersprüchlich waren – beide Politiker logen. Fazit: Während Demokraten sofort erkannten, dass Bush log, nahmen sie überhaupt nicht wahr, dass auch ihr eigener Kandidat log. Das gleiche traf natürlich zu für die Republikaner, die nur bei Kerry den Schwindel erkannten und Bushs Aussage für wahr hielten.

Hier wird noch ein weiterer Aspekt des erfolgreichen Framings sichtbar. Geschickte Taktiker unter den Politikern gelingt es problemlos, mit stimmigen Frames das Publikum darüber hinwegzutäuschen, was in Tat und Wahrheit ihr wirkliches Ziel ist. Wenn zu Zeiten Präsident Bushs zum Beispiel über den Krieg in Irak berichtet wurde, gab es nie die Aussage «Wir müssen uns die Erdöl-Vorräte dieses Landes sichern, sie sind für uns von strategischer Wichtigkeit!» Dagegen hörten und lasen die Amerikaner täglich in den News «Wir müssen Saddam Hussein und seine Clique vernichten, weil sie mit ihren Waffen eine Gefahr für Amerika darstellen!» Dass ein TV-Sender wie FOX seit vielen Jahren die unglaublichsten «Geschichten» in alle Wohnzimmer Amerikas sendet – es sind ausschließlich erzkonservative reaktionäre und fundamentalistisch christliche Meinungen, die da vertreten werden – und neuerdings gar mit Sarah Palin zur Organisation von *Tea-Partys*[11] aufruft, hat natürlich seine Wirkung in den Köpfen vieler «gutgläubiger» Menschen, die an das «Wahre» glauben.

Ein in Europa wesentlich näher liegender Vergleich des geschickten Gebrauchs von Frames ist jener der «Steuererleichterung» *(Tax Relief)* oder Steuersenkung. Das Wort «Erleichterung» erweckt einen *Frame*, in dem es eine unschuldige Person gibt, die eine Last tragen muss und dadurch in Bedrängnis gerät. Die Last ist ihr von außen auferlegt worden. Man kann diese Person von der Last (teilweise) befreien. Indem man dies tut, erlöst man die Person. Die Aussage: Die bedrängten Personen sind die armen Steuerzahler, denen der Staat eine Last aufbürdet. Damit wird derjenige, der Steuersenkungen verspricht – den Bürgern etwas Gutes tut, indem er sie von diese Last (teilweise) befreit – zum Gutmenschen, dem unser aller Dank gebührt und den wir sicher wieder wählen werden. Damit wird klar, dass die Umkehr-Regel natürlich auch gilt: Wer die Steuern angesichts riesiger Staatsdefizite erhöhen will, steht im Abseits – er wird als *bad guy* wahrgenommen. Jetzt erinnern wir uns auch des Familien-Modells mit der «Strengen-Vater-Moral»: Belohnung und Bestrafung als Bestandteile tief verankerter Parameter des konservatives Weltbilds (Abschnitt «Yes, we can!») erscheinen so übertragen auf ökonomische und gesellschaftliche Faktoren. Belohnt wird der Überbringer der frohen Nachricht, abgestraft jener, dem nichts Gescheiteres in den Sinn kommt, als mich zu «bestehlen».

Umweltschutz, staatliche Krankenfürsorge und Sozialprogramme sind demnach keine Werte, für die zu kämpfen es sich lohnt. Es

---

11 «Tea-Party» ist die Neuauflage einer alten, aus dem letzten Jahrhundert stammenden Form politischen Widerstands der ultrakonservativen Kreise gegen Washington, gegen «die da oben» im Capitol. Es geht heute darum, das Rad der Zeit zurückzudrehen, um gegen Präsident Obamas Reformpläne anzukämpfen.

sind politische Positionen, eben Programme, und die haben es schwer. Analog zum obigen Beispiel gälte es also, das «Fürsorgliche-Eltern-Modell» als Rahmen herbei zu ziehen. Da lägen Werte wie Verantwortung, Einfühlungsvermögen oder Kooperation als ebenso tief verankertes Grundverständnis bereit. Einfach ausgedrückt: Es genügt nicht, den Menschen zu sagen, welche Politik man betreiben möchte – man muss ihnen sagen, weshalb diese Politik eine moralische Notwendigkeit ist. Offensichtlich wollen die Menschen manipuliert sein.

«Wir müssen die Sicherheit unseres Landes verteidigen!» Diese präsidiale Botschaft kommt überall an. Gemeint ist, Achtung: Wir müssen den Umweltschutz ernst nehmen, wir können uns engagieren für eine bessere Luft und gegen Klimaerwärmung.

FREIHEIT IST NICHT FREIHEIT

«Im Namen der Freiheit!» Mit dieser Begründung wird in den USA seit jeher in den Krieg (gegen Irak, Afghanistan) gezogen. Unter Präsident Bush jun. wurden so die Bürgerrechte eingeschränkt *(Patriot Act)* und Sozialprogramme abgebaut. Während man auf nationaler und internationaler Ebene Freiheitsrechte einschränkte, beschwor man sie unentwegt. Liegt da nicht ein sprachlicher Missbrauch vor? Nein, sagen die Wissenschaftler. George W. Bush war aufrichtig, er benutzte diese Begriffe absolut ehrlich. Er meinte Freiheit, wenn er von Freiheit sprach. Er log nicht und betrieb keinerlei opportunistische Freiheitsrhetorik. Wie das? Wo liegt die Lösung des Rätsels?

Der Begriff «Freiheit» hat zwei unterschiedliche Bedeutungen, eine für die Konservativen und eine andere für die Progressiven. Das kann soweit gehen, dass für die einen Unfreiheit, was für die anderen Freiheit bedeutet. Wenn auch tatsächlich alle Amerikaner Freiheit hochhalten (deren Wert schätzen), kann daraus nicht gefolgert werden, dass sie auch alle das gleiche darunter verstehen. Jetzt fragen wir uns, was eigentlich die innere Struktur eines Begriffs ausmacht und wie Kommunikation funktioniert. Worte haben eben keine allgemeine Bedeutung, weil wir – jeder auf seine Art – in bestimmten Metaphern denken. Deshalb können Worte keine objektive Bedeutung[12] haben.

Lakoff, der Linguist, ist Kommunikationsfachmann. Er spricht von Worten als «Behälter» und von Ideen als «Objekte» (George Lakoff & Mark Johnson). Die Medien verpacken ihre Meinung (Ideen) in passende Behälter (Worte) und verschicken sie an ihre Empfänger. Dass auch diese Definition selbst Metaphern sind, kennen wir aus Erfahrung. Wir sprechen von *leeren* Worten beim Politiker, oder können einem Text nicht viel *entnehmen*. Jemand kann sichtbar bemüht sein, seine Ideen in Worte zu *fassen*. Wie kommunizieren wir denn also?

«Wir verwenden unser eigenes konzeptuelles System. Wir verwenden ein eigenes Set von Sprechregeln, Metaphern und Frames. Und wenn wir mit jemandem kommunizieren, dessen konzeptuelles System mit dem unseren übereinstimmt, verstehen wir uns» (Lakoff & Johnson). Sonst eben nicht. Obwohl wir also generell über sehr ähnliche solcher konzeptueller Systeme verfügen, gibt es eben dort erhebliche Unterschiede; wo wir unterschiedliche Erfahrungen gemacht haben, zum Beispiel auf Grund verschiedener Kulturen oder bestimmter zwischenmenschlicher Beziehungen. Hier sei nochmals daran erinnert, was weiter oben beschrieben wurde. Menschen begreifen die Welt nicht durch irgendeine abstrakte universelle Instanz, die wir Verstand nennen. Menschen begreifen die Welt durch ihr Gehirn, das ein Teil des Körpers ist. Sie denken auf Grund von Konzepten, die physische in ihrem Gehirn vorhanden

---

12 Der Autor hat selbst schon oft erlebt, dass er bei Referaten von einzelnen Zuhörern völlig falsch verstanden wurde. Das mag daran gelegen haben, dass er sich undeutlich ausgedrückt hatte. Doch meistens verstanden diese Zuhörer unter einem geäußerten Begriff einfach etwas völlig anderes, er bedeutete ihnen nicht das vom Referenten zugeordnete.

sind. Deshalb ist das, was ich unter Freiheit verstehe das Ergebnis meiner individuellen gedanklichen Prozesse.

Schon vor 50 Jahren haben britische Wissenschaftler nachgewiesen, dass gewisse, abstrakte Ideen – wie Demokratie – über eine allgemein gültige Kernbedeutung hinaus notwendigerweise strittig sind, weil sie von den Menschen unterschiedlich interpretiert werden. Zwar stimmen wir über den zentralen Kern der Idee überein, was deren Bedeutung betrifft. Doch darüber hinaus bestehen «Leerstellen», die von eigenen, individuellen Ideen aufgefüllt werden aufgrund von Werten. Da wir uns in Werten unterscheiden, sind die Ideen notwendigerweise unterschiedlich und somit strittig.

Leider bemerken wir offensichtlich allzu oft gar nicht, dass wir Dinge unterschiedlich begreifen. Wir gehen nach einem Referat oder einer Gesprächsrunde guter Dinge auseinander in der Vorstellung, die Kommunikation sei geglückt. Weil wir gar nicht gehört haben, was der andere sagte, sondern nur das, was wir selbst dabei dachten. Jetzt erinnern wir uns der Begriffe des «fürsorglichen Familienbildes» der Progressiven und ihres Kontrahenten, der «strengen Weltsicht» der Konservativen. Wir verstehen jetzt, warum die Idee «Freiheit» über ihren Bedeutungskern hinaus in so unterschiedlicher Weise aufgefüllt wird.

Da können wir schon mal eine Regel etablieren. Das Wort «Freiheit» zu benutzen ist nützlich. George W. Bush benutzte es in seiner Amtseinführungsrede 2005 allein 49-mal in 20 Minuten. Wenn er sagte: «Die größte Hoffnung für Frieden in unserer Welt ist die Ausweitung der Freiheit in der gesamten Welt», konnten dem alle zustimmen. Beide politischen Lager erkannten ihr Freiheitsideal in diesem Satz. Nur, die Konservativen dachten sich dabei – gemäß ihrer konservativen Weltsicht – «Bush hat Recht, die Freiheit für Menschen auf der ganzen Welt, auf freien Märkten ihr eigenes Wohl verfolgen und frei von staatlicher Einflussnahme für sich selbst sorgen zu dürfen, führt zu Frieden.» Und die Demokraten? Sie dachten – gemäß ihrer progressiven Weltsicht – etwa so oder ähnlich: «Bush hat Recht, Freiheit für Menschen auf der ganzen Welt von existentieller Not, Intoleranz und Gewalt führt zu Frieden.»

Wenn wir uns vor Augen halten, dass wir über weite Strecken unbewusst denken, und dieser Vorgang viel stärker in uns wirkt als bewusste Gedanken, dann verstehen wir etwas sehr Grundsätzliches. Das Unbewusste «regiert» in uns. Wenn wir versuchen, über dieses Unbewusste zu reden, wenn wir zum Beispiel versuchen, unbewusste Politik bewusst zu machen, können wir vielleicht Meinungen ändern (vorerst bei uns). Voraussetzung dazu ist, dass das Gehirn das zulässt. Was wir denken, beeinflusst unser Gehirnstruktur, deshalb ist, rein theoretisch, neues, anderes Denken durchaus möglich. Das Verständnis, wie unser Gehirn arbeitet, wird in diesen Tagen weltweit immer besser. Wir beginnen, *verstehen zu können*. Gleichzeitig wird es für politische Akrobaten schwieriger, das Volk mit Lügen oder Erpressung in die gewünschte Richtung zu lenken. Sie werden durchschaut. Bereits sprechen optimistische Menschen von einer neuen Aufklärung. Es könnte dies alles ja dazu führen, dass Konservative ihr bisheriges Weltbild mit fortschrittlichen Ideen erweiterten. Im Gegenzug würden liberale Köpfe konservative Werte besser verstehen wollen. Damit würde dem Rechts-/Links-System in den Köpfen hervorragender Politikerinnen und Politikern immer offensichtlicher das Fundament entzogen. Weil es im 21. Jahrhundert schlicht überholt ist. Wenn wir *verstehen*, dass es in unseren Köpfen anders denkt, als bisher gedacht, könnte daraus gar ein neues Verständnis entstehen, was es heute heißt, menschlich zu sein? Nachdem unsere politischen Institutionen und Gewohnheiten unser kollektives Selbstverständnis widerspiegeln und dieses sich dramatisch neu definiert – müsste dann nicht auch die Politik folgen?

ELEFANTEN UND SCHWARZE SCHAFE IM VISIER

«Argumentiere nie in der Sprache deiner Gegner», diesen Ratschlag sollten wir uns zu Herzen nehmen. Indem wir uns auf die Themen einlassen, die unsere Widersacher (zum Beispiel die politischen) in den Medien vorgängig etablierten, haben wir schon verloren. So einfach das tönt, so ganz ohne Tücken ist die Sache nicht. Offensichtlich müssen wir also unsere eigene Sprache finden, gerade dann, wenn wir wieder einmal sprachlos sind ob der Unverfroren- und Niveaulosigkeit der Propagandamaschine. (Als Beispiel: Das SVP-Inserat mit dem schwarzen Schaf und dem Aufruf «Sicherheit schaffen»). Vielleicht sollten wir auch erkennen, dass die andere Seite schneller, volksnäher oder professioneller kommuniziert? Wir haben dieses Thema bereits kurz gestreift, hier geht es darum, einige Tricks zu lernen, wie ein Ausweg aus einem Dauer-Dilemma gefunden werden kann. Wir knüpfen dort an, wo wir aufgehört haben: Sprechen müssen wir über Werte, nicht über Programme.

Mit seinem Buch *don't think of an elephant!* (George Lakoff 1) hat George Lakoff schon 2004 ein gewaltiges Echo in den amerikanischen Medien ausgelöst. George Soros meinte als einer der Ersten: *«I learned a lot from Lakoff. You will too.»* Wirtschafts-Nobelpreisträger, Professoren, einige wenige Politiker und viele Betroffene sahen sich plötzlich in der Lage, ein Phänomen wenigstens zu erklären, das sie schon jahrelang umgetrieben hatte. Das heißt noch lange nicht, dass sie es inzwischen lösen konnten. Warum war es bis anhin den konservativen Kräften[13] immer wieder gelungen, die Themenwahl der öffentlichen Diskussionen zu besetzen und damit gleichzeitig den liberaleren Kreisen den Wind aus den Segeln zu nehmen? Emotionen gilt es zu schüren, am besten mit provokativen Bildern.

---

[13] Konservative Kräfte: In den USA sind es die Republikaner (und Fox-TV), in der Schweiz die Schweizerische Volkspartei, bei den Printmedien die WELTWOCHE.

An dieser Stelle gilt es natürlich noch anzumerken, dass es Leserinnen und Leser geben wird, die mit diesem Zustand eigentlich ganz zufrieden sind. Das soll ihnen nicht verübelt sein! Doch auch sie sollten weiter lesen. Denn in diesem Buch geht es ja auch darum, dass wir uns in Zukunft gegenseitig besser *verstehen können*. Das hingegen ist zu Beginn des 21. Jahrhunderts keine Frage mehr von Links oder Rechts, von Progressiv oder Konservativ. Die neuen Lösungen, auf die wir alle dringend angewiesen sind, müssen vom ganzen politischen Spektrum getragen sein. Diese Vision müssen wir zusammen anpacken!

Wenn Lakoff an der UCLA in Berkeley (Kalifornien) zu seinem Publikum spricht, forderte er es zuerst einmal auf, *nicht* an einen Elefanten zu denken. «Was immer sie machen, denken Sie nicht an einen Elefanten!» Bis heute hat sich kein Student gefunden, der das kann. Jedes Wort, wie Elefant, lässt im Gehirn automatisch ein Bild oder bildhaftes Wissen (*Frame*) entstehen, wir erinnern uns des im Kapitel 3 beschriebenen Vorgangs. Das Wort wird von uns in Bezug auf diesen Frame definiert. Wenn wir das verhindern wollen, passiert das Gegenteil. Versuchen Sie es doch selbst! Ein leicht makabres Beispiel aus den USA des Jahres 1974, als Präsident Richard Nixon in der Folge des Watergate-Skandals zurücktreten musste: Nixons Ansprache an die Nation über das Fernsehen geriet zum Waterloo für ihn, zu einem Debakel sondergleichen, hatte er doch wiederholt versichert *I am not a crook!* Seither dachten und denken alle von ihm als einem *crook*, einem Betrüger.

Wir verstehen jetzt die Aufforderung, nicht die Sprache des politischen Gegners zu verwenden, denn automatisch hat diese in den Köpfen ein Bild geschaffen, das wir absolut vermeiden wollen. Also ignorieren wir es zukünftig! Was ist zu tun? Schöpfen wir aus unserer Sprache, der Sprache die unserer Weltanschauung entspricht. Zuerst suchen wir die Idee, die Sprache transportiert sie mittels Frame. Es muss etwas Wertvolles sein, um das herum wir die Botschaft aufbauen, zum Beispiel *«Weißes Geld»*. Nicht nur in der

Schweiz hat dieser Begriff Hochkonjunktur. Er suggeriert das neue Denken: Ehrliche Menschen, alle können davon profitieren (ja, fast alle …), es kann helfen, Steuererhöhungen zu vermeiden. Weltweit könnte ein neues Steuerverständnis Schule machen (mit entsprechenden staatlichen Rahmenbedingungen): Nicht nur den Industrie-, sondern auch den Entwicklungsländern wäre letztlich nur geholfen, könnten endlich 200 Milliarden Steuerfluchtgelder gestoppt und auf der anderen Seite über 100 Milliarden an Entwicklungshilfeleistungen reduziert werden.

Jetzt können die sprachgewaltigen Kommunikationsspezialisten darangehen, die Botschaft zu formulieren, um in unseren Köpfen das neue Banker-Bild entstehen zu lassen. Gleichzeitig werden schwarze Listen unnötig, ebenso wie die geheuchelte oder populistische Aufregung vieler westlicher Staaten inklusive der Schweiz. Damit das alles funktionieren wird, müssen auch ehrliche Gewinne in Aussicht gestellt werden, die nicht auf reiner Spekulation bestehen. Der Investor, der «Weißes Geld» versteht, wird seine schöne Rendite erwirtschaften, er muss keine Opfer erbringen. Und er wird ein gutes Gewissen haben. Wie solche Bilder aussehen könnten? Wie wär's mit einem weißen Bullen inmitten schwarzer? Oder mit einem weißen Bärenjungen im Familienverbund seiner braunen Verwandten?

Das Ziel einer solchen Kommunikationsoffensive wäre klar: Das Thema besetzen, die große Mehrheit der Bevölkerung dafür positiv stimmen und hinter sich scharen, deren emotionale Empfindung treffen, mit allen Gleichgesinnten zusammenspannen. Aktives, statt reaktives Handeln, die Initiative ergreifen, große allgemeine Zustimmung ernten. Vielleicht erinnern wir uns auch der beiden im Westen prägenden Familienbildern, des «Strengen-Vater-Modells» der Konservativen und dem «Fürsorglichen-Familien-Bild» der Fortschrittlichen. Für beide repräsentiert die «Weiße-Geld-Metapher» etwas Wert-volles, das sie sofort unterschreiben würden, da sie weder egoistisch, noch antichristlich ist. Dieses Bild könnte zu-

dem durchaus behilflich sein, in einem übertragenen Sinn dazu bei-
zutragen, das alte, dualistische Feindbild[14] zu unterlaufen. Wenn aus
schwarz weiss wird, könnte auch die Einsicht wachsen, dass aus
Links und Rechts statt Fronten eine neue, zeitgemäße politische
Kraft entstünde? Das schwarze Schaf inmitten der weißen – als bewusste Provokation politisch platziert – hätte ausgedient. Nicht zuletzt deshalb, da es als Negativbild keine positiven Lösungsansätze
entstehen lässt.

Wenn wir bei diesen Versuchen nicht auf Schwächen der politisch anders Denkenden hinweisen, nicht zynisch werden, dafür die
positiven Seiten des Anliegens hervorheben, können wir weiter
punkten. Auch hilft es wenig, mit den negativen Aspekten eines
Problems die Aufmerksamkeit erlangen zu wollen. Die globale Erwärmung, als Beispiel, soll nicht als Bedrohung thematisiert werden, sondern als Ziel mit positiver Ausstrahlung: Saubere Luft und
gesunde Menschen gehören zusammen. Investitionen in dieses Ziel
ermöglichen Erfindungen, neue Verdienstmöglichkeiten, ungeahn-
te Aktien-Renditen. Es schafft Tausende von neuen Arbeitsplätzen,
sichert Export-Know-how und Konkurrenzvorsprung. Wer für ein
solches Ziel eintritt, muss sich nicht verteidigen. Nur die alten, zum
Untergang bedrohten Bastionen eines überholten Geschäftskon-
zepts (wie das Bankgeheimnis) müssen mit Händen und Füßen verteidigt werden – trotzdem werden sie nicht überleben.

Da liegt auch einer der ganz großen *(value-added)* Vorteile für die
Wirtschaft. Nicht nur in vierfarbigen Rechenschaftsberichten über
Nachhaltigkeit als wichtigstes Geschäftsprinzip zu plaudern, son-
dern statt *Green-washing*[15] die wahrgenommene Verantwortung an
Beispielen des eigenen Engagements aufzuzeigen und damit auto-

---

14 Dualistisches Feindbild: Extrem Links oder Rechts sind weder ganzheitliche, noch zukunftsfähige Positionen. Siehe dazu auch: Christoph Zollinger: Die Debatte läuft –
Ganzheitliche Thesen für Gesellschaft, Wirtschaft und Politik. (Zollinger 2).

15 Green-washing: Nachhaltiges Verhalten vortäuschend, wie etwa früher in einem Gross-
banken-Geschäftsbericht.

matisch *Goodwill* zu generieren, heißt die neue Devise. Sofern man diese wahrzunehmen in der Lage ist.

Einige weitere Ratschläge zum Thema politische Kommunikation: Sich nie verteidigen, nie beklagen, nie als Opfer darstellen; keine Zahlen als «Beweise» für die Richtigkeit seiner Argumentation auflisten. Die große Herausforderung bleibt, Wert-volle Themen als Erste zu besetzen. Das setzt voraus, dass professionell, dauernd und antizipierend nach den richtigen Ideen gesucht wird und dass die Medienarbeit ein Dauerthema sein muss. (Die größte Volkspartei der Schweiz bedient die Medien mit durchschnittlich zwei Presse-Communiqués täglich). Die Themenführerschaft basiert auf den «Entdeckungen» jener Ideen, die in der Zukunft wichtig sein werden und deren Kommunikation via Frames.

DER SCHWARZE SCHWAN

Er misstraut Krawattenträgern, Bankern und Universitäten: Der aus dem Libanon stammende Universalgelehrte Nassim Nicholas Taleb ist Essayist, Empiriker und Mathematiker – und er hat an der Wall Street Millionen verdient. Jetzt verdient er mit seinen Büchern ebenso viel. Warum? Er hat die rational denkenden Menschen des 21. Jahrhunderts überrumpelt, indem er aufgedeckt hat, woran wir unter anderem kranken: Wir denken in schlüssigen Geschichten, verknüpfen logische Fakten zu einem stimmigen Bild als Modell für die Zukunft. So schaffen wir uns eine Welt, in der wir uns zurechtfinden. Leider hat das einen großen Fehler – die Wirklichkeit sieht anders aus. Sie ist oft chaotisch, überraschend, unberechenbar.

In unserem weit verbreiteten linearen Denken haben die unwahrscheinlichen Ereignisse keinen festen Platz, mit überraschenden oder verheerenden Folgen, die wir systematisch unterschätzen. Es gibt solche der positiven Art: Apple-Computer, Google, der Siegeszug des Internets, nichts von allem wurde von den Auguren vorausgesagt, der 11. September 2001 in New York, die Finanz- und Wirtschaftskrise 2007 oder der Vulkanausbruch Eyjafjalla in Island 2010 als Negativ-Beispiele ebenso wenig. Unser Verhalten im Zusammenhang mit dem Zufall, der Unsicherheit, der Wahrscheinlichkeit und dem Wissen ist, gelinde gesagt, etwas naiv. Das Versagen der traditionellen Erklärungsansätze[16] der Wissenschaft und der Prognostiker ist eklatant. Die mathematischen Modelle, mit denen zum Beispiel die Banken ihre Positionen bewerteten, waren falsch. Sie hatten das «Nicht-für-möglich-Gehaltene» schlicht ausgeklammert. Doch dieses gibt es weit häufiger, als uns lieb ist. Das wurde uns mit dem letzten Wirtschafts-Crash brutal vor Augen geführt. Allerdings gab es das schon immer, und jedes Mal konnte «niemand» das voraussehen. Vielleicht lernen wir etwas daraus?

Taleb ist seit seiner Jugend von der Unprognostizierbarkeit des Lebens gezeichnet. Im Alter von vierzehn Jahren brach in seiner Heimat Libanon unvermittelt der Bürgerkrieg aus und die Experten sagten dessen Ende in 14 Tagen voraus (der Krieg dauerte noch 15 Jahre). Später, in New York waren seine mathematischen Fähigkeiten gefragt – dabei entdeckte er, dass die von allen Banken genutzten Modelle immer demselben Muster folgten. So begann er sukzessive, gewisse unterbewertete Put-Optionen zu Spottpreisen aufzukaufen. Am 19. Oktober 1987 stürzte der Dow Jones um 22% ab, etwas, was gemäß den finanzmathematischen Modellen nie hätte passieren können. Taleb verdiente dabei seine Millionen. Er wurde Praktiker der Theorie der Unsicherheit (Dean's Professor für die Wissenschaft der Unsicherheit an der University of Massachusetts in Amerst).

---

16 Das «Versagen der traditionellen Erklärungsansätze» bezieht die NZZ (3.12.2008) auf die herkömmliche Finanzmarkttheorie von Angebot und Nachfrage der Investoren, die sich an die richtigen Preise herantasten, indem sie rationale Entscheidungen zur Maximierung ihrer Vermögen fällen (Theorie der unsichtbaren Hand, dem rationalen Anleger oder dem effizienten Markt, siehe dazu auch Kapitel 3). Von solchen Konzepten würden sich Ökonomen nur ungern trennen, auch wenn die empirische Erfahrung schon längst gegen sie spräche.

Er verbringt einen Großteil seiner Tage mit Lesen, Denken, Schreiben, Reden. Ein Jahr vor dem Platzen der Subprime-Blase (2007) in den USA warnte er, der staatlich organisierte Rückversicherer FannieMae sitze auf einem Fass Dynamit, doch dessen Heer von Risikospezialisten stuften so ein Ereignis weiterhin als unwahrscheinlich ein. FannieMae ging ein Jahr später Pleite. Die Theorie Talebs: «Der Mensch macht systematisch Fehler, wenn er von der Vergangenheit auf die Zukunft schließt. Und: Wir haben uns eine Welt geschaffen, die wir noch nicht verstehen» (Nassim Nicholas Taleb 2). Zeitungen liest er seit längerem nicht mehr, «Medien sind der Gipfel der Irrelevanz» (ebd.).

Talebs Hauptaussage geht ungefähr so: Wir können den Lauf der Geschichte (oder den Verlauf eines Aktienkurses, die Entwicklung der Sozialversicherung) nicht voraussagen, da wir die «Ausreißer» nicht voraussagen können. Wir produzieren Projektionen und dabei ist die Summe der Fehler gigantisch. Woher wissen wir, was wir wissen? Seine Frage beantwortet er gleich selbst: Wir halten Beobachtungen aus der Vergangenheit fälschlicherweise für etwas, was definitiv oder repräsentativ für die Zukunft ist. «Mit unserem ‹logischen› Denken neigen wir dazu, aus einer Fülle von Daten (aus der Vergangenheit) Schlussfolgerungen für die Zukunft zu ziehen. Dieses rückwärtsgerichtete Lernen hat einen beunruhigenden Effekt. Etwas hat in der Vergangenheit funktioniert, bis – na ja, es funktioniert jedenfalls unerwarteterweise nicht mehr, und das, was wir aus der Vergangenheit gelernt haben, erweist sich bestenfalls als irrelevant oder falsch, schlimmstenfalls als furchtbar irreführend» (ebd.).

Dass Taleb, als ehemaliger Trader, das Bankensystem besonders heftig kritisiert, ist nachvollziehbar. Er verfügt über enormes Insiderwissen. Mehrmals hat er erlebt, dass große US-Banken gigantische, Existenz bedrohende (auch Existenz vernichtende) Verluste einfuhren, weil ein «außerordentliches Ereignis» – zum Beispiel: alle ihre Kreditnehmer stellten gleichzeitig ihre Zahlungs verpflichtungen ein – sie nahe an oder in den Ruin trieb. Dass sich solches innert dreißig Jahren unter denselben Vorzeichen dreimal wiederholen konnte, ist für ihn der eigentliche Skandal. Die Manager («konservativ, geschäftstüchtig, profitabel») hatten das einfach «vergessen». Ergänzt werden kann dies durch uns Bekanntes: Das, was wir sehen, ist nicht alles, was da ist. Gerade der Tunnelblick der Experten ist besonders anfällig. Sie neigen dazu, nach Fällen und Situationen zu suchen, die ihre Ansichten und Systeme bestätigen («naiver Empirismus») und die sind leicht zu finden. Doch angenommen wir kennen die falschen Aussagen, wissen wir dann, welches die richtigen sind? Da finden wir uns wieder im früher geschilderten Mechanismus, wonach Menschen dazu tendieren, Situationen nach ihrer persönlichen Weltsicht zu sehen, nur die eine Seite der Medaille zu berücksichtigen, die beweist, dass man Recht hat.

Zurückblickend auf die große Wirtschaftskrise der Jahre 2007– 2010 bestätigt sich wieder, dass wir dazu tendieren, aus der Vergangenheit zu lernen, dies auf Kosten von Ereignissen, die es bisher noch nicht gegeben hat. Diese werden vor ihrem Eintreten ausgeblendet und danach regelmäßig eine Zeit lang von den Experten überschätzt. So folgen die Zyklen einander beim Eingehen von Risiken in der Wirtschaft nach einem sich wiederholenden Muster. Stabilität und das Ausbleiben von Krisen führen dazu, dass die Leute Risiken eingehen, selbstgefällig sind und sich der Möglichkeit von Problemen wenig bewusst sind. Dann kommt die Krise und die Leute sind erschüttert. Und auch aus dieser Sicht bestätigt sich einmal mehr die schon beschriebene Theorie, wonach wir glauben, rational zu denken, logisch, vernunftbasiert, überlegt und bewusst. In Tat und Wahrheit benutzen wir unbewusst das automatische, emotionale, intuitive, erfahrungsgesteuerte Denksystem. Doch das kennen wir ja mittlerweile – ob es uns gelingen wird, das auch zu verstehen?

In seinem Bestseller The Black Swan[17] (Der Schwarze Schwan) entlässt Taleb sein Publikum mit versöhnlichen, ja philosophischen

Ratschlägen. Er rät, nicht den ausgetretenen Pfaden zu folgen (Herdentrieb). Und, was auch den Leserkreis dieses Buches freuen soll: «Ich möchte betonen, dass Belesenheit in meinen Augen wichtig ist. Sie ist ein Zeichen für echte intellektuelle Neugier, geistige Aufgeschlossenheit und das Bestreben, die Ideen von anderen zu erforschen. Vor allem können belesene Menschen mit ihrem eigenen Wissen unzufrieden sein, und diese Unzufriedenheit ist ein wundervoller Schutz vor Platonität, den Vereinfachungen des Fünfminutenmanagers und die Philisterei des zu stark spezialisierten Gelehrten. Ohne Belesenheit kann Gelehrsamkeit sogar zu Katastrophen führen» (Taleb 2). Weiter rät er uns, den Fernseher auf den Dachboden zu stellen, kaum noch Zeitungen zu lesen, die Blogs zu ignorieren und dafür unsere Denkfähigkeit zu trainieren.

Auch die Leserinnen und Leser dieses Buches haben inzwischen viel gelesen – deshalb soll im nächsten Abschnitt versucht sein, über das traurige Leben der Martinigans nachzudenken und damit eine «tierische» Bestätigung dessen zu erfahren, welches die Konsequenzen der unwahrscheinlichen Ereignisse im übertragenen Sinn sein können.

---

17 Der Schwarze Schwan – Bestseller von Nassim Nichols Taleb (Hanser Verlag, 2008). Er beschreibt darin die Macht höchst unwahrscheinlicher Ereignisse und bezieht sich beim Titel auf eine Geschichte aus dem 17. Jahrhundert: Bis dahin waren die Europäer überzeugt, alle Schwäne wären weiss. Als Australien entdeckt wurde gab es dort schwarze Schwäne, und was keiner für möglich gehalten hatte, war auf einmal Realität.

DAS TRAURIGE LEBEN DER MARTINIGANS

Stellen wir uns eine Gans vor, die jeden Tag auf dem Bauernhof gefüttert wird. Jede einzelne Fütterung wird die Überzeugung des Vogels stärken, dass es die Grundregel des Lebens ist, jeden Tag von freundlichen Mitgliedern der menschliche Rasse gefüttert zu werden, die «dabei nur sein Wohl im Auge haben», wie es in der politischen Sprache heißen würde. Am Nachmittag vor Martini (11. November) wird der Gans[18] jedoch etwas völlig Unerwartetes widerfahren. Und sie wird ihre Überzeugung revidieren müssen.

Bevor die Fortsetzung der Geschichte folgt, hier die Begründung für deren Aufnahme in dieses Buch. Aus philosophischer Sicht handelt es sich beim Beispiel um ein klassisches Induktionsproblem[19], ein Grundproblem der Erkenntnistheorie. David Hume brachte im 18. Jahrhundert erstmals zu Papier, was später Kant, Popper und viele andere Philosophen beschäftigte. In Untersuchungen über die Kausalität geht es um das Verhältnis von Ursache und Wirkung: Weil sich etwas in der Vergangenheit so verhalten hat, schließt man daraus, dass dies auch in Zukunft so sein werde. Schon Hume bezweifelte dies: «Es ist daher unmöglich, dass irgendein Erfahrungsbeweis die Ähnlichkeit der Vergangenheit mit der Zukunft erweisen könnte. Mag der Gang der Dinge bislang auch noch so regelmäßig gewesen sein, so kann das allein nicht beweisen, dass es auch in Zukunft so bleiben werde» (Taleb 2). Wie können wir von spezifischen Beispielen ausgehend logisch generelle Schlussfolgerungen ziehen? Wie können wir auf der Grundlage des (endlichen) Bekannten Eigenschaften des (unendlichen) Unbekannten ermitteln?

---

18 Anstelle einer Gans sprach der Philosoph Bertrand Russell in seinem Beispiel von einem Huhn. Taleb seinerseits benutzte einen Truthahn (turkey), da dieser Vogel in den USA wesentlich symbolträchtiger verspeist wird – aus demselben Grund wird hier von der Martinigans berichtet.

19 Induktion: Wissenschaftliche Methode, um vom besonderen Einzelfall auf das Allgemeine, Gesetzesmäßige zu schließen.

Denken wir an unsere Martinigans: Was kann sie aus den Ereignissen von gestern über das lernen, was der nächste Tag ihr bringen wird? «Eine ganze Menge, vielleicht, aber mit Sicherheit ein bisschen weniger als sie glaubt, und gerade dieses ‹bisschen weniger› kann entscheidend sein» (ebd.). Das Martinigans-Problem lässt sich auf alle Situationen verallgemeinern, wo die Hand, die uns füttert, auch die sein kann, die uns den Hals umdreht. Der beunruhigende Aspekt der Induktionsmethode ist der des rückwärts gerichteten Lernens. Der Wert dieser wissenschaftlichen Methode ist in diesem Fall ein negativer, doch genau so funktionieren viele Prognosen bekannter Institute. Die Gans hätte etwas gelernt durch die Beobachtung des wunderbaren Tagesablaufs und ihre Zuversicht wäre sicherlich von Tag zu Tag gestiegen und sie hätte sich wohl immer sicherer gefühlt, obwohl ihre Schlachtung immer näher rückte. Ihr Gefühl der Sicherheit hätte dann seinen Höhepunkt erreicht im Moment der größten Gefahr, am Nachmittag vor Martini.

Das ist das Problem des empirischen Wissens, worüber wir im letzten Abschnitt sprachen. Es ist auch das Problem der linearen Projektionen. Und es ist das Problem unzähliger komplizierter, aber verheißungsvoll tönender Produkte von Banken, Versicherungen oder Vermögensberater. Sie täuschen eine wissenschaftliche Genauigkeit vor, eine nicht gegebene Sicherheit, dafür auf vier Kommastellen genau berechnet (bis am Nachmittag vor Martini). Auch im täglichen Leben treffen wir auf das gleiche Phänomen. Wie sagte Schiffskapitän E. J. Smith 1907: «Ich habe jedoch noch nie einen nennenswerten Unfall erlebt. In all meinen Jahren auf See habe ich nur ein einziges Mal ein Schiff in Not gesehen. Ich habe nie einen Untergang miterlebt und war auch nie in einer gefährlichen Lage, die zu einer Katastrophe hätte führen können» (Taleb 2). 1912 sank das Schiff von Kapitän Smith, die *Titanic*. Taleb, bekanntermaßen kein Freund der Medien, spottet in diesem Zusammenhang: «Auch wenn Sie 100 Exemplare der *New York Times* kauften, würde Ihnen das nicht helfen, mehr Wissen über die Zukunft zu gewinnen.

Denn wir wissen einfach nicht, wie viele relevante Informationen die Vergangenheit enthält» (ebd.).

Der Nachmittag vor Martini soll hier nicht detailliert geschildert werden, auf die Fortsetzung jener traurigen Geschichte wird verzichtet, schließlich haben die Tierschutzanwälte, wie es seit kurzem einen im Kanton Zürich gibt, ihre Augen überall.

Doch die andere Geschichte ist noch nicht zu Ende. Die pseudowissenschaftliche Arroganz begleitet uns täglich, in der Werbung zum Beispiel. Noch in den 1960er-Jahren wurde die Muttermilch als Säuglingsnahrung aus kommerziellen Gründen in Frage gestellt. Die involvierten Ärzte kamen gar nicht auf die Idee, dass die Muttermilch nützliche Bestandteile enthalten könnte, die sich ihrem wissenschaftlichen Verstehen entziehen könnten. Da entstanden falsche wissenschaftliche Schlüsse, eine Verwechslung: aufgrund des Fehlens von Beweisen für die Vorteile der Muttermilch mit Beweisen für das Fehlen der Vorteile. Heute wissen wir um die großen Vorteile der Muttermilch als Schutz des Babys vor vielen Gesundheitsproblemen und die «unsichtbaren» Werte des Stillens. Irgendwie kommt uns diese Geschichte auch aus einem anderen Grund bekannt vor. Man spricht gern und laut in der Werbung (Wirtschaft und Politik) über die grandiosen Erfolge seiner «Produkte», deren Erfolg wird «bewiesen» – die Misserfolge werden verschwiegen, auch wenn sie oft in der Überzahl sind.

Vielleicht könnte man, um sich der Problematik bewusster zu werden, den Umkehrversuch wagen? Statt aus der Vergangenheit, aus der Zukunft lernen zu wollen? Dies wäre allerdings «wissenschaftlich» nicht zu beweisen. Doch das hätte gleichzeitig einen immensen Vorteil: Wir würden die Unsicherheit (einer Prognose) realisieren, weil wir nicht von logischen, mathematischen Ursache-Wirkung Begründungen eingeschläfert wären. Aus der Zukunft lernen, sich auf die Zukunft vorbereiten zu wollen, ist im konservativen Weltbild verpönt. Dort haben es die Visionäre seit jeher schwer. Mit der bewährten Szenario-Technik[20] in kleinen Gruppen von fantasievollen Menschen lassen sich bahnbrechende, neue Ideen «erfinden», die eine Entwicklung vorwegnehmen. Viel lässt sich dabei von Physikern lernen, die besonders neugierig scheinen und die ab und zu sogar ganze Checklisten entwickelt haben, wie sich Erfindungen[21] generieren lassen, wie die unerschöpfliche Fantasie vernetzt denkender Menschen in der Vernetztheit einer Gruppe funktionieren kann. Gerd Binnig ist von der Kreativität des Menschen überzeugt: «Ich glaube jedoch, dass wir durch das Lehren von Kreativität an unseren Schulen Arbeitslosigkeit drastisch reduzieren könnten. Kreativität ist ein Fachwissen, unabhängig von Einzelfächern. (…) Außerdem macht zuviel Fachwissen unkreativ, ist also schädlich» (Gerd Binnig).

In diesem Zusammenhang – der Unbeliebtheit der angewandten Kreativität – können wir uns fragen, ob da ein Zusammenhang bestehen könnte mit der weit verbreiteten Schwäche, für alles eine befriedigende Erklärung suchen zu wollen. Sich mit der Zukunft zu befassen, entledigt einen davon, denn Erklärungen entstehen aus dem etwas verstaubten Ursache-Wirkung-Denken. Von dieser Beweislast enthoben, können wir zu Gedankenflügen ansetzen. Natürlich kostet es viel Energie und geistige Anstrengung, Licht und Schatten möglicher Neuerungen zu suchen. Doch gleichzeitig hilft es uns, ins Scheinwerferlicht zu holen, was wir bisher nicht sahen oder noch nicht sehen konnten. Das ist der Ausweg aus der Sackgasse des täglichen Routinealltags: Statt zu respektieren, was passiert ist, ignorieren wir nicht länger, was passieren könnte. Dieses Verhalten entspricht wohl nicht dem landläufigen, das Zufälligkeiten

---

20 Szenario-Technik: In der Ökonomie angewendetes, bildhaftes Verfahren, mit dem unterschiedlichste Konzepte entwickelt und deren Chancen und Risiken als Zukunftsstrategie evaluiert werden. Besonders hilfreich sind dabei die «Bilder», die in den Köpfen der Beteiligten so entstehen.

21 Erfindungen: Der Physik-Nobelpreisträger Gerd Binnig (Erfinder des Raster-Tunnel-Mikroskops, IBM Rüschlikon) behandelt die Kreativität von Natur und Mensch in seinem Buch Aus dem Nichts (Piper, 1992).

und Ungewissheiten meidet und sich dafür bequem im Lehnstuhl des Greifbaren, Bekannten und Verstandenen einrichtet. Dort lauern aber seit jeher die Gefahren der fortlaufenden «Bestätigung» des Sichtbaren und Erlebbaren, des Konkreten. Und das – längst haben wir das mittlerweile gelernt – ist eine Illusion an sich. Oder können Sie erklären, warum – wenn systematisch Nadeln in unsere Zehen gestochen werden (Akupunktur) – das zur Linderung der Schmerzen führt?

EIN ÜBERZEUGENDES PLÄDOYER

Immer, wenn wir jemanden mit unseren Argumenten überzeugen möchten, sollten wir also in Bildern sprechen, über Werte reden, oder … «Geschichten» erzählen. Von klein auf erlebten wir die Faszination dieser ursprünglichsten Kommunikationsart, Geschichten beginnen und enden mit Bildern. Bevor wir uns auf eine politische Diskussion, ein Referat, ein Radio-Interview oder eine TV-Talk-Show vorbereiten, lassen wir im Gehirn schon Bilder entstehen. Wenn wir die mit menschlichen Grundwerten anreichern, sollte der Erfolg nicht ausbleiben. Warum sind Argumente, in eine treffliche Geschichte gekleidet, so stark? Geschichten «treffen ins Herz», wecken Interesse, vor den Augen der Zuhörer läuft ein Film ab. (Persönliche) Geschichten enthalten im Kern unsere These, unseren Standpunkt. Damit diese deutlich werden, strukturieren wir in der Vorbereitung unsere Botschaft. Was wollen wir? Welches ist das Hauptargument, auf dem wir bauen? Warum sollen wir bekommen, was wir wollen? Jetzt sammeln wir emotionale Tatsachen, um unsere Gedanken zu stützen. Allmählich ergibt sich ein gedankliches Konzept ein «Brutto-Fundus» –, aus dem sich durch Straffung die «Netto-Story» ergibt. Und nochmals fragen wir uns: Ist das alles glaubwürdig und konsequent? Besser, wir fragen uns im stillen Kämmerlein dreimal, als uns vor Publikum von einer Frage überraschen zu lassen, auf die wir keine Antwort bereit haben. Sprachlosigkeit ist meistens ein gefährliches Argument.

Wenn wir in einer Diskussion überzeugen wollen und wir nicht darauf aus sind, den «Gegner zu besiegen», gibt es ein sehr bewährtes Mittel. Wir sollten unbedingt versuchen, Verständnis für die Gegenseite aufzubringen. «Die Macht der Liebe, des Verständnisses, die Fähigkeit, die Gefühle des anderen nachzuempfinden, stattet uns mit viel mehr Macht aus, als die verbreitete Fähigkeit, anzugreifen.» Diesen Ratschlag erteilt der Staranwalt Gerry Spence, einer der erfolgreichsten Kommunikatoren der USA. Und er definiert Macht in diesem Zusammenhang so: «Macht ist zunächst eine Idee, eine Wahrnehmung. Die Macht, der ich gegenüberstehe, ist immer die Macht, die ich wahrnehme. Die Macht der anderen ist meine Wahrnehmung der Macht der anderen. Ihre Macht ist mein Gedanke. Sie entspricht deshalb meinem Geist. Die Macht, die andere besitzen, ist deshalb die Macht, die ich ihnen verleihe. Sie ist mein Geschenk. Wenn ich dem anderen Macht zubillige, die dieser nicht besitzt, dann sehe ich mich doch meiner eigenen Macht gegenüber, oder? Die eigene Macht ist mein Gegner geworden, mein Feind. Wenn dagegen der andere über Macht verfügt, ich aber nicht erkenne, dass dessen Macht mir etwas anhaben kann, hat er keine – jedenfalls nicht in meinen Augen» (Gerry Spence). Jetzt erinnern wir uns der Kapitel 2 und 3, wir haben dort von Wissenschaftlern gehört, wie wir denken. Wir bilden uns unsere Vorstellung darüber. Hier bestätigt nun der Praktiker mit seinen Worten diese Erkenntnis.

Menschen, die ihre vermeintliche Macht ausspielen, um andere einzuschüchtern, handeln meistens aus ... Angst. Jemanden bedrohen zu wollen ist grundfalsch und animiert ihn zu größeren Taten, ja er wird umso gefährlicher, je stärker er kämpfen muss. Doch wer sich ängstigt, dem verschließen sich die «Ohren des Verstandes». Sie können nicht mehr vernünftig denken. Da kommen uns die jugendlichen Rabauken in den Sinn, die provozieren, einschüchtern, dreinschlagen. Nicht wirklich ihre Macht zeigen sie auf diese Weise – eher das Elend der Unsicheren.

Spence rät dazu, beim Argumentieren auf alle Tricks zu verzichten. Die meisten Menschen können zwar nicht schlecht über sich sprechen – dies ist Spences Ansicht –, und sich auch ein bisschen über ihre Gefühle äußern. Aber die meisten halten mit der Wahrheit über sich zurück. Wir verschweigen unseren Schmerz, unsere Wut, unsere tiefe Angst, weil wir uns davor fürchten, uns selbst zu offenbaren. Doch echte Glaubwürdigkeit kommt tief aus unserem Innern. Große Auftritte, Tränen, salbungsvolle Reden – alles nutzlos, wenn wir am Ende unglaubwürdig sind. Wenn wir wollen, dass man uns glaubt, müssen wir die Wahrheit sagen, auch über uns. Diese Wahrheit ist und bleibt aber unsere Wahrheit, das sollten wir nicht vergessen. Niemand hat Macht über uns zu entscheiden, was für uns wahr ist. Ein noch weiter verbreitetes Übel, oft ohne böse Absicht, ist die Schwäche, nicht genau hinsehen und hinhören zu können. Die Fähigkeit, zuzuhören und zu beobachten muss doppelt so wichtig sein wie die Fähigkeit, zu sprechen. Nochmals, der das rät, ist einer der erfolgreichsten Anwälte der USA. Er ist sogar der Meinung, dass genau zuhören die wichtigste Einzelfertigkeit ist, aus der sich die Kunst der Argumentation zusammensetzt. Warum? Zuhören ist die Fähigkeit zu verstehen, was jemand sagt oder, dass er nicht das sagt, was seine Worte zum Ausdruck bringen.

Argumentieren ist eben mehr als plaudern. Bitten wir ehrlich um etwas, was wir gerne hätten, kann es uns der andere nur schwer abschlagen. Zudem ist es risikolos. Etwas einzugestehen, was schief gelaufen ist, die Schuld dafür auf sich zu nehmen, ist nicht immer einfach, aber sehr wirkungsvoll. Es stärkt unsere Glaubwürdigkeit entscheidend. Um eigene Vorurteile zu vermeiden, ist es hilfreich, das Gegenüber besser kennen zu lernen, mit ihm oder ihr vielleicht sogar am gleichen Tisch zu sitzen. Sind es mehrere Personen – wie wär's mit einem «Runden Tisch»? Vielleicht lösen sich auf diese Weise Vorurteile hüben und drüben in Sachkenntnis auf? Denn, da sind wir uns einig, Menschen mit Vorurteilen sind nicht zu bekehren, ihnen ist nicht beizukommen. Weder mit Vernunft, noch mit Emotionen, auch nicht mit Bitten oder Wünschen. Ebenso gut könnte man einer Tüte Gummibärchen ein Lied vorsingen.

Ein Plädoyer, eine Rede, eine politische Stellungnahme muss spontan, aus innerer Überzeugung, «hervorbrechen». Es sind ja nicht nur die Worte, die den Sinn transportieren, sondern die Ganzheit Mensch, der Ton, der Rhythmus, der Körper, die Gesten, die Augen, das Lachen. Das Ablesen eines geschriebenen Manuskripts und das Vortragen einer brillanten Argumentation sind zweierlei. Das eine statisch, das andere lebendig. Beim einen kämpft das Publikum sogar in den vordersten Reihen gegen Schlafattacken, beim andern ist es hellwach, womöglich gerührt oder gar begeistert.

Für jene, die es interessiert, hier Gerry Spences Check-List für erfolgreiches Argumentieren:

- sorgfältig, im Detail vorbereiten, Argumente auswendig lernen
- in Form einer Geschichte vortragen
- die Wahrheit sagen, die eigenen Wünsche offen legen
- Hohn, Spott, Sarkasmus vermeiden
- die eigenen Schwachpunkte eingestehen oder Schuld für Fehler auf sich nehmen
- Mut (aber keine Überheblichkeit) zeigen, Risiken eingehen.

Wie wir gleich sehen werden, gab es schon vor 2500 Jahren diese «Staranwälte» im antiken Griechenland, die in Rhetorik hart geschult worden waren, um in späteren Jahren so erfolgreich zu argumentieren, dass einzelne ihrer Reden noch heute schriftlich Zeugnis von dieser hohen Kunst geben.

PERIKLES ALS BUNDESPRÄSIDENT
PHILOSOPHISCHER ZWISCHENHALT IV

Wieder wollen wir unseren Gedankenfluss gegenwärtigen Empfindens kurz unterbrechen, um 2500 Jahre zurückzublenden auf jene Zeit des großen Umbruchs im antiken Griechenland, jener Anfänge politischer Profilierung mit Auswirkungen bis auf unsere Zeit. Perikles[22], der Stratege, war ab 443 v. Chr. während 15 Jahren zum «Staatspräsidenten» gewählt worden, 15-mal in der Folge hatten die Athener darüber abzustimmen, denn die Legislatur dauerte gerade mal jeweils ein Jahr. Sesselkleber konnte es somit keine geben.

Um die Jahre 478/477 v. Chr. begründeten Athen, Sparta und die übrigen griechischen Städte ein Schutz- und Trutzbündnis – eine «Eidgenossenschaft» – gegen die Perser. In der Folge prägte Perikles, wohl mehr als alle anderen Zeitgenossen, eine politische Phase der Erneuerung. Obwohl aus höchstem athenischem Adel stammend, durch und durch aristokratischer Politiker, entschied er sich für die Sache des Demos[23]. Zum ersten Mal in der Weltgeschichte machte er Ernst mit dem Gedanken der Demokratie, der Herrschaft des Volkes. Perikles war ein Erneuerer und er prägte die «Ära Perikles», die Glanzzeit Athens, eine Epoche prächtiger kultureller Entfaltung, großer sozialer Errungenschaften und wirtschaftlichen Blüte. Der große Mut, der zum bis anhin unbekannten Abenteuer Demokratie gehört hatte, zahlte sich politisch und finanziell aus. Der Visionär Perikles hatte sich vorgängig in der ideologischen Diskussion stark engagiert: Er vertrat das weltoffene, liberale,

---

22 Perikles (~493–429 v. Chr.), Staatsmann und Stratege (Militärbefehlshaber), nach dem ein ganzes – das perikleische – Zeitalter benannt wurde, lebte in Athen während des «Goldenen Zeitalters». Ihm, der über viel gerühmte rhetorische Qualitäten verfügte, gelang es immer wieder, die Volksversammlung für seine politischen Anliegen zu gewinnen.

23 Demos: Volk; auch Bezeichnung für ein Gebiet und eine Volksgemeinde im altgriechischen Stadtstaat oder den kleinsten staatlichen Verwaltungsbezirk.

demokratische Athen gegen das konservative, abgeschlossene, Fremdes abweisende System der Spartaner. Diese Geschichte scheint hervorragend zum Thema dieses Buches zu passen: Das Liberale besiegte letztlich das Konservative, das Visionäre förderte die Erneuerung, die rhetorisch erfolgreichen Auftritte sicherten die Zustimmung der Athener.

«Und tatsächlich wird Perikles von vielen Autoren des Altertums als einer der besten Redner der Antike gepriesen. Da wird ihm eine geradezu unglaubliche Redekraft attestiert, da wird die Bemerkung des Aristophanes, der die Rhetorik des Perikles mit vom Himmel hinabfahrendem Blitz und Donner vergleicht, wie ein geflügeltes Wort weitergereicht, und da bezeichnet ihn Cicero, selbst der größte Redner seiner Zeit, schlicht als den ‹beredten Athener›, ja, als geradezu perfekten Redner, denn: ‹Der Charme seiner Rede versetzte Athen in die heiterste Stimmung. Man bewunderte seinen rhetorischen Reichtum und seine Fülle und fürchtete seine Wucht und Heftigkeit›» (Carl Wilhelm Weber). Diese Qualifikation aus berufenem Munde – so ganz würde sie auf unsere zeitgenössischen «Volkstribune» in diesem Überschwang wohl doch nicht passen, auch wenn wir ihre beim «Donnerwetter» unentwegt gestikulierenden Arme durchaus beeindruckend finden.

Geradezu als Anleitung für künftige politische Visionäre und Erneuerer der Gegenwart, wie die eigene Sache erfolgreich in Szene zu setzen wäre, und als Vorbild für George Lakoff mit seiner Theorie der Metaphern 2500 Jahre später, wird aus dem antiken Athen berichtet: Die Bildhaftigkeit der Rhetorik des Perikles, seine Begabung, die Vorstellungskraft und das Erinnerungsvermögen seiner Zuhörer durch eingängige Vergleiche zu stimulieren, war hervorragend. «Es war diese klare, anschauliche Sprache und die Kraft seiner Argumentation, die den Ruhm der perikleischen Rhetorik begründete; nicht etwa schauspielerhafte, dramatische Gestik und Mimik» (Weber), überliefern alte Quellen. Offensichtlich war sein Vortragsstil von größter Selbstbeherrschung geprägt, kaum verzog er je eine

Miene, schon gar nicht zu einem Lachen. Selbst in leidenschaftlicher Rede achtete er sorgfältig auf den anständigen Faltenwurf seines Gewandes und er sprach engagiert, aber ohne Aufregung. Der ruhige Klang seiner Stimme wird da ausdrücklich hervorgehoben. Von Zwischenrufen und Missfallensäußerungen ließ er sich nicht provozieren.

Der Historiker Thukydides (~455 – ~400 v. Chr.) berichtete bewundernd: «Er bändigte die Masse in Freiheit, indem er sie selbst führte und nicht von ihr geführt wurde» (Weber). Er vermied es, sich den Launen eines unberechenbaren, wetterwendischen Demos zu fügen und sorgte dafür, dass die junge, demokratische Freiheit nicht in Zügellosigkeit ausartete. In diesem Lob schwingt einiges an Sprengstoff mit. Diese Art von Volks-Herrschaft fand die Billigung Thukydides', weil damit sichergestellt war, dass eine überragende Persönlichkeit den Ton angab «und nicht eine bunt zusammengewürfelte Masse mehr oder weniger inkompetenter Bürger. Denn eben das sei nach dem Tode des Perikles eingetreten: Da hätten sich die unwürdigen Nachfolger des großen Staatsmannes gegenseitig darin übertrumpft, den Launen des Volkes entgegen zu kommen – eine wüste Buhlerei um die Gunst der Masse, die zu selbstmörderischen Konkurrenzkämpfen innerhalb der Bürgerschaft und schließlich gar zur Katastrophe Athens im Ringen mit Sparta geführt habe» (Weber). Dieses heiße Eisen wollen wir hier nicht weiter schmieden, es genügt vollkommen, sich des italienischen Ministerpräsidenten Silvio Berlusconi zu erinnern.

Transparenz und Information waren die Säulen der attischen Demokratie. Das heißt nicht mehr und nicht weniger, als dass die Transparenz politischer Entscheidungen täglich gewährleistet war. In Athen war dafür gesorgt, dass sich informieren konnte, wer sich informieren wollte. Davon zeugen die vielen schriftlich festgehaltenen Dokumente, eingemeißelt durch die Steinmetze in Stein – für die Ewigkeit? Besonders eindrücklich muten die auf diese Weise schriftlich fixierten Rechenschaftsberichte hoher Beamter an, abgeliefert jeweils am Ende ihres Amtsjahres. Nicht zuletzt die Beamten, die mit der Verwaltung staatlicher Gelder zu tun hatten, mussten in langen Listen lückenlos Soll- und Habenseiten offen legen. Politische Geheimniskrämerei, ein Übel unserer «modernen» Demokratien, war die Sache der Athener nicht. Transparenz[24] war die selbstverständliche Grundlage ihres demokratischen Systems.

Die Volksversammlung war für Tausende von Athenern vornehme staatsbürgerliche Pflicht – wohl auch ein eigentliches Spektakel, eine Mischung aus mediterranem Klima, südländischem Temperament und kontroversen Auftritten. Sobald der – für die Volksversammlung nicht verbindliche – Vorschlag des Rates verlesen worden war, richtete ein Herold an die Versammelten die Frage, wer das Wort zu ergreifen wünsche. Eindrücklich diese schriftliche Überlieferung. «Freiheit ist in diesen Worten: Wer will und wer vermag, seiner Polis weisen Rat zu geben? Worauf ein jeder nach Belieben schweigen oder glänzen kann. Lässt sich eine schönere Gleichheit denken?» (Weber: Zitat überliefert durch den attischen Volkshelden Theseus).

Die Domäne der gewählten Politiker – zu ihren wichtigsten Aufgaben gehörte es, Programme zu entwerfen, Perspektiven aufzuzeigen, auch Visionen zu eröffnen und diese ihren «Legislativen» zu verkaufen. Es brauchte da wohl einiges an Souveränität und Selbstbewusstsein, um vor einer viele Tausend Köpfe zählenden, kritischen Volksmasse aufzutreten. Eine kräftige Stimme und persönlicher Wagemut waren die beiden Dinge, die – gemäß Überlieferung – in Athen die größte Macht hatten.

Und wo stehen wir heute? Wer liefert in den Regierungen die Visionen, wer die neuen Perspektiven, die sich aus dem Wechsel des

---

24 Politische Transparenz wird zur Zeit in der Schweiz neu definiert: Waren bisher alle Exekutivbeschlüsse prinzipiell geheim, sind sie neuerdings prinzipiell öffentlich. Doch noch tun sich viele Exekutiven damit schwer.
Mehr zu diesem Thema ist nachzulesen in: Christoph Zollinger Die Glaskugel-Gesellschaft – Transparenz als Schlüssel zur Moderne (Zollinger 1).

Standpunktes ergäben? Wo ist der Bundespräsident, der voraus statt rückwärts blickt? Und was die Programme angeht: Wir sollten wohl lieber von den Werten sprechen, nach allem, was wir in den vorangegangenen Abschnitten zu lesen bekamen? Auch mit Blick auf heute ist aber die Definition der genialen Formel einer durchaus propagandistischen Verzerrung oder Zurechtbiegung eines Perikles interessant. Damals wie heute ist erkennbar, dass die raffinierte Verbindung von Demokratie, Macht und Geist als untrennbares, sich gegenseitig bedingendes Gefüge erfolgreich wirkt. Eine Mischung aus Richtigem und Falschem, die man weder völlig verwerfen, noch gänzlich akzeptieren kann.

Dem antiquierten Leitbild eines aristokratisch geprägten spartanischen Staates hat Perikles ein modernes demokratisches Konzept gegenübergestellt. Er gab seinen Mitbürgern das Gefühl, dass sie damit die besseren Trümpfe besäßen, dass ihrem Modell die Zukunft gehöre. Perikles war kein Demagoge, der seine Anhänger mit hemmungsloser Propaganda verdummte.

5 Die menschliche «Bewusstseinsmutation» Verstehen können

NACH DER GROSSEN ILLUSION

In diesem Buch wird die These vertreten, die Menschheit befände sich zu Beginn des 21. Jahrhunderts mitten in einer dramatischen Umbruchsphase, in einem epochalen Neubeginn. Vergleichbar mit der Zeit vor 2500 Jahren, als die alten Griechen zu neuem Denken erwachten, das die Welt veränderte und prägte, ist zur Zeit eine gewaltige Transformation in Richtung Neukonzeption des menschlichen Zusammenlebens im Gang. Dafür bilden äußere treibende Kräfte den eigentlichen Katalysator: Die neue, stupende Gleichzeitigkeit der IT-Welt und die drastische Verkürzung des Raums durch die Globalisierungs- und Transportrevolution führen zum neuen Weltverständnis. Alles beeinflusst alle, kein Land kann sich der Sogwirkung dieser unblutigen Reformation entziehen. Die inneren Kräfte – wollen wir das als «menschliche Erfahrung» bezeichnen? – werden einmal mehr auf dem Trampolin der Unstabilität durcheinander geschüttelt, es drohen Abstürze, Verletzungen solange, bis wir uns an das Neuartige gewöhnt haben. *Es ist noch kein Meister vom Himmel gefallen.*

Bevor ein Blick in die Zukunft gewagt wird, lohnt sich – wieder einmal – jener in die Vergangenheit, 2500 Jahre zurück. Der Historiker Robin Lane Fox hat in seiner rühmenswerten Gesamtdarstellung der antiken Welt («Die klassische Welt», Klett-Cotta, 2010) einen entscheidenden Geniestreich bewerkstelligt. Mit den drei

Hauptbegriffen Freiheit, Gerechtigkeit, Luxus errichtet er eine Brücke mitten in unsere Zeit. «Man erkennt, welch eine aufwiegelnde Kraft empörend zur Schau gestellter Luxus bei gleichzeitigem Massenelend immer wieder entfacht – bis heute, wenn man an den Lebensstil der Investmentbanker und Hedgefondsmanager denkt, die gleichzeitig die ganze Volkswirtschaft ins Elend stürzen» (Jens Jessen). Auch auf eine andere schädliche Dimension, die von der Antike im Luxus gesehen wurde, weist der Historiker hin. Die Verweichlichung und Wehrkraftzersetzung der Völker – die Luxusdebatte war eben immer auch eine Dekadenzdebatte. Und heute?

Doch zurück in die Gegenwart: Während die Wellen der äußerlichen Triebkräfte wie ein Tsunami rund um den Globus fließen und nachher nichts mehr ist wie vorher – die quantitativen Auswirkungen sind für alle sichtbar – ist auch der Weltinnenraum[25] in gesellschaftlichen und moralischen Aufruhr geraten. Vorerst halten diese an. Im allgemeinen Durcheinander der Meinungen hat die Politik weltweit die Regulierungskompetenz über die Wirtschaft – sofern je akzeptiert – längst verloren. «Raubkopien der Ahnungslosigkeit zirkulieren frei um die ganze Welt» (Sloterdijk 1). Seit die verheerenden Auswirkungen über die Schäden des Neoliberalismus von den Opfern zurückgemeldet werden und sich die Täter mit Millionen im Sack entweder grinsend abgemeldet oder bereits in neuen Abzocker-Casinos eingenistet haben, besteht Ratlosigkeit, Wut oder Schadenfreude. Diese Reaktionen auf die qualitativen Schäden eines überholten und sich deswegen im freien Fall befindlichen «mentalen» Konzepts sind vorerst heimatlos. Doch eine neue menschliche «Heimat» ist im Planungsstadium.

Jetzt zeigt sich am Horizont zaghaft neue Hoffnung. 2500 Jahre nachdem die politischen demokratischen Gedanken erstmals for-

---

25 Mit «Weltinnenraum» bezeichnet Peter Sloterdijk in seinem Buch Im Weltinnenraum des Kapitals (Sloterdijk 1) die Komfortzone jener Menschen, die sich zu den (vermeintlichen) Globalisierungsgewinnern zählen. In unserem Fall bezieht sich dieser Begriff auf alle Menschen.

muliert wurden und sich im Gefolge ein breites, dualistisches «Sachverständnis» im Sinne des Vorteils logischen Denkens etabliert hat, tut sich Neues. Wenn wir uns ehrlicherweise eingestehen müssen, dass das alte – eben das bewusste, logische – Denken und Handeln uns zwar vorwärts, aber nicht unbedingt in der menschlichen Kompetenz viel weiter gebracht hat, stellt sich die Frage des Warum? Die anhaltende weltweite politische Blockierung mit ihrer Unfähigkeit zur angemessenen Lösungsfindung hier und die globalen wirtschaftlichen Endzeit-Crashs dort haben uns zu wiederholtem Male in vielen hunderten von Jahren vor Augen geführt, dass wir uns immer noch nicht *verstehen*. *Verstehen wollen oder verstehen können?* Beides. Wenigstens für das eine, das Können, steht ein wissenschaftlicher Quantensprung bevor. Erstmals in der Menschheitsgeschichte erklären uns wissenschaftliche Forscher ein Stück weit, wie – und warum – wir so und nicht anders denken. Jeder einzelne Mensch. Jetzt können wir uns, wenn wir wollen, ans «Wischen vor der eigenen Haustüre» machen.

Die persönliche Standortbestimmung kann nicht delegiert werden. Wenn schon «Fortschritte» auszumachen sind, sollte doch jeder Mensch davon profitieren können? Zukunftsangst oder Verunsicherung wirken wie die angezogene Handbremse. Wir kommen nicht recht vom Fleck. Spannend wird es erst, wenn wir neugierig auf die Entdeckungen der nächsten Jahre werden und dabei selbst unseren Beitrag zu den kleinen «Erfindungen» des Alltags leisten. Hilfreich ist dabei, die persönliche Bereitschaft, gesellschaftliche Institutionen oder liebe Gewohnheiten, die – einst goldrichtig inzwischen von der Zeit überholt und deshalb kontraproduktiv degeneriert neu zu denken, quasi zu reformieren. Wirtschaftswachstum, Bankenwelt, Anspruchsmentalität, Armut – alle diese Begriffe sind neu zu formulieren. Auf der Baustelle Gesellschaft erwacht nach langer «Winterpause» das produktive Leben.

Beim Erstellen unserer Zwischenbilanz neuer Erkenntnisse der Hirnforschung versuchen wir, Einzelaspekte zu einem stimmigen

Ganzen zu verschmelzen. Das Trennende, dort wo sich weiterhin «Fachkräfte» oder Spezialisten streiten wollen, übergehen wir in der Regel zum jetzigen Zeitpunkt. Worüber seit 2500 Jahren gestritten wird, mag uns weniger zu interessieren. Das Gemeinsame der neuen unterschiedlichen Befunde, die uns dereinst ein Licht aufgehen lassen werden, betrachten wir dagegen mit kritischer Spannung. Bevor wir in den nächsten Kapiteln über die Auswirkungen dieser Tatsachen auf die gesellschaftlichen Normen nachdenken – nachdem wir die Konsequenzen für den einzelnen Menschen in den bisherigen Kapiteln studiert haben – wollen wir nochmals zusammenfassen und strukturieren. Dabei liegt ja der Hauptzweck dieser Tätigkeit darin, den Fortschritts- und Globalisierungsdiskurs nicht den Politologen, Ökonomen, Neurologen, Soziologen allein, auch nicht den Politikern und Wirtschaftsleadern und schon gar nicht den Investment-Bankern zu überlassen. Erst die Gesamtsicht, das sorgfältige Betrachten der verschiedenen Thesen aus unterschiedlichen Blickwinkeln und Kompetenzgebieten, eröffnen zumindest theoretisch die Chancen, nichts Entscheidendes zu übersehen.

Die Wertediskussion nimmt schlussendlich eine zentrale Position ein. Der Verlust einiger traditioneller Werte muss an sich noch keine Katastrophe sein, zu viele «Werte» werden noch heute mit «Wahrheiten» gleichgesetzt. Wer solchermaßen über die Köpfe seiner Mitmenschen (in Politik, Wirtschaft, Religion, Gesellschaft) hinweg die Maßstäbe der Wertigkeit setzt, ist dem alten Irrtum erlegen, wissen zu meinen, was wahr sei. Dementsprechend sind Wertedeklarationen oft dogmatische. Werte hingegen, die unsere Gesellschaft und unser Umfeld (Erde, Klima) weiterhelfen, ohne überall Opfer zu hinterlassen, sind nachhaltige[26] Werte. Entscheidend für diese Gedankenarbeit ist eine natürliche Bescheidenheit.

---

26 «Nachhaltig» weniger im alten Sinn des Dudens (»sich auf längere Zeit stark auswirkend») gemeint, als vielmehr der erweiterten Definition entsprechend: ökonomisch, ökologisch, sozial verträglich – auch im Hinblick auf kommende Generationen.

Seit wir wissen, dass wir die Wirklichkeit um uns herum als «Simulation» dessen, was unser Bewusstsein zulässt, zu verstehen haben, sind wir vorsichtiger geworden. Es ist eine «Benutzer-Illusion», das müssen wir durchschauen, die wir täglich verarbeiten. Unser böser Nachbar, unsere schöne Nachbarin, hat je eine eigene. Das soll uns verblüffen, darf uns überraschen und muss uns bescheiden machen.

DAS ALTE «DENKGEBÄUDE» IST NICHT MEHR

Seit die Wissenschaft immer besser in der Lage ist, das arbeitende Gehirn bei der Lösung von Aufgaben zu beobachten, wächst die Vermutung, dass dort im «dynamischen Ensemble» unsere geistigen Funktionen entstehen und dass ein Großteil davon unbewusst abläuft. Es wird weder reflektiert, noch kontrolliert. *Denken ist bewusst* – nein, ist es nicht. Die Wissenschaft zeigt vielmehr: Der Rationalismus ist ein Mythos. Ein großer Teil unseres unbewussten Denkens bewerkstelligen wir mit bildlichen Übertragungen, wobei wir es zulassen, dass gewissermaßen «Machthaber auf leisen Sohlen in unser Gehirn gelangen.» Und obwohl solche Bilder, auch Metaphern, gebraucht und missbraucht werden, ist allein schon das Verstehen dieses Vorgangs überwältigend. Wir gehen bereits hier auf Distanz zum alten Denkgebäude des Dualismus, in dem immer nur zwei Ansichten – richtig oder falsch – wohnten. Der Mensch braucht jetzt mehr Platz zum Wohnen.

In Bildern zu denken macht den Hauptinhalt unserer Gedanken aus. Geist und Körper bilden eine Einheit und Gefühle «steuern» unser Handeln, auch das vermeintlich sehr rationale. Doch dabei gilt es, eine Warntafel zu beachten: Emotionen sind eine sehr persönliche Sache und das entlarvt «rationales» Verhalten als langlebiges Vorurteil. Es gibt keine Allgemeingültigkeiten, wie die Welt zu sehen ist. Diese Realität konstruieren wir selbst. Da die Gehirnstruktur plastisch ist, wird sie ein Leben lang umstrukturiert, unseren persönlichen Bedürfnissen, Fähigkeiten und Wahrnehmungen entsprechend.

Die Tatsache ist entscheidend, dass Erfolg und Versagen der Menschheit in hohem Maße davon abhängen, inwieweit sie sich dieses neue Denkgebäude zueigen macht. Ein Teil der Emotionen könnten evolutionär angelegt sein (Flucht, Rückzug, Aggression, Kampf), sie sind heute in unserer zivilisierten Welt vollkommen unangemessen. Wir sollten versuchen, solche Reaktionen zu vermeiden. Emotionen prägen also unsere Gefühle und beeinflussen unser Gedächtnis. Emotionale Ereignisse trüben unsere Gedächtnisleistung eher, als dass sie diese erhellen. Kampf, permanenter Kleinkrieg prägt die Politik weltweit. Doch jetzt decken die Wissenschaftler auf, dass der Mensch eher auf Kooperation denn Kampf konditioniert ist. Auch hier zeigt sich, dass der «Krieg als Vater aller Dinge» aus jener fernen Zeit, als physischer Kampf fast täglich über Leben und Tod entschied, dass auch diese Metapher aus dem alten, renovationsbedürftigen Denkgebäude stammt und entsorgt gehört. Wir sehen jetzt, dass wer immer – im Namen des Krieges (Krieg dem Terror), des Kampfes (Kampf der Überfremdung) oder gar des Todes (Tod den Ungläubigen) – zum Handeln aufruft, gedanklich im tiefsten Mittelalter stecken geblieben ist. Dass man nicht einfach die Gene dafür verantwortlich machen kann, auch das ist inzwischen bewiesen. Gene sind lernfähig.

Empathie als wichtige Schlüsselkompetenz ist für viele Menschen noch unbekanntes oder unvorstellbares Neuland des Denkens. Warum sollte ich fühlen können, was du fühlst? Oder warum ist die umgekehrte Vorstellung manchmal ungemütlich? Die Fortschritte der Erforschung der Spiegelneurone, das Wissen darüber, wie wir einander besser verstehen könnten, beides ist von zentraler Bedeutung. Auch hier wird klar: Die Resonanz der Spiegelneurone ist spontan und unbewusst. Und sie basiert auf dem individuellen neurologischen «Inventar» jedes Beobachters. Dass wir solches Neuland erforschen sollten, um dereinst eine Art globalen Bewusstseins zu entwickeln, kommt einer persönlichen Aufforderung gleich. Der Mensch ist nicht nur das kühl kalkulierende Wesen, auf das es viel zu lang reduziert wurde. Die Zeit für eine drastische Neuorientierung ist gekommen: Das menschliche Bewusstsein verändert sich immer dann grundsätzlich, wenn Energie- mit Kommunikationsrevolutionen einhergehen.

Wem Ausdrücke wie Empathie und Spiegelneurone etwas zu abstrakt tönen kann sich beruhigt fühlen durch die Worte des früheren Generaldirektors der UNESCO, Federico Mayor. Er umschrieb das alles mit anderen Worten etwa so: Die grundlegenden menschlichen Werte sind diejenigen, die Zusammenwirken und Beziehung untereinander ermöglichen. Dieses spannungsvolle Mitfühlen verkörpert sich in den Grundwerten der Solidarität, der Großzügigkeit, der Liebe.

Auch die neuen Erkenntnisse der Genforschung weisen in Richtung Ganzheit des Menschen. Große Gruppen von Genen sind für die Struktur unserer Nervenschaltkreise verantwortlich. Sie enthalten Erbanlagen, reagieren aber auch auf äußere Einflüsse. Vieles über unsere Persönlichkeit erscheint jetzt im neuen Licht. Die Fähigkeit, mit anderen Menschen kommunizieren zu können, liegt in diesem Netzwerk begründet. Wie wir unsere Seele verstehen, ist jedem einzelnen überlassen. Doch die Resultate der neuen Forschung gelten wohl für alle.

Kognitive Wissenschaft und Linguistik kombiniert das Wissen über unser Gehirn und das Sprachverständnis. In den USA arbeiten Dutzende von Instituten daran, die politischen Botschaften beider großen Parteien so zu konditionieren, dass sie einerseits «ankommen», andererseits fallweise auch verdecken, was der Absender tatsächlich damit bezweckt.

Am Anfang steht die Feststellung, dass natürlich auch Politiker nur «frei» innerhalb der bei ihnen angelegten Gehirnstruktur denken können. «Hier steh' ich und ich kann nicht anders», gilt also auch für die amerikanischen Präsidenten. Ob ihre Botschaften an die Nation erhört werden, hängt weitgehend von der zündenden Metapher ab, die gewählt wurde. Darin muss in einfachen Worten über «wahre Werte» gesprochen werden, die allen Bürgern «heilig» sind. Wer stattdessen differenziert über Programme spricht, bleibt weitgehend ungehört. Als Aufhänger erfolgreicher Botschaften dienen populäre Versprechungen, die für jeden Menschen «Erleichterungen» in Aussicht stellen. Wer dagegen an die Opferbereitschaft des Volkes appelliert, hat auch schon verloren.

Will ein Präsident seine wahren Absichten verschweigen (weil sie erschwerend statt erleichternd sind) benutzt er starke Schlagworte, die auch schon mal den wahren Kern seines Anliegens tarnen. So kommt es, dass Amerikaner immer wieder gegen ihre eigenen Interessen stimmen, ohne es überhaupt wahrzunehmen. Der virtuose Gebrauch starker Metaphern kann auf diese Weise einer politischen Partei zur Mehrheit verhelfen, ohne dass eine Mehrheit der Stimmberechtigten das wahre Vorhaben billigt. Dass in den USA leider immer noch das alte, dualistische Weltbild Republikaner gegen Demokraten die politische Debatte bestimmt, führt dazu, dass die eine Hälfte der Bürger konservativ (gegen Veränderungen des Status quo), die andere liberal (für zeitgemäße Neukonzepte) stimmt. Da die finanziellen Mittel der konservativen, prägenden Wirtschaftskreise fast unbegrenzt sind (Erdöl, Energie, Waffen), können diese unwillkommene Veränderungen immer wieder verhindern.

Die gleichen Muster gelten natürlich auch in anderen westlichen Demokratien, vielleicht etwas weniger reaktionär, sondern in subtilerer Ausprägung.

Der zweite mitbestimmende Faktor der US-Politik liegt im prägenden Muster, nach dem die Familien «funktionieren». Hier das konservative «Strenge Vater-Bild», dort das liberale «Fürsorgliche Familien-Muster». Vielleicht werden wir in der Zukunft erleben, dass auch diese strikte Trennung einer zeitgemäßeren Fassung Platz machen wird, in der beide und weitere Modelle integriert wären? In Europa jedenfalls ist dieser Schritt längst weitgehend vollzogen.

Ob konservativ oder liberal ist zumindest teilweise eine Sache der Veranlagung, unserer persönlichen neuronalen «Landschaft». Konservative halten nicht selten ein Leben lang am Altbewährten fest. Ein Grund dafür könnte sein, dass sie in jungen Jahren keine Gelegenheit hatten, neue Impulse zu verarbeiten. Denken wir aber daran, dass die persönliche Ansicht, vernünftig (vernunft- und willensgesteuert) zu handeln, auf brüchigem Eis steht – wir sind aus unserem Unterbewusstsein manipulierbar. Dieser kurze Rückblick auf den Gebrauch der Sprache im Fokus der kognitiven Wissenschaft bezweckt das Aufzeigen der alles entscheidenden Wichtigkeit der gewählten Kommunikationsart. Stimmige Bilder und wahre Werte müssen in den Köpfen des Publikums entstehen, damit Zustimmung zum Gesehenen und Gehörten geradezu provoziert wird. Rhetorische Brillanz ist lernbar wie Schwimmen oder Klettern am Berg.

Bevor wir uns dem neuen Denkgebäude zuwenden, sei nochmals die Warnung in Erinnerung gerufen, Überraschungen einzuplanen, Trends nicht voreilig zu interpretieren. Trends sind eines der faszinierendsten Phänomene menschlicher Gesellschaften. Große Institute produzieren Vorhersagen für ihre Auftraggeber aufgrund von Trends. Politiker versuchen, in die Zukunft zu sehen anhand von Trends. Die Trendforschung ist ein lukratives Geschäft, vor allem für die Forschenden. Trends verlaufen für diese meist linear. Trendforschung ist ja eine Zahlen-«Wissenschaft» – je mehr Zahlen, desto genauer?

Natürlich nicht. Trends haben die ungemütliche Eigenschaft, am Tag X völlig überraschend zu kippen. Plötzlich – die Experten sagen ohne Vorwarnung – geht es in die andere Richtung. Wer Trends statt als Geraden als Wellenbewegungen versteht, kommt der Sache schon näher. Unwahrscheinliche Ereignisse haben bei den mathematischen Modellen zu oft einen kleinen, ja gar keinen Stellenwert. Ein Ereignis, das den Statistikern nicht passt, wird als unwahrscheinlich und deshalb vernachlässigbar eingestuft. Doch die

Unprognostizierbarkeit des Lebens erzählt eine ganz andere Geschichte. Wir tun deshalb wohl gut daran, Voraussagen zu misstrauen. Der Herdentrieb ist nicht nachhaltig. Vielleicht sollten wir dazu übergehen, statt aus der Vergangenheit aus der Zukunft Wissen zu generieren? Mit der bewährten Szenario-Technik. Zumindest würden wir dabei die Unsicherheit dieser Prognosen erkennen, weil wir nicht von «logischen» mathematischen Ursache-Wirkung Begründungen benebelt wären.

Auch das neue Denkgebäude entsteht aus Szenarien, die möglich erscheinen und die eines Tages so selbstverständlich sein dürften, dass man ins Staunen gerät, warum sie nicht früher gedankliches Allgemeingut wurden. Könnte es sein, dass das Neue ebenso unprognostizierbar erscheint, wie die großen Überraschungen – und uns deshalb bisher als unwahrscheinlich vernachlässigt wurde? Es ist nie zu spät umzudenken.

SZENARIEN DES NEUEN

So wie in der Architektur Pläne erstellt, verfeinert, verworfen und schließlich für gut befunden werden, können wir mit möglichen Szenarien nach optimalen Strukturen für ein zukünftiges Gedankengebäude suchen. Im kleinen Kreis große Gedankensprünge wagen, diskutieren, zögern, kommentieren, Thesen verfeinern und vertreten, Bilder in den Köpfen der Involvierten entstehen lassen. Während Architekten sich mit den behördlichen Vorschriften herumschlagen – sie zu integrieren haben –, gilt für unser Projekt der Wertekodex, der ausdrücklich bekannt, oft aber auch etwas in Vergessenheit geraten ist. Um zu vermeiden, dass wir «illegale» Bauten erstellen, gilt für uns die Herausforderung, solche überdauernden Werte aufzulisten und entsprechend zu planen. Besonders wichtige Fähigkeiten sollten wir «üben», speziell schädliche Erscheinungen sollten wir daher bewusster als solche isolieren. Mit zwei Beispielen soll hier gezeigt werden, wie einerseits der Verlust der alten Werte, andererseits die Verherrlichung alter Zustände – wie beides die kreative Szenario-Arbeit beeinträchtigt. Wir sollten da auf der Hut sein und gezielt vorbeugen. Wir können enorm von der Durchsicht zu alten Zeugen der Vergangenheit profitieren. Das Festklammern an verkalkten (Vor-)Urteilen jedoch trübt die klare Sicht aufs Morgen.

Vermutlich trifft die Feststellung zu, dass wir im Westen eine fortschreitende Gleichgültigkeit gegenüber Jahrtausende alten Werten entwickelt haben, der auf der anderen Seite eine wachsende Aufmerksamkeit für Tagesbanalitäten gegenüber steht. Unsere Aufmerksamkeit ist beschränkt, der laute Medienlärm übertönt fast automatisch die leisen, alten Weisheiten, obwohl diese zweifellos langlebiger sind. Es ist, als befänden wir uns in einem Zug, der mit voller Geschwindigkeit durch die Gegend rast und über den der Zugführer die Kontrolle verloren hat. «Ich weiss nicht, wohin wir fahren, aber hinfahren tun wir mit Sicherheit» zitiert Constantin von Barloewen einen Politiker. War das nun ironisch gemeint oder eher tragisch erduldet? Jedenfalls können wir das – ausschließlich für uns selbst – ändern, jederzeit. Unsere Traditionen, unser über Jahrtausende gesammeltes historisches Wissen, unsere Vorfahren wirken in uns nach – sind vergleichbar mit berühmten Klosterbibliotheken: Tausende von Büchern erzählen davon. In diesem Fundus liegt eine andere Substanz, als in der schrillen Tagesaktualität, die zudem morgen schon vergessen ist. Natürlich wollen wir modern sein, jederzeit gut unterrichtet, auch über die letzten Resultate der Wissenschaft. In uns wirken jedoch – unbewusst – die alten Kräfte, Reaktionen und über Generationen angeeignete *Skills*; warum lassen wir es zu, dass sie als unmodern zugeschüttet werden? Glücklicherweise ändern Modeströmungen ab und zu. Vielleicht nehmen sich gerade jetzt einige Leserinnen und Leser vor, da für ihr persönliches Leben etwas zu ändern?

Es mag erstaunen, beim Thema Szenarien des Neuen ausgerechnet mit den alten Werten zu beginnen. Doch auch in der Architektur gelten die alten, gewaltigen Bauwerke als Zeugen großer Epochen und Kunst. Man baut noch heute darauf auf. Die wichtigsten Architekten hegen die größte Bewunderung für die Werke ihrer beruflichen Vorfahren. Und trotzdem entwerfen sie mit ihrer Arbeit eine neue Welt.

Das Neue wird momentan zunehmend gefährdet durch einen wieder aufblühenden Fundamentalismus, nicht nur im Westen, aber auch. Hängt die Weigerung der Anerkennung des Fremden gar zusammen mit dem Verlust des Wissens über die eigene Geschichte des Landes, der Vorväter und -mütter, deren Gewohnheiten und Alltagsaktivitäten? Ging da vergessen, dass noch vor 200 Jahren die Besten und Bravsten auszuwandern hatten – ins Land der unbegrenzten Möglichkeiten – mangels Arbeit, Nahrung, Zukunftsperspektiven? Jetzt werden wir eingeholt von der Globalisierung, die Furcht vor dem Fremden steigt im Verhältnis zum Dahinschmelzen der Distanzen, das Fremde, um das wir uns nie zu kümmern brauchten, ist im Vorzimmer unserer nationalen Grenzen angelangt. Da macht sich da und dort ein reaktives Gefühl der Überlegenheit breit, Wortführer, deren Namen von Land zu Land verschieden, aber bestens bekannt sind, spielen sich als Retter der eigenen Nation auf. Sie versprechen ihren Wählern Freiheit und Sicherheit und ihr Wissen ist so beschränkt, dass sie längst vergessen haben, dass damals auch in ihrer eigenen Heimat Tausende von Menschen nicht leben konnten ohne zweitausend Kalorien täglich zu essen, ein Dach über dem Kopf und Arbeit zu haben.

Der Fundamentalismus verschließt die Aussicht aus dem Fenster in die Zukunft. Nicht ganz unerwartet sind es auch die religiösen Fundamentalisten, die den Zugang zum Neuen verbarrikadieren und verteidigen. Statt Erfahrungen ihrer Vorfahren als Fundament für Neuerkenntnisse zu implementieren, kehren sie auf dem Weg ins nächste Jahrhundert unvermittelt um und drängeln in die Vergangenheit. Sie wissen, was wahr ist, sie kennen den Sinn jedes Zeichens, sie haben ihre Vorurteile zur persönlichen «Bibeln» uminterpretiert. Für sie ist die Welt erkannt wie bekannt. Sie sind die «Auserwählten». Wie wir schon gelesen haben (Kapitel 4) sind sie in den USA daran beteiligt, das Rad der Zeit zurückzudrehen und damit eine konstruktive Politik zu bremsen. Die gleichen Kräfte verhelfen ihren Mitstreitern in Israel dazu, sich vor der Weltöffentlichkeit zu gebärden, als befänden sie sich allein auf dieser Welt. Doch längst wissen wir, dass – wo immer ein absoluter Wert behauptet wird – der große Rest der Wertigkeit, die verbleibenden 95 oder mehr Prozent – ausgeblendet, ignoriert werden. Damit kommen wir auf unserem Weg nicht weiter. Wie hat Yehudi Menuhin[27] einst gesagt: «Die Herrschenden bedienen sich des Fundamentalismus zur Manipulierung der Massen, um sie in eine bestimmt Richtung oder in die Irre zu führen» (zitiert nach Barloewen). Nicht nur die Herrschenden, ist man versucht, zu ergänzen.

Es gibt vielleicht auch noch ein weiteres Hemmnis auf diesem Weg, sozusagen Fundamentalismus *light*. Wir alle kennen es. Jene Eiferer, die versuchen, ihren Mitmenschen hartnäckig oder penetrant ihre eigene Meinung aufzunötigen. Es gibt da eine subtile Form von Gewalt. Vor allem in der Politik zeigt sich das – wie sonst kämen Politiker dazu, davon auszugehen, sie – und nur sie – hätten das Wissen und die Weisheit zur Lösung aller Probleme? Da gelten oft die gleichen Wertungen wie im letzten Absatz beschrieben, das Ausgeblendete mag etwas tiefer liegen.

Um nochmals Menuhin zu zitieren: «Der Fanatiker oder Fundamentalist kann sich immer nur auf eine Idee einlassen. Er glaubt, es gäbe immer nur einen geraden und richtigen Weg, nämlich seinen eigenen...» (ebd.).

Der religiös motivierte, auch jede andere Art von Fundamentalismus ist gefährlich. Wir sollten das nicht bagatellisieren. Umso mehr gilt es zu vermeiden, sich selbst vom getarnten Nichtwissen

---

[27] Yehudi Menuhin (1916–1999): Berühmter Geiger, Dirigent und Humanist, Sohn jüdisch-russischer Eltern.

anstecken oder nur beeinflussen zu lassen.

Diese Einsichten sind Bestandteil der Wegzehrung, unterwegs ins nächste Jahrhundert. Wir können, auch das haben wir im letzten Kapitel aus der Forschung vernommen, täglich genutzte Verhaltensweisen laufend ausbauen. Unser Gehirn, auch in einem gewissen Sinne unsere Gene, sind flexibel genug, ethisch wünschbare Kompetenzen immer weiter auszubilden.

DAS NEUE «DENKGEBÄUDE» IM ROHBAU

Zu Beginn dieses Buches war davon die Rede, wie Ursprung und Gegenwart als Ganzheit in uns wirken, eine Prägung Jahrtausende alter menschlicher Geschichte. Diese haben wir gegliedert in die archaische, die magisch/mythische und die mentale Struktur, letztere «unsere» Zeit umfassend. Sie begann vor rund 2500 Jahren im alten Griechenland und die These wird hier verfolgt, dass sie ihrerseits in der Gegenwart durch eine weitere, die integrale Bewusstseins-Struktur abgelöst wird. Diese als Mutation bezeichnete Intensivierung des menschlichen Verstehens dauert Jahrhunderte – wir stehen mitten drin. Denn diese Umlagerung oder Entfaltung «passiert» nicht von heute auf morgen, sondern im Laufe sich überlappender Zeitperioden. «Mutationen sind immer dann aufgetreten, wenn die herrschende Bewusstseinsstruktur zur Weltbewältigung nicht mehr ausreichte», schrieb der Schweizer Kulturphilosoph Jean Gebser[28] um die Mitte des vorigen Jahrhunderts. Und er spürte, dass eine weit verbreitete Verunsicherung, ja Angst in der Gesellschaft diesen Wandel anzeige. «Angst entsteht immer dort, wo aus der Erschöpfung einer Haltung deren Ausweglosigkeit bewusst oder unbewusst evident wird» (Jean Gebser).

In seinem monumentalen (1000 Seiten umfassenden) Hauptwerk

---

[28] Jean Gebser: Ursprung und Gegenwart (Deutscher Taschenbuch Verlag,1973, 3 Bände).

breitet Gebser seine Theorie der Überwindung des zerstörerischen Dualismus unserer Zeit aus, die darin münden wird, die größere und entscheidende Wirklichkeit des Ganzen zu wahren. Mit Überwindung meint er nicht die Abschaffung des Mentalen, dieser Basis-Vorstellung, sondern es geht ihm darum, ihren Ausschließlichkeitsanspruch zu überwinden. Im Übrigen ortet er in unserem defizient[29] gewordenen Zeitalter einen Verlust an Weltvertrauen und eine Zunahme der individuellen Isolation des Menschen. In seinem «Dialog mit der Welt» entwirft er die Manifestationen der zukünftigen Welt als Vorzeichen einer entscheidenden Denkwende in der Gegenwart. Das sektorielle Ichbewusstsein, das den Menschen im Laufe der letzten Jahrhunderte auf gefährliche Irrwege geleitet hat, sollte durch ein ganzheitliches Bewusstsein abgelöst werden. Damit greift Gebser seiner Zeit um über 60 Jahre voraus. Denn jetzt wird – wovon er keine Ahnung haben konnte – seine These durch die Erkenntnisse der Neurowissenschaften bestätigt: Gehirnfunktionen, Nerven, Gene, Verhaltensweisen, Emotionen und Ratio, alles funktioniert als unendlich subtiles Netzwerk, das Luz Jäncke als integrative Gesamtleistung des Gehirns beschreibt. «Die Neuropsychologie ist eine Disziplin mit kurzer Geschichte und langer Vergangenheit: Seit Jahrhunderten versucht der Mensch, Geistiges im Körper zu verorten. Doch erst in jüngster Zeit gewann er tiefe Einblicke in sein Denkorgan» (Jäncke). Und während Gebser noch beklagte, dass sich die Wissenschaftler abgeschottet in ihren Käfigen bewegten und kein Interessen an disziplinenübergreifender Zusammenarbeit erkennen ließen, plädieren heute die führenden Neurowissenschaftler genau für dieses: Kooperation, statt Konkurrenz zwischen den einzelnen Forschungsgebieten.

Das Zusammenführen der philosophischen Theorie Gebsers mit dem letzten Wissen der Gehirnforschung ist ein spannendes Unterfangen. Hier ist die gewaltige Denkarbeit des Kulturphilosophen,

---

29 «defizient»: unvollständig, unzulänglich, wohl auch «nicht mehr effizient.»

der überzeugt davon war, dass die Menschheit einige wichtige Grundregeln neu formulieren muss, dort sind die Wissenschaftler, die – jeder in seiner Disziplin – von Jahr zu Jahr neues Wissen aufbereiten, und uns so immer besser *verstehen* lassen, wie der Mensch denkt. Anders als bisher angenommen. Auch diese Kreise kommen zum Schluss, dass wir wesentliche (Vor-)Urteile darüber ändern müssen.

Gerade wenn für viele Leserinnen und Leser Gebsers Theorien neu sind, ist das Nachdenken darüber äußerst lohnenswert. Wer in diesen Tagen spürt, dass «etwas» nicht mehr stimmt im Denkgebäude der Menschheit – dass die aktuellen Lösungsbemühungen politischer, wirtschaftlicher und gesellschaftlicher Krisenherde nicht weiter führen – für den sind die Vorschläge Gebsers zumindest erstaunlich. Grundlegend für die Beurteilung der gegenwärtigen Stagnation lesen wir da: «mit solcher Heftigkeit diskutiert man nur, was als ungelöstes Problem unter den Nägeln brennt. Die heutige Situation zeigt einerseits einen ins Extrem gesteigerten Individualismus rein egozentrischen Charakters, der alles haben will, andererseits einen ins Extrem gesteigerten Kollektivismus vermassenden Charakters, der alles zu sein sich anmaßt; hier herrscht eine vollständige Geringschätzung des Individuums, das nicht einmal mehr als Nummer bewertet wird, dort eine Überbewertung des Individuums, dem alles gestattet wird, dessen es irgend fähig ist. Diese defiziente (also destruktiv sich auswirkende) duale Aufspaltung trennt nicht nur (etwa politisch oder ideologisch) die Welt in zwei einander bekämpfende Lager, sondern ist heute durchgängig in jedem Lager nachweisbar. Es ist anzunehmen, dass auf die Dauer keine der beiden Ideologien siegen kann, da beide ihren äußersten Extremen zustreben; alles aber, was ins Extrem führt, führt von der Mitte und vom Kern fort und geht eines Tages im Äußersten unter: die Distanz zwischen Mitte und Extrem ist zu groß geworden, so dass das verbindende Bank reißt. Und es scheint, als sei es bereits gerissen, denn es wird immer deutlicher, dass das Individuum in die

Isolation hinausgetrieben wird und das Kollektiv in die Vermassung hinein sinkt» (Gebser). Wem es gelang, dieses Zitat in einem Atemzug zu lesen – Kompliment! Doch unabhängig vom Schreibstil: Wem kommt beim Lesen jetzt nicht die weiter vorn geschilderte politische Situation in den USA in den Sinn, die unversöhnlich verfeindeten politischen Parteien, wer denkt nicht an das Auseinanderdriften der Entlöhnung zwischen Topmanagement und den Tausenden von Angestellten in tieferen Chargen oder wer kann die Augen davor verschließen, wie unser auf die Spitze getriebener Egoismus und Hedonismus hier, die anonyme Massenbewirtschaftung (TV-Programme als Beispiel) dort, in der Gesellschaft einen schalen Nachgeschmack zurück lässt.

Gebser sieht Anzeichen für eine neue geistige Haltung in der «Transparenz», im Durchsichtigmachen der Vorgänge, des ganzen Menschen. Was anderes passiert denn gegenwärtig in den Instituten der Neurowissenschaften, wenn mittels ständiger Verfeinerung der bildgebenden Verfahren (funktionelle Magnetresonanztomographie) sichtbar wird, was bisher verborgen war? Der Mensch als Ganzes. «Es ist wohl offensichtlich geworden, dass die Aufzeigung der uns konstituierenden Strukturen nicht nur eine theoretische, sondern auch eine praktische Handhabe zur Klärung unseres eigenen Lebens sein kann. (…) Wenden wir diese Erkenntnisse direkt auf uns und andere an, so werden wir manche Handlungen und Reaktionen besser verstehen, weil wir ihrer Wurzeln ansichtig werden» (Gebser). Das heißt doch nichts anderes, als dass wir den unbefriedigenden Ereignissen oder den unhaltbaren Auftritten von *Leadern* nicht mehr wehrlos gegenüber stehen und auch wenn wir im Moment nichts persönlich dagegen unternehmen können, so doch immerhin soviel, dass wir selbst diesen Phänomenen nicht verfallen. Wir könne sie quasi aus Distanz betrachten, wir wissen, dass der Missbrauch von Macht längerfristig keine Kraft, sondern Ohnmacht produziert.

Bei der Untersuchung der schadhaften Stellen unserer – noch –

gültigen Verhaltensmuster diagnostiziert Gebser ein weiteres Kriterium. Durch die extreme Materialisierung der letzten Zeit hat sich auch jenes dualistische Denken breit gemacht, das in der Welt nur zwei gegensätzliche und unversöhnliche Komponenten anerkennt: Als gültig die messbaren, beweisbaren Dinge, die rationalen Gewohnheiten der Wissenschaft, als ungültig die nicht messbaren Phänomene, die irrationalen Un-Gegebenheiten. Auch hier erinnern wir uns des weiter vorn beschriebenen «Irrtums Descartes», dem der Neurologe Damasio auf der Spur ist. Die Trennung von Verstand und Gefühl ist nicht haltbar, ohne Gefühle ist kein vernünftiges Handeln möglich, Geist und Körper bilden eine enge Einheit. Ist es nicht eindrücklich, wie mit 50 Jahren Verspätung Neurologen bestätigen, was der Philosoph geahnt hat?

Gebser war der Meinung, unsere Zukunft, deren integrale Struktur, lasse sich zum Teil – als neues Phänomen – auch nur mit neuen Worten beschreiben. Ein solcher Ansatz ist besonders einleuchtend, wenn es um das Gegensatzpaar rational / irrational geht. Neben diesen alten, viel diskutierten Begriffen etabliert er neu «arational» – ein Wort, das mittlerweile im angelsächsischen Raum zum Wortstandard gehört. Damit ist unterstrichen, dass etwas, was nicht als rational bezeichnet werden kann, keinesfalls immer irrational sein muss. Wir sollten nicht dem Fehler verfallen, alles, was nicht messbar ist, mit irrational zu verwechseln. Der Verzicht auf die Messbarkeit hat nichts mit Maßlosigkeit zu tun.

Der Einbruch der Zeit ist ein weiteres Anzeichen für eine «Mutation» im menschlichen Verstehen. Nach der dritten, etabliert Gebser gedanklich die vierte Dimension, jene der Zeitfreiheit. Gemeint ist die Zeit als nicht messbare Form (wenigstens für Laien nicht, anders als für Einstein) und wir stehen jetzt einigermaßen perplex vor dem Phänomen der Gleichzeitigkeit des Internets, der «Zeitverlust» ist auf Null gesunken und nicht mehr messbar. «Unsere Aufgabe scheint jetzt zu sein, die Zeit aus ihrer rationalen Vergewaltigung zu befreien» (Gebser). Gemeint ist damit die vorherrschende Zeitangst unserer Epoche, unser Zeitproblem, moderner ausgedrückt und deshalb vielleicht verständlicher: Wir stehen permanent unter Stress und wie Gebser es formuliert «müssen wir einsehen, dass auch die Zeitangst eine Projektion ist». Noch einmal treffen wir auf eine Situation, die philosophisch vor-formuliert, von der Wissenschaft nach-bewiesen ist: Unser Verständnis des Umfelds ist eine individuelle Projektion.

Dieser kulturphilosophische Exkurs ins 20. Jahrhundert und der nun folgende philosophische Rückblick ins sechste vorchristliche Jahrhundert sollen relativieren. Vieles ist zwar nicht neu – aber gerade deshalb sind neue bahnbrechende Entdeckungen so wichtig. Neues Denkvermögen basiert immer auf den alten Strukturen, je besser diese integriert sind, desto lohnenswerter wird dieses «Handwerk».

DIOGENES, DER BELLENDE HUND
PHILOSOPHISCHER ZWISCHENHALT V

«Die mir geben, umwedle ich; die mir nichts geben, belle ich an; die Bösen beiße ich» (zitiert nach Luciano De Crescenzo). So oder ähnlich soll Diogenes von Sinope (~400–325 v. Chr.)[30] auf die Frage eines spöttischen Mitmenschen geantwortet haben, der ihn als Hund bezeichnet und ihn gefragt hatte, wie er die Bezeichnung Hund verstünde. Damit die Menschen zu Vernunft und Erkenntnis gelangen könnten, soll er sich mit den Worten «Die anderen Hunde beißen ihre Feinde, ich aber meine Freunde, um sie zu retten», in Szene gesetzt haben. Ob Diogenes tatsächlich in einer Tonne (seinem «Denkgebäude») gelebt hat, wofür er bis heute allgemein bekannt ist, bleibt etwas umstritten, wenn nicht, wäre es sehr passend erfunden worden von seinen Anhängern – oder Gegnern. Auch die wohl berühmteste Geschichte des Diogenes gehört in diese Kategorie. Als Alexander der Große, Diogenes-Besucher, ihn einst gefragt haben soll, was er sich von ihm wünsche und ihm gar versichert hatte, jeden Wunsch zu erfüllen, soll Diogenes geantwortet haben: «Geh mir aus der Sonne!» Worauf Alexander, der Weltbeherrscher, gemeint haben soll: «Wenn ich nicht Alexander wäre, so möchte ich Diogenes sein.»

Die Schule des Kynismus zeichnete sich aus durch radikale Missachtung aller Kultur und Sitten, was auch schon mal in Schamlosigkeit ausarten konnte. Die extreme Bedürfnislosigkeit als wichtiges Element hat unsere Kultur- und Philosophielandschaft mitgeprägt. Wohl weniger diese Bedürfnislosigkeit hat überlebt, als die Art und Weise, wie sich ein Diogenes mit giftigem Humor und freimütigem Spott kritisch zur Zivilisation äußerte. Es würde ihm sicherlich

---

30 Diogenes von Sinope (~412–323 v. Chr.): Griechischer Philosoph, steigerte den Begriff der sokratischen Selbstgenügsamkeit zur inneren Askese, die äußerste Bedürfnislosigkeit zur Pflicht machte (Kyniker).

höchste Lust bereiten, etwa unsere heutigen Dogmen, Doktrinen, Konventionen oder die fraglos hingenommene Bevormundung auf ihren (Un-)Sinn abzuklopfen. Und er könnte stolz sein auf das Nachhallen seiner Lehre – nach 2500 Jahren. Was er damals als Alternativen aufgezeigt hatte (und wofür auch heute viele unbequeme Denker diskreditiert werden), vieles ist in veränderter Form heute relevant: Bei den Grünen, den Ökologen, aber auch den Konsumkritikern, Staatsverdrossenen und Kirchenflüchtigen. Die Blumenkinder der Hippiezeit allerdings, das fröhliche Völklein, das es Diogenes wohl angetan hätte, hat in dieser Form keinen Bestand gehabt. Anderes wiederum, etwa die frei gelebte Homosexualität, ist dafür omnipräsent. Und auch das polarisiert bis heute.

Dass dieser Mensch seinen Lebensaufwand drastisch auf ein absolutes Minimum reduzierte, nur ein Kleid besaß und seinen Lebensunterhalt erbettelte, ist wohl wahrheitsgetreu überliefert; auch dass er in Korinth zwar allein in seinem Fass, aber öffentlich zugänglich – mitten im Volk – lebte. Zynische Reden und verächtliche Kritik an «denen da oben» etwa in der Politik – die Aktualität jenes Gedankenguts hat zweifellos nur in Teilen überlebt, jedenfalls ist nicht bekannt, dass die wichtigsten Männer unserer Zeit, die in unseren Tagen durch solche Dauerkritik auffallen, mittellos leben. Dass sie hingegen für Aufsehen sorgen und da und dort anecken, daran ist nicht zu zweifeln. Auch dass sie polarisieren, dass sie von den einen idealisiert, ja verherrlicht und von den anderen verachtet werden, hat überlebt.

Bei den Kynikern ging es vorab um die Suche nach dem Glück. Der einzelne Mensch fände dieses am ehesten, indem er seine innere, gesellschaftliche und wirtschaftliche Unabhängigkeit bewahre. Dies gelänge durch Tugend, den einzigen wahren Wert. Wer nichts besitzt, kann nicht enttäuscht werden, weil er nichts zu verlieren hat, könnten wir heute sagen. Die größten Hindernisse auf diesem Weg seien Begierde, Angst und Unwissenheit. Natürlich hat auch Diogenes nicht zufällig Einzug in diesem Buch gehalten, das wird spätestens jetzt ersichtlich. Zu jener Zeit (nach dem Peloponnesischen Krieg) erlitt die Polis eine schwere Krise, die sich vor allem im Elend der Bevölkerung äußerte. Aus dieser Enttäuschung über die Gesellschaft und die alte, noch bestehende Ordnung – von der sie ahnten, dass sie zum Untergang geweiht sei – versuchten die Kyniker durch Provokation die Welt noch rechtzeitig zu verändern, ihre Mitmenschen zum Nachdenken über die Zukunft anzuregen.

Da liegt der aktuelle Wert jener Botschaften, der oft grobschlächtigen (heute würde man sagen, zu radikalen) Ratschläge: Die Kyniker sahen früher als andere, dass sich die alte, bestehende Ordnung überlebt hatte. Diese war von allen Seiten unter Druck geraten. Allerdings war das kynische Bestreben, die Menschen noch rechtzeitig zu ändern um das drohende Ungemach abwenden zu können, wenig erfolgreich. So sind sie eben, die Menschen! Diogenes soll bei Tag eine Laterne angezündet haben und den verwunderten Passanten erklärt haben: «Ich suche einen Menschen.»

Heute sind «Open-air-Demonstrationen» oft von sinnloser Zerstörungswut oder leeren Parolen-Schreiern begleitet. Dabei wäre jene Mischung aus ernstem Anliegen und witziger Provokation durchaus sinnvoller. Wer uns zum Lachen bringt, dessen Botschaften fallen auf guten Boden, auch wenn er sich schon mal in der Wortwahl vergreifen würde. Schon bei Sokrates haben wir den Philosophen kennen gelernt, der auf der Suche eines Menschen war, der nicht bloß seiner Einbildung von Wissen verfallen, sondern in Wahrheit wissend war. Wenn also Diogenes' Kritiker seinerzeit lachten und meinten, der mit der Laterne am helllichten Tag einen Menschen suche, wäre wohl endgültig übergeschnappt, müssten wohl nachträglich erschrocken sein. Sie hätten sich vielleicht zuhause im stillen Kämmerlein gefragt, worin denn die Botschaft dieses Ulks hätte liegen können. Falls sie dann begriffen hätten, dass auch sie – jeder einzelne von ihnen – in den Augen des Laternenträgers kein Mensch gewesen wäre.

Kynismus verkörperte aber auch eine Art opportunistischer Haltung zum Leben: Mit beiden Händen nehmen, wenn es etwas zu nehmen gab, im Übrigen das Leben genießen und die Launen des Schicksals mit einem Achselzucken anzunehmen. Zynismus heute ist ein weit verbreitetes Phänomen und bezieht sich auch auf eine spezifische Kategorie von Berufsleuten (Angestellte, nicht Freiberufliche oder Unternehmer), die mit jährlichen zweistelligen Millionenbezügen ihre doch sehr eigenartige Philosophie der Tugend – den einzig echten Wert – zu rechtfertigen und verteidigen suchen. Diese Haltung ist zynisch im abwertenden, modernen Sinn. Dass Menschen, die krank oder arm sind, oft auf solche Missstände zynisch reagieren, wäre ja noch nachvollziehbar. Auch, dass eine gewisse Orientierungslosigkeit Menschen zu zynischen Reaktionen verleitet, wäre noch verständlich. Dass aber Menschen ihren Egoismus – auf missbrauchter Macht beruhend – mit Zynismus koppeln, dafür gibt es bei den antiken Philosophen keine Vorbilder. Wenn aber der Zyniker der Gegenwart schon den Glauben an das, was er tut und sagt verloren oder nie besessen hat, stellt sich dringend die Frage, wie es kommen konnte, dass einer den Glauben an das, was er tut, verlieren konnte. Peter Sloterdijk meinte dazu: «In der Wurstigkeit gegen alle Probleme liegt die letzte Hoffnung davon, wie es wäre, ihnen gewachsen zu sein» (Sloterdijk 1).

6 Die gesellschaftlichen «System-Fehler»
Missverständnisse

UNFREIER «FREIER MARKT»

Wir können momentan viel Gegenwärtiges besser verstehen, als noch vor zehn oder mehr Jahren. Nicht alles, was bisher hier vertieft wurde, passt in jedes Weltbild. Doch je mehr bei Menschen das Wissen über neurobiologische Zusammenhänge wächst, umso offensichtlicher treten die Fehlleistungen unserer Gegenwart zu Tage. Deshalb setzen wir zusammen die Reise fort und halten vorerst kurz bei besonders eklatanten «System-Fehlern» unserer Zeit. Die Stationen heißen «Freier Markt», Finanzbranche, Wirtschaft+Politik (Lobbying – fehlende Transparenz), Politik (Dualismus), Zivilgesellschaft. Beim Lesen dieser Zeilen wollen wir uns immer vor Augen halten, dass System-Fehler gravierende Auswirkungen haben, dass sie zwar von vielen aufmerksamen Menschen erkannt werden, dass sie gleichzeitig von einer kleinen – von diesen Fehlern profitierenden – Minderheit virtuos vertuscht und vehement verteidigt werden.

1979 wurde Margaret Thatcher, die «Eiserne Lady» britische Premierministerin. Dieses Datum markiert den Beginn einer auf viele Länder überschwappenden Phase des Neoliberalismus, die gleichzeitig Ronald Reagan als Präsident der USA in seinem Land vorantrieb. Es begann eine einmalige Deregulierungszeit[31], gekop-

---

31 Deregulierungszeit: Phase der Privatisierung bisher staatlicher Aufgabenbereiche.

pelt mit einem Steuersenkungsprogramm für hohe Einkommen. Der Staat wurde zugunsten des privaten Marktes zurückgedrängt, wichtiges Steuersubstrat zur Erfüllung öffentlicher Aufgaben ging ihm verloren. 25–30 Jahre später wurden die Folgen dieser zuerst begrüßten Entwicklung spürbar. Wie immer, wenn das Pendel zu weit zurück schlägt, kippt der ursprünglich bekämpfte Missstand ins Gegenteil – ebenso extrem und unglücklich. Warum dies so ist wird weiter hinten in diesem Kapitel erklärt. Vorerst stehen wir vor den Verwerfungen einer falsch verstandenen freien Marktwirtschaft.

Was ist falsch gelaufen? Dachten wir doch alle (ehrlicherweise: nicht ganz alle), dass mehr Wettbewerb und Gewinnmaximierung automatisch mehr Wohlstand für alle brächten. Mittlerweile ist eine verbreitete Katerstimmung unübersehbar. Ein System ist pervertiert, die anfängliche Marktgläubigkeit ist verflogen. Zu offensichtlich hat die Überhöhung der rationalen Marktlogik zum verheißungsvollen Prinzip des guten Lebens versagt. Die Markt wirtschaft als ökonomisches Prinzip ist zweifellos nach wie vor unschlagbar. Vor allem, wenn die Konzernspitze langfristig und ganzheitlich denkt und vom Ziel geleitet ist, gemeinsam Werte zu schaffen. Versagt haben Menschen, denen Wirtschaftsethik nicht rational genug schien, um (verstanden und) zur Kenntnis genommen zu werden. Zu deutsch: Was der Volksmund Gier nennt, nennen diese Ökonomen heute noch Rationalität. Der Ökonomismus[32] als Ganzes, die «unsichtbare Hand» des Marktes hat sich vielmehr in seinen Auswüchsen zu Beginn des neuen Jahrtausends als irrationales Unterfangen erwiesen. «Er ist noch vormodernem Denken verhaftet und hat noch nicht wirklich die Aufklärung durchlaufen» (Ulrich Thielemann). Besonders enttäuscht darüber äußert sich auch Heiner Geißler, Politiker, Philosoph und Jurist, der sich im Alter von 80 Jahren vehement für die Humanisierung des Globalisierungsprozes-

---

32 Ökonomismus: Marktgläubigkeit.

ses einsetzt. «Die Menschen sind Opfer einer Shareholder-Value-Ökonomie, die keine Werte kennt jenseits von Angebot und Nachfrage, die Spekulanten begünstigt und langfristige Investitionen behindert» (Heiner Geißler).

Pikanterweise hat sich gleichzeitig das Selbstbildnis vieler Global Players auf ihren Unternehmenswebsites in die Gegenrichtung bewegt: Da ist viel von «Unserer Verantwortung in der Gesellschaft», auch von «Nachhaltigkeit in allen Bereichen» die Rede. Leserinnen und Leser haben verstanden. In Tat und Wahrheit führt die unbändige Devise nach Wachstum, immer mehr Wachstum, dazu, dass – mit einer offen zur Schau getragenen Maßlosigkeit (oder Skrupellosigkeit?) – das Kapital diktiert, wo tiefere Kosten erwirtschaftet werden können (weltweit) und bei jeder Produktionsverlagerung ein Heer von Arbeitslosen zurückbleibt.

Vielleicht erinnern wir uns jetzt des Abschnitts über die Gene im 3. Kapitel? Dass der Mensch für Kooperation statt Kampf geschaffen ist? Zu viele Exponenten der Wirtschaft haben die Dimension der Fairness aus ihrem Business-Plan gestrichen. Ihr Geschäftsmodell verkennt, dass wir Menschen immer schon interagieren, zusammenleben und zusammenarbeiten wollen. Der Mensch ist auf Zusammenarbeit und Interaktion existentiell angewiesen, sowohl in der Entwicklung und Erhaltung seiner personalen Identität als auch ökonomisch-existentiell. Jetzt, im Moment, da von den führenden Forschungsinstituten diese Botschaft kommt, sie sozusagen wissenschaftlich verankert wird – ob es da und dort einem dieser großen Leaders dämmert? Es ist wohl noch zu früh dafür. Noch immer wird leiser oder lauter Kritik dadurch begegnet, dass man den Kritikern «Neid» unterstellt. Unausrottbar heißt nicht, dass eine Reaktion dadurch plausibel, geschweige denn ethisch vertretbar würde. Von Kant stammt die Aussage: «Handle nur nach derjenigen Maxime, durch die du zugleich wollen kannst, dass sie ein allgemeines Gesetz werde» (Ralf Ludwig).

Was ist zu tun? Kann ein Unternehmen Gewinnmaximierung

anstreben und ethisch verantwortlich agieren? Nein. Kann ein Unternehmen seinen Aktionären größtmöglichen Wert schaffen und gleichzeitig einen anspruchsvollen Wertekodex aufrechterhalten: Humanität, Chancengleichheit, ethische Standards? Vielleicht – wenn «größtmöglicher Wert» nicht als Maximalwert verstanden würde, wenn Ethik nicht nur auf den Websites ein Thema wäre? Die dualistische Zwei-Welten-Konzeption, in ihrer heutigen Absolutheit unvereinbar, muss von verantwortungsvollen Managern modifiziert werden. Wenn der ehemalige Wirtschaftschef der NZZ noch 2007 schrieb: «Alle Versuche des ‹Durchlöcherns marktwirtschaftlicher Prinzipien› werden glücklicherweise früher oder später von der Wirklichkeit widerlegt» (Gerhard Schwarz), bleiben vorerst einige Zweifel betreffend Lehrfähigkeit der Lehrmeister des «alten» Ökonomismus.

Auf der Suche nach mehr Menschlichkeit und dem lauter werdenden Ruf nach Ehrlichkeit in der Ökonomie sind Ausreden wie «unmöglich» mit einigem Zweifel zu begegnen. Im Gegenteil: Vieles ist möglich, vieles ist lohnenswert, wenn es darum geht, die Wirtschaft wieder im Gesamtkontext der Gesellschaft zu verankern, statt sie ihr immer mehr zu entfremden. Der «Freie Markt» muss aus seinem «rationalen» Korsett befreit werden. Nicht alles im Leben muss der Rentabilität untergeordnet sein. Schon ein bisschen mehr Sinn fürs Ganze könnte Wunder bewirken. Wir alle sind «Wirtschaftsbürger», es liegt an uns, die bevorstehende Entwicklung hin zu einer Moralisierung der Märkte auf den Weg zu bringen, als Kunde, Mitarbeiter, verantwortungsbewusstem Aktionär, auch als Wirtschaftsstudent oder Medienspezialist. Was gibt es dabei zu verlieren? Lassen wir uns nicht von den Schalmeiengesängen der ewig Libertären[33] einlullen!

Eines Tages wird die schiere Größe von Konzernen nicht mehr wichtigster Parameter sein. Es wird sich die Frage des rechten Ma-

---

33 Libertär: Extrem freiheitlich, anarchistisch.

ßes anders beantworten. Nach Gewinn streben ist sinnvoll, dass dieser Gewinn unbedingt so hoch wie möglich sein wird (und dabei die Arbeitnehmer auf der Strecke bleiben) ist kein Naturgesetz. Der Markt darf nicht über allem herrschen – der Markterfolg soll ethisch und ehrlich begründbar sein. «Vernünftig ist, was rentiert», hat schon Max Frisch als zynische Formel entlarvt (Peter Von Matt). Die Akteure werden irgendwann darauf verzichten müssen, alles auszunutzen, was sich ausnutzen lässt. Das muss schon in ihrer Ausbildung thematisiert sein, die neuen Werte sind aufzuzeigen. Als Alternativen zu bedenken wären auch drastischere Konzepte, wie sie schon von den Professoren Peter Ulrich und Hans Christoph Binswanger an der Universität St. Gallen postuliert wurden: Aktiengesellschaften in Stiftungen umwandeln. Produktionen würden ökologisch verträglicher und weniger krisenanfällig, als Nebenprodukt wäre das Thema exorbitanter Einkommen vom Tisch. Ähnliches ist zum Modell der Genossenschaft zu sagen. In der Schweiz sind die dominanten Großverteiler Migros und Coop beides Genossenschaften und sie beweisen seit Jahrzehnten die Richtigkeit obiger These.

Warum kann das unaufgeregte, natürliche und sehr erfolgreiche Verhalten vieler Patrons von KMUs weltweit, die zwar kleiner, aber ganzheitlicher und verantwortungsvoller denken, nicht eine Messlatte sein für die größeren Mitspieler? Die Dinosaurier sind aus unserer Erde verschwunden, kleinere Tiere haben überlebt.

DIE FINANZZOCKER

Der Begriff «Finanz-Zocker» wird seit 2009 von einem der ganz großen Ökonomen und Kennern der Finanzwelt gebraucht, laut und deutlich. Joseph Stiglitz, Nobelpreisträger, UNO- und Weltbank-Chefökonom, kritisierte bereits im Jahr 2000 *(Die Schatten der Globalisierung)* die im letzten Abschnitt erwähnte Deregulierungs-

Manie und er hat sich seit 2007 immer prononcierter als Kritiker – er bezeichnet sich selbst als Kritiker-Veteranen – des IMF (Internationaler Währungsfonds), der Wall Street, des ganzen Finanzsektors und ihrer Verantwortlichen verlauten lassen. Seine Warnungen, aneinander gereiht über zehn Jahre, füllen Bücher und er meinte 2009, mitten in der Krise «im Finanzsektor hatte ich einen großen Teil der Probleme identifiziert, etwa die Schwierigkeiten mit den Subprime-Krediten oder der Derivaten. Aber mir war nicht klar, in welchen Größenordnungen da gezockt wurde. Bis heute kann ich nicht ganz verstehen, was für irrsinnige Summen da verschwunden sind» (Bernhard Bartsch).

Auch für Stiglitz ist die Antwort auf die Frage, warum das Finanzdesaster nicht verhindert werden konnte klar: Es war der verfängliche Glaube an die Selbstregulierungskraft der Märkte, genährt von einem lang anhaltenden Boom der Wirtschaft. Besonders mit Alan Greenspan, dem damaligen Vorsitzenden des Federal Reserve (und Chefideologen der Deregulierer) geht er hart ins Gericht, was ihm in der *NZZ* die Bezeichnung «Sonntagsschullehrer» (NZZ, 3.2.2010) eintrug. Einmal mehr hat sich die falsche Idee der Marktfundamentalisten, wonach die Märkte immer ein Gleichgewicht anstreben, als verheerendes Dogma erwiesen – wie Dogmen das ganz allgemein in sich haben.

Eine wichtige Rolle im Casino-Spiel der superschnellen Zocker, manchmal auch genannt *fat fingers*[34], spielen seit kurzem die neuen Hochleistungscomputer, die eine völlig neue Dimension der Spekulation eröffneten. Sie durchkämmen weltweit die Orderströme, um kleinste Kursbewegungen aufzuspüren, die sie dann in Blitzaufträge in Millionenhöhe verwandeln (Heike Buchter).

Dass als Folge der Finanzkrise wachsende Zweifel an der Tauglichkeit der traditionellen ökonomischen Theorie aufkommen,

---

34 «Fat fingers»: wörtlich «Dicke Finger»: Gemeint ist damit, dass ein Händler beim Tippen die falsche Computertaste erwischt.

wird maßgeblich auch von einem anderen Nobelpreisträger, Reinhard Selten vorangetrieben. Einst von Ökonomen ausgelacht, hat er mit der «Spieltheorie» nachgewiesen, dass die bisherige Rationalitätshypothese nicht genügt. «Die herkömmliche Theorie spiegelt durchaus auch etwas vom menschlichen Denken wider. Die Rationalität, die da beschrieben wird, ist eine Rationalität, welche die Menschen gern hätten, wenn sie könnten. Aber die Natur spielt nicht mit, das menschliche Gehirn ist auf diese Art von Rationalität nicht eingerichtet» (Reinhard Selten). Etwas anders ausgedrückt, meint Selten, dass diese Theorie Probleme nur dann behandelt, wenn man sie stark vereinfachen kann. Da komplexe Probleme nicht behandelt werden können, werden sie flugs radikal vereinfacht. Die Resultate sind bekannt: Was 2007 passierte, konnte gemäß den gängigen, komplizierten, computergestützten Modellen gar nicht passieren.

Bevor wir mögliche Szenarien für eine neue, andere Finanzwelt beleuchten werden, ist auf ein weiteres, seit 2010 erneut aufflackerndes Krebsübel zu verweisen. Die großen Hedgefonds, diese gigantischen Spekulationsgefäße, gehen gegen eine Währung (z.B. den Euro)[35] vor, nachdem vor Jahren die italienische Lire und später das britische Pfund schon auf diese Weise in die Knie gezwungen worden waren – Peanuts gegen den Euro heute. Im Gegensatz zu früherem Einzelkämpfertum, sind jetzt offensichtlich Broker und mehrere Hedgefonds-Vertreter in New York zusammengetroffen, um gemeinsam nach Absprachen eine Spekulationswelle loszutreten. Solche «informellen» Gespräche sind nicht neu – Spekulation im Devisenhandel auch nicht. Doch konzertierte Aktionen wie diese haben etwas Unheimliches an sich. Wird eine Währung wie der Euro zum Spielball der internationalen Spekulation, können die Auswirkungen aus dem Ruder laufen. Einmal mehr «zockt» eine

---

35 Der Markt für Währungen ist der größte der Welt. Täglich schwappen bis zu 4000 Milliarden Dollar rund um den Globus.

Branche und verweist darauf, dass dies alles legal sei. Und das Brisante: Einige der größten Hedgefonds werden heute von Großrechnern gesteuert, die im riesigen Datenstrom, den die Kapitalmärkte produzieren, nach Signalen für Preistrends, die sich gewinnbringend nutzen lassen. Für diese cleveren Insider ist, das erstaunt niemanden, der Unterschied zwischen legal und legitim nicht relevant. Für den Rest der Welt – Outsider – gilt es dann, sich mit dem angerichteten Schaden auseinander zu setzen. Erneut ist das Epizentrum in den USA zu suchen. Man beginnt sich zu fragen, ob an der Spitze der US-Finanzbranche überhaupt kreative Aktivität in verantwortungsvolle Geschäfte investiert wird.

Dass sich die Welt gegen diese Schattenwelt organisieren muss, ist eine Sache. Dass sie sich dagegen wehrt, ist allen klar. Wer von einem Missstand profitiert, wehrt sich vehement gegen dessen Aufdeckung und Austrocknung. Dass nur Regierungen dieser Welt gemeinsam in der Lage sein werden, in diese Richtung etwas mehr als Drohungen – nämlich handfeste Regulierungen – zu zimmern, ist in einer globalisierten Welt eine Selbstverständlichkeit, ein Muss. Dass sich einzelne Regierungen damit schwer tun, ist traurig, um nicht stärkere Worte zu gebrauchen. Dass sich ein Finanzplatz wie die Schweiz, einem Land, in dem sich Banken, Finanzen, Politik, Mythen und Besitzstandwahrung über Jahrzehnte hinter einem unheimlichen Dunstschleier zu einem zähen Brei des einträglichen Geschäftsmodells verdickt haben, ist nicht neu.

In der *NZZ* wird 2010 viel von Krise der Werte gesprochen: Zu kurzfristiges Denken, ungenügend klare Haftung, Vernachlässigung des Kundennutzens, zu wenig Sorge um die politische Akzeptanz. Da ist zu lesen, «…dass die freie Wirtschaft und Gesellschaft auf gemeinsamen Werten fußt. Sie kann nicht funktionieren, wenn die Menschen nicht zentrale moralische Auffassungen miteinander teilen» (Gerhard Schwarz). Schnäppchenjäger und Spekulanten werden geortet, die unser Wirtschaftssystem untergraben, indem sie langfristiges Denken vermissen lassen. «An Bedeutung verloren hat ferner die Verantwortung. (…) Weiter ist die Orientierung am Bürger- und Kundennutzen im Rückzug. (…) Es gilt zudem ausgeprägt im Finanzsektor, wo vor lauter Kasinomentalität im Investment Banking, die dienende Funktion der Banken für die Realwirtschaft vernachlässigt wurde» (ebd.). Und schließlich: «Es wird für eine große Mehrheit der Bevölkerung wohl schlicht nie nachvollziehbar sein, dass unter Wettbewerbsbedingungen im Finanzsektor so viel höhere Gewinne und Löhne anfallen sollen als in der ‹normalen› Wirtschaft» (ebd.). Da gibt es nichts zu ergänzen.

Es ist an der Zeit, das ethische Fundament dieser Branche zu erneuern. Die derzeitige Finanzkrise ist die umfassendste und gefährlichste seit 1929. Sie könnte zu einem der großen Wendepunkte in der Geschichte der modernen Welt werden, einem epochalen Ereignis. Der Glaube an die Selbstheilungskräfte des Marktes hat einen tödlichen Stoß erhalten (Stephen Green). Der dies sagt, ist Verwaltungschef der Großbank HSBC und Vorsitzender des britischen Bankenverbands. Er ist der Meinung, dass staatliche Aufsicht, Regulierung und staatliche Interventionen von wesentlicher Bedeutung sein werden. Ob die Führer der Welt dazu eine gemeinsame Vision entwickeln werden können? Das Pendel darf nicht von Marktfundamentalismus in Richtung Planwirtschaft zurückschlagen. Es wird aber wohl, neben dem US-Dollar eine neue Weltwährung entstehen. Green stellt interessante Fragen: «Ist Fortschritt eine Anhäufung von Reichtum, oder geht es um eine weiter gefasste Definition der Lebensqualität» (ebd.)? Und entscheidend äußert er sich weiter: «Das kapitalistische System aber beruht im Kern auf Vertrauen. Wenn wir es an den Märkten wiederherstellen wollen, müssen wir unser Augenmerk auf eine im Kern moralische Frage richten. (…) Der Kapitalismus muss Wert und Werte zusammenbringen. Wir, Aufsichtsräte, Manager und Aktionäre gleichermaßen, müssen erkennen, dass es um mehr geht, als sich zu nehmen, was man kriegen kann. Dass Werte letztes Endes den Wert ausmachen» (ebd.). Ausnahmsweise habe ich mehr als üblich zitiert – ein

Insider-Profi hat gesprochen.

Das ethische Fundament einer Branche zu erneuern – eine Illusion? Bis vor kurzem hätten wohl viele nicht daran geglaubt. Doch wieder einmal bewirkt das große Geld, was moralische Aufrufe nie zustande brächten. Seit am 26. Februar 2010 der Jahresbericht der Investmentbank Goldman Sachs veröffentlicht wurde und darin von Reputationsverlusten die Sprache ist, wird die Palette der Risikofaktoren – endlich – um eine Kategorie erweitert. Neben Markt-, Liquiditäts- oder Kreditrisiken ist jetzt erstmals die Rede von Reputationsrisiken – Reputation und Profit werden in einen unternehmerischen Kontext gestellt. Besonders pikant und tröstlich «ist der Hinweis auf die Kosten von Regelverletzungen, die man nachweislich nach dem Buchstaben des Gesetzes gar nicht begangen hat, die aber in der öffentlichen Wahrnehmung als Verstoß oder Ungebührlichkeit einen fassbaren Schaden der Reputation und damit des Markenwertes bedeuten (Peter Seele).» Damit erhält die Diskussion um «legal oder legitim» neuen Auftrieb und es ist nicht auszuschließen, dass demnächst auch VR und CEO von Großkonzernen buchstäblich am eigenen Leib erfahren, dass ethisches Verhalten eben doch wichtig ist fürs Geschäft. Hier zeigt sich eine ähnliche Entwicklung wie beim nachhaltigen Verhalten: Wer nicht nachhaltig (und nicht ethisch) geschäftet, wird es am Tag X bereuen, wenn diese Nachlässigkeit enorme Summen kosten wird.

«Bankraub» – was verstehen wir darunter? Eben, der Begriff muss ausgeweitet werden. Und vielleicht ist der Tag nicht mehr fern, an dem von Gesetzes wegen gegen Bankräuber und Diebe in anderen Großkonzernen vorgegangen wird. Schon heute wäre es in der Schweiz möglich, aufgrund von Art. 158 Ziff. 1 Abs. 1 des Strafgesetzbuches gerichtlich gegen «ungetreue Geschäftsbesorgung» vorzugehen – um was anderes handelt es sich denn eigentlich?

POLITIK UND WIRTSCHAFT – KEIN TRAUMPAAR

Das Spannungsverhältnis zwischen Demokratie und Wirtschaft, zwischen Politik und Wirtschaftslobbys wird von Jahr zu Jahr intensiver und problematischer. Es besteht zweifellos eine Tendenz, wonach der Einfluss potenter und mächtiger Konglomerate auf die Regierungen steigt, viele sprechen bereits von Wirtschaftsdemokratie. Zu Beginn des 21. Jahrhunderts muss nüchtern festgestellt werden, dass übermächtige multinationale Konzerne mehr Macht haben als die gewählten Regierungen der Länder, in denen sie tätig sind[36]. Soll die Demokratie nicht graduell sinnentleert werden, müssen Bürgerinnen und Bürger diesen schleichenden Prozess als Gefahr erkennen. Das ökonomische und das politische Modell müssen zumindest ausbalanciert, besser noch, wieder in die ursprüngliche Form zurückgeführt werden. Es kann nicht sein, dass Finanz und Wirtschaft den Lauf der Dinge weltweit diktieren, dass in vordergründig guten Zeiten gewaltige Profite privatisiert werden und in schlechten Zeiten die Politik, respektive die Gesellschaft, die Scherben der zerbrochenen Krüge vor den Brunnen dieser Welt einzusammeln hat.

Eine solchermaßen degenerierte «Macht-Politik» ist unmenschlich und sie hat das Zeug in sich, in die Katastrophe zu führen. Die Wirtschaft hat inzwischen ihr Problem erfolgreich an die Staaten weitergereicht, der Wirtschaftsaufschwung lässt vergessen, dass die heiße Kartoffel weiterhin auf glühenden Kohlen lagert. Der *Bail-out* der Wirtschaft seit Ausbruch der Wirtschaftskrise 2007 trägt bereits heute alle Züge einer kommenden Katastrophe in sich: Die gigantische Überschuldung der Nationen. Derweil kassieren Spekulanten und Wirtschaftsbosse bereits wieder unappetitliche Bezüge in Mil-

---

36 Unrühmliches Beispiel aus dem Jahr 2010: Der Ölkonzern BP und pflichtvergessene Aufsichtsbehörden erreichten, dass die 3800 Förderplattformen im Golf von Mexiko weitgehend ohne staatliche Aufsicht operieren.

lionenhöhe und reiben sich die Hände. Wir sind auf dem falschen Weg. Die Politik muss handeln.

Die kontinuierlich wachsende, ja galoppierende Verschuldung in den Vereinigten Staaten und in der EU, sowohl die staatliche, wie auch die private, wohin führt das? Paul Krugman, Wirtschaftsnobelpreisträger, stellt diese Diagnose: «Man kann die aktuelle Situation mit der eines Patienten vergleichen, der sich in kritischem Zustand befand, auf die Intensivstation gebracht wurde und gerade noch gerettet wurde. Zwar ist es gelungen, eine zweite Große Depression abzuwenden, aber der Patient kann noch nicht entlassen werden. Im Gegenteil: Er ist noch immer schwer krank, und es ist überhaupt nicht abzusehen, wann er genesen wird» (Daniel Huber). Tatsächlich birgt die Überschwemmung der Märkte mit billigem Geld zur Krisenbekämpfung nicht nur die genannten exorbitanten Staatsschulden, sondern auch die latente Gefahr neuer Finanzblasen in sich. Die Inflationsgefahr wäre dann der nächste *Bubble*-Verursacher.

Wie soll die Politik handeln? Handlungsbedarf besteht in erster Linie auf zwei Ebenen. Erstens: Mit griffigen Regelwerken, die der Wirtschaft (im Vordergrund steht die Finanzwirtschaft) vernünftiges gesetzliches Verhalten vorgibt – schliesslich geht es auch im Verkehr nicht anders. Zweitens: Der grassierende Lobbyismus muss gestoppt, zumindest zurückgebunden und transparent gemacht werden.

Statt nachhaltige Lösungen aus der Weltwirtschaftskrise zu suchen, streiten sich 2010 Politiker und Ökonomen bereits wieder darüber, ob Keynes[37] recht hatte oder eben doch Hayek[38] (Othmar Issing). Erneut geraten sich «rational» denkende Experten in die Haare, weil sie in ihrem Weltbild nur schwarz/weiß unterscheiden,

---

37 John Maynard Keynes (1883–1946): führender Ökonom und Nobelpreisträger, Verfechter des Staatsinterventionismus (staatliche Reglementierungen).

38 Friedrich A. von Hayek (1899–1992): führender Ökonom und Nobelpreisträger, Verfechter des freien Marktes.

weil sie dem Irrtum unterliegen, das Eine wäre richtig, das Andere falsch. Eigentlich eine Bankrotterklärung, dass führende Medien dieser schon tausendmal geführten Diskussion ganze Seiten widmen. Natürlich gibt es keine «wahre» Antwort auf obige Frage. Nicht das Trennende dieser beiden Wirtschaftstheorien ist zu betonen. Die polare Gegenüberstellung der beiden Lager ist fatal. Wie wäre es, wenn wir die beiden großen Denker nochmals virtuell an einen runden Tisch bäten, um das für die heutige Situation optimale Paket zu schnüren? Wir brauchen freie Märkte und staatliche Regelwerke für diese freien Märkte, beides in vernünftiger Dosierung. Mit anderen Worten: Freie Märkte im Sinne des alten Freiheitsbegriffs, der nur solange Gültigkeit hat, als nicht Andere in ihren Freiheitsrechten behindert werden. Und die staatlichen Regulierungen sollen das garantieren, nicht mehr und nicht weniger. Dass sich die «Freien-Markt-Apostel» gegen mehr staatlichen Einfluss wehren und auf der anderen Seite staatsgläubige Jünger für große, zusätzliche Staatsmacht einsetzen, wo liegt das Problem? Beide sehen nur die halbe Welt und wenn wir zukünftig «weiser» werden möchten liegt es an den Schiedsrichtern, den Politikern, eine tragfähige Brücke zwischen beiden Ideologien durchzusetzen. Wenn Theorien zu Dogmen verkommen, tragen sie zur Lösungsfindung wenig bei. Wenn allerdings die Politiker ebenfalls im Links-/Rechtsdualismus gefangen sind, wird guter Rat tatsächlich teuer.

George Akerlof, auch er Nobelpreisträger, plädiert (im Sinne Keynes) für Regeln, die jene Art von Spekulation und Handel mit Wertpapieren, die Leute nicht verstehen, künftig verhindern (George Akerlof). Der Kapitalismus braucht eben effiziente Regeln. Solche Staatsinterventionen werden nicht dazu führen, dass sich viele Menschen zukünftig für ihr Schicksal weniger verantwortlich fühlen. Joachim Starbatty, emeritierter Professor der Universität Tübingen (Hayeck-Befürworter), ist auf dem richtigen Weg, wenn er feststellt: «Wir haben alle über unsere Verhältnisse gelebt» (Joachim Starbatty). Schon diese beiden Beispiele zeigen, dass beide Recht haben – aber wohl nicht immer. Wenn es der internationalen Politik gelingt, die Banken in ihre Schranken zu verweisen (sie zu «bändigen») wäre das ein Lichtblick. Der amerikanische Präsident Obama tendiert in diese Richtung, die EU plädiert für internationale Abstimmung bei der Regulierung – beides vernünftige Ansätze. Sogar ein ehemaliger Investmentbanker (Leonhard «Lenny» H. Fischer) sagt heute unumwunden: «Der Markt versagt ständig.»

Zweites Feld mit Handlungsbedarf für die Politik der westlichen Welt ist im unverschämten Lobbyismus interessierter (Wirtschafts-)Kreise zu orten. Mit einer omnipräsenten Einflüster-Systematik, mit der Interessenvertreter für ihre Anliegen in Washington, Brüssel und Bern auftreten einher geht eine virulente Gefahr: Potente Wirtschaftskreise «kaufen» sich Politiker, weniger einflussreiche schließen mit gleich situierten «Bündnisse». «Ihr helft uns und wir werden euch unterstützen», solchermaßen paktierend, gelingt es unterschiedlichen Einflüsterern, an sich nicht mehrheitsfähige Sonderinteressen in den Parlamenten zum Durchbruch zu verhelfen. In den USA kämpfen, mal an vorderster Front, in aller Öffentlichkeit unterstützt durch Fox-TV, mal diskret in den Hinterräumen des Capitols, solche Kräfte erfolgreich gegen Obamas Reformpläne. Der *Economist*, geschätzt für sachliche Berichterstattung, stellt 2010 fest: *«This is what happens when (…) hateful bloggers and talk-radio hosts shoot down any hint of compromise; when a tide of lobbying cash corrupts everything.»*[39]

Inzwischen beherrschen internationale Großkanzleien das globale Spiel der Wirtschaft und damit bewegen sie sich im Dunstkreis zwischen Politik und Wirtschaft. Einerseits werden sie von den Regierungen selbst beauftragt, Gesetzesentwürfe zu erarbeiten (wie aus aktuellem Anlass zur Zwangsverwaltung maroder Großbanken), andererseits sind sie für jene Wirtschaftskreise unentbehrlich,

---

39 «Das passiert, wenn hasserfüllte Bloggers und Radiomoderatoren jeden Kompromissansatz abschießen, wenn eine Flut von Lobby-Geld alles korrumpiert.»

die gesetzeskonform, diskret und einflussreich auf die Politiker einwirken wollen. Die Gratwanderung zwischen Legalität und Illegalität von Absprachen, immer zu Lasten anderer Mitspieler (meistens sind die Konsumenten die Opfer), muss beherrscht werden, es besteht immer akute Absturzgefahr. Damit schwappt die «Veranwaltlichung» der Gesellschaft aus den USA nach Europa über. Während dort sagenhafte 379 Anwälte pro 100 000 Einwohner Politik, Wirtschaft und Gesellschaft aufmischen, sind es in Deutschland zurzeit erst 179, Österreich 62, Tendenz steigend. Wir gehen großartigen Zeiten entgegen.

In Deutschland beklagt *DIE ZEIT:* «Während der Einfluss des Parlaments sinkt, steigt die Macht ökonomischer Eliten. Sie steigt deshalb, weil die Gestaltung der nötigen ‹Anpassungen›, ihr gesetzestechnisches Design, in Kommissionen ausgelagert wird, in Sachverständigengremien oder – was zuweilen identisch ist – in einschlägige Lobby-Gruppen» (Thomas Assheuer). In der Schweiz ist dieses Problem seit Jahrzehnten bekannt und – Geld ist in diesem Land immer wichtig –, es beginnt schon damit, dass die politischen Parteien mit einem intransparenten System der Parteienfinanzierung aus Wirtschaftskreisen jährlich ihre Geldtöpfe füllen. In den Wandelhallen des Bundeshauses zirkulieren, völlig legitim, «zugelassene» Lobbyisten und *DAS MAGAZIN* rätselt 2010, was ausgewählte Politiker dafür tun, wenn sie von Firmen und Verbänden bezahlt werden und um welche Summen es dabei geht? «Der Bürger soll das nie erfahren» ist der lakonische Befund (Thomas Ninck und Daniel Binswanger). Dass die Politiker selbst «Mandate» in der Wirtschaft ausüben, ist allgemein bekannt. «Wie viel die Politiker mit ihren Mandaten verdienen – das interessiert doch niemanden», sagen zwei, die es genau wissen. Die politische Debatte um die Offenlegung der Geldflüsse folgt heute dem Muster Linke gegen Bürgerliche (ähnlich wie während Jahren die Nachhaltigkeitsdiskussion). Unabhängige Institute verfolgen jährlich, welche Summen die politischen Parteien allein für Politikwerbung in den Medien schalten: Über 50 Millionen Franken jährlich. Wer bezahlt das alles? «Die interessierten Kreise», heißt es. Trotzdem gab es in der Schweiz noch nie einen Parteispendenskandal. Warum, fragt *DAS MAGA-ZIN*? «Weil bei uns das Kaufen politischer Entscheide nicht verboten ist», lautet die lakonische Antwort (Ninck & Binswanger). Kein Untersuchungsrichter kann Untersuchungen anstellen. Keine Partei muss sich in die Bücher schauen lassen. Im Ausland soll dieses System als Relikt angesehen werden. Lebt der Autor dieses Buches jetzt im Ausland?

Was auch verschwiegen wird: Das Ansehen der Volksvertreter nimmt laufend ab, sie leiden unter einem Autoritätsverlust. «Der Korruptionsverdacht zersetzt die Glaubwürdigkeit unseres Systems» (Ninck & Binswanger). Bereits 2008 äußerte Robert Reich, Politologieprofessor und Ökonom an der Universität Berkeley in Kalifornien, sich deutlich: «Der Einfluss der Unternehmen auf die Politik ist derart gewachsen, dass sie die Demokratie zu ersticken drohen. (…) Das stark geschwundene Vertrauen der Bürger in die Politik hat viel mit dieser Machtverschiebung hin zu den organisierten Wirtschaftsinteressen zu tun» (zitiert nach Ninck & Binswanger). Offensichtlich haben wir es mit einem weltweiten Trend zu tun.

Hier könnten nur griffige Gesetze Abhilfe schaffen. Diese müssten durch die Politiker aufgegleist werden. Müssten… Politikerinnen und Politiker tragen ja die große Verantwortung, ihre Bevölkerungen nicht nur aus gegenwärtigen Turbulenzen herauszuführen, sondern ihrem «Publikum» auch auf dem Weg in die Zukunft Wegweiser zu errichten, sie auf Neues und Herausforderndes vorzubereiten. Einigermaßen ernüchternd ist das bisher Erreichte. Da lassen sich die G20-Staaten von Josef Ackermann (Chef Deutsche Bank) beraten, der sich natürlich gegen noch strengere Bankenregeln wehrt. Dabei sind die enormen und brandgefährlichen Strukturprobleme der Finanzwirtschaft bisher überhaupt nicht gelöst. Während in den westlichen demokratischen Nationen jahrelang, ja scheinbar endlos über Lösungen der oben beschriebenen Probleme diskutiert wird, zeichnet sich am Horizont bereits die alles verändernde Perspektive des Staatskapitalismus der modernen Generationen ab. Dieses historisch völlig neuartige Phänomen stellt den «alten» Westen vor gewaltige Herausforderungen. China, Russland, Saudi-Arabien und andere autoritäre Staaten kennen keine freiheitlich-demokratische Marktwirtschaften mit ihren «freien» Märkten. Sie bedrohen in noch verkanntem Ausmaß ein seinerseits marodes westliches System von außen, das sich von innen her selbst diskreditiert. Diese Kombination ist brandgefährlich. Sie ist in der politischen, wirtschaftlichen und öffentlichen Diskussion noch kaum angekommen.

Wirtschaft und Politik, wahrlich kein Traumpaar.

FALSCH VERSTANDENE POLITIK

Seit der Begriff Politik im alten Griechenland erstmals definiert wurde – abgeleitet von Polis (Staat) – verstehen die Menschen zwar, was damit gemeint ist, nicht aber, ob zu deren Durchsetzung Macht, Konflikt, Krieg, Herrschaft, Ordnung, Friede oder Kompromisse ursächlich geeignet sind. In den westlichen Demokratien ist es wohl eine Mischung von allem, im Idealfall eine offiziell demokratisch legitimierte. Glücklicherweise sind seit Mitte des letzten Jahrhunderts die unfassbaren «Weltkriege» Vergangenheit – ein großer, politischer Erfolg zweifellos – doch ist das politische Klima in den letzten Jahrzehnten wieder immer rauer geworden. Die Machtansprüche stehen im Vordergrund, die Durchsetzungsversuche dogmatischer Weltanschauungen werden immer krasser, das Niveau der politischen Diskussionen sinkt stetig, es geht zu oft nicht mehr um Kompromissfindung *(good governance)*, sondern um schiere Machtausübung. Wir sollten darüber nachdenken, denn es liegt an der Gesellschaft, in freien Wahlen die Volksvertreter zu bestimmen.

Konfrontation bestimmt den politischen Alltag der hohen Politik. Es geht um Vormachtstellung, Klasseninteressen, Ideologien, Dogmen oder um die Verteidigung von Identitäten und Privilegien. «Es wäre angemessener, von einem Bewusstseinskrieg als von einem Friedensdialog zu sprechen» (Sloterdijk 2), sinnierte schon 1999 Peter Sloterdijk. Der Gebrauch von Kriegsmetaphern bestimmt die Überschriften in den Medien (Kapitel 4). Die verbalen Auseinandersetzungen im Politalltag sind das eine, das Legitime; die grassierende Kraftmeierei, das respektlose Diffamieren Andersdenkender, die dogmatische, absolute Opposition das andere, das Klägliche. Kann man den Überlieferungen aus dem alten Athen vertrauen, war das rhetorische Niveau damals um einiges höher als heute. Jedenfalls ist die Aufgabe der politischen Opposition, die gegen die Regierung ankämpft, zurzeit eine unappetitliche: Man ist aus Prinzip gegen alles – kein Ruhmesblatt menschlicher Erkenntnis. Der freiwillige Konsens als Lösungsansatz in einer zivilisierten Welt (damit ist gemeint, dass die eigene Position unter keinem anderen Einfluss abrückt als dem einleuchtender anderer, besserer Argumente) ist kein erstrebenswertes Ziel mehr, Kompromisse als letzter Ausweg aus der Sackgasse werden nur dann eingegangen, wenn sonst eine schmerzliche Niederlage droht. Die Medien sind nicht unschuldig an diesem Zustand, der Bürger und Politiker immer mehr auseinander treibt. Gute Nachrichten sind eben keine Nachrichten und so «beherrschen» Kampf, Spektakel, Diffamierungen und Lügen die Schlagzeilen.

Politik ist zur Machtpolitik verkommen. Es mag eingewendet werden, dies sei schon immer so gewesen, doch ist das weder Begründung noch Rechtfertigung. Der Mensch darf gescheiter werden. Die Resultate der neuesten Gehirnforschung verweisen, wie wir gesehen haben, auf die Leitplanken zu diesem Unterfangen. Machtpolitik ist falsch verstandene Politik. Es ist eine Tatsache, dass Machtansprüche den Sinn der Politik pervertieren und dies entspricht nicht der ursprünglichen Idee. Wenn wir das menschliche Maß verlieren, verlieren wir die Menschlichkeit. Eine menschliche

Welt ist politisches Ziel, nicht eine ideologisch gefärbte oder abstrakte. Heute tendiert die Welt der Politik, sich auf die Medien auszurichten, nach den Vorgaben des Kapitals zu entscheiden, sich rückwärts statt vorwärts zu bewegen. Das Volk, in den Demokratien ursprünglich der Gesetzgeber, wendet sich desillusioniert ab. Die Politik verkommt immer mehr zur Arena, zur zweifelhaften Volksbelustigung.

Machtpolitische Ziele, im großen wie im kleinen, sind falsche Ziele. Eine solche Zivilisation – auch wenn sie sich fortgeschrittene westliche Demokratie nennt –, ist infantil und gefährlich zugleich. Machtansprüche bewirken auf der Gegenseite automatisch Widerstand, je rücksichtsloser postuliert, desto hartnäckiger die Gegenwehr. Machtpolitik ist Kleinkrieg. Die Kultur des Krieges ist wohl über 5000 Jahre alt, sie hat noch nie zum Frieden geführt. Warum schafft der Mensch es nicht, eine Kultur des Friedens anzustreben? Wir sollten die Hoffnung nicht aufgeben. Zu Beginn des 21. Jahrhunderts stehen wir an einem Wendepunkt, in einem gewissen Sinn scheint eine Transformation möglich. Dass wir es auch immer noch mit einem Krieg der Religionen zu tun haben, spricht nicht für letztere.

«Es kommt darauf an, was du imstande bist zu lernen», hat Raimon Panikkar[40] einmal geschrieben (zitiert nach Barloewen). Und weiter: «Die Welt wird weder von Politikern, noch von Denkern, noch von Großmächten regiert und das sind nicht sie, die ihren Zusammenhalt sichern. Kurz gesagt, die Größten sind die Demütigsten, die Unbekannten, die anonymen Helden. Und deshalb können sie mit solcher ungetarnter Freude leben. Sie brauchen nicht dieses Podium, auf dem sie das Gewicht des Leidens der Welt tragen. Sie tragen es aber selbstverständlich».

Die Politik hätte wichtigere Aufgaben, als Machtspielchen aus-

---

40 Raimon Panikkar (*1918): spanischer Religionsphilosoph, Chemiker, Philosoph und Theologe, «Wanderer» zwischen Westen und Osten, Verfasser von mehr als 40 Büchern.

zutragen. Es geht heute nicht um Sozialismus oder Kapital. Das Links-Rechtsschema als Einordnungskriterium im Politalltag ist untauglich. Nachhaltigkeit, Klima, erneuerbare Energien werden für den Globus zur großen Herausforderung. Emigrationsströme, Dürre und Versteppung (Ausbreitung der Wüsten) werden die internationale Politagenda titeln. Vor diesen Szenarien sind die nicht lernfähigen Volksführer in vielen Teilen der Welt als ewiggestrige Protagonisten ideologischer und dogmatischer Irrungen einzustufen. Sie schaden uns allen, sie lenken ab vom Wichtigen – der Politik als Schaltstelle zwischen Menschen und Demokratien, wo die Vergangenheit geklärt, die Gegenwart bewältigt und die Zukunft gestaltet wird. Wo Politik nicht falsch verstanden, sondern sinnvoll ausgeübt wird.

Das Volk wende sich desillusioniert von der Politik ab, war die These. Noch etwas anders formuliert: Die jeweils amtierenden Landesregierungen werden mit großer Regelmäßigkeit nach relativ kurzer Zeit bei den Wahlen vom Stimmvolk (das dieses Recht noch ausübt), abgewählt. Das Volk ist unzufrieden, doch ist es letztlich an diesem Zustand mitbeteiligt. Noch halten sich die dualistischen Politsysteme Links/Rechts – obwohl längst überholt – am Leben. Wer immer nur zwischen zwei Möglichkeiten wählt, pendelt endlos hin und her ohne wirklich Fortschritte zu machen. Ob da die neue Regierungskoalition Großbritanniens, seit 2010 im Amt, einen Aufbruch signalisiert? Wir sind drauf und dran, die großen Resultate der Revolutionen zu verraten, die zu unseren Freiheitsrechten führten. Diese Freiheitsidee, die in Frankreich und Amerika zu «neuen Welten» führte, die in der Folge in alle Welt exportiert wurden, basiert auf der Vorstellung, dass das Volk ein Recht auf politische Mitbestimmung hat (und auf den Menschenrechten). Das war der Stoff, aus dem Träume so vieler Menschen quer durch alle Schichten der europäischen und amerikanischen Gesellschaft waren. Und gerade darum war es auch der Stoff, aus dem die Albträume der damals Herrschenden und ihrer eilfertigen Handlanger waren. Wir sollten uns das immer vor Augen halten.

Wir müssen aufwachen aus der Wohlstandslethargie und der bequemen Politabstinenz. Die nächste Revolution ist überfällig (Kapitel 8). Sie wird unblutig sein, getrieben von den neuen Einsichten engagierter Menschen, die inzwischen gelernt haben, wie sie – wie ihr Gehirn als Beispiel – funktionieren. Anders, als bisher angenommen. Gerade ein Land wie die Schweiz, mit langer Freiheitstradition, läuft Gefahr, sich nach rückwärts in die Vergangenheit auszurichten. Schon einmal, um 1800, wurde ihr der überfällige politische Wandel von außen aufoktroyiert, da sie unfähig war, diese «Revolution» aus eigenem Antrieb anzuschieben. Damals wie heute stehen jene Kreise der politischen Erneuerung im Wege, die vom alten Zustand überproportional profitieren und ihre Pfründe hartnäckig verteidigen. Deshalb: Das Volk ist der Staat, die Polis macht die Politik.

GEHEIM STATT ÖFFENTLICH, DISKRET STATT TRANSPARENT

Mit dem neuen Denkgebäude als Zukunftsmetapher ist im letzten Kapitel ein erster Schritt gemacht worden, die Gesellschaft in einem modernen, den neuen Erkenntnissen entsprechenden «Gebäude» anzusiedeln. Nicht wahr: Wenn der Energieverlust in unserem Heim zu groß ist, werden wir Wände und Dach nachisolieren. Wenn die Fenster alt und trüb sind, ersetzen wir sie durch neue, besser isolierende, klarere Sicht garantierende. Dieses ökonomische und ökologische Denken ist inzwischen vielerorts in der Gesellschaft angekommen. Noch bleibt die entsprechende Ein- und Aussicht, was unser Denken und Handeln im allgemeinen betrifft, zu oft den alten, überholten Kriterien unterworfen, die einst genügten und mittlerweile ziemlich desolat geworden sind.

Geheim, das heißt der Öffentlichkeit nicht zugänglich, war bis zur Französischen Revolution so ziemlich alles, was Kirchen, Politik (Monarchien, Aristokratien), Handel – kurz, die tonangebenden Kreise – verband. Noch heute kennen wir Überreste aus jenen Jahrhunderten, wenn wir von Beicht-, Amts-, Betriebsgeheimnis sprechen. Doch auch bis in die Neuzeit überleben andere, klandestine Relikte wie Militär-, Redaktions-, Steuer- oder gar Bankgeheimnis. Diese etwas verstaubt anmutenden Anti-Informations-Gefäße basieren auf Geheimniskrämerei, Unfreiheit, Bevormundung. Die heutigen Wertevorstellungen rufen nach Öffentlichkeit, Freiheit, Transparenz. Allen Widersprüchen zum Trotz erleben wir zurzeit das eindrücklichste Beispiel dieses spektakulären Wertewandels. Das Internet schafft Transparenz.

Internet sei Dank. Bill Gates[41] heißt der Reformer des 21. Jahrhundert, «googeln»[42] als Wort wurde erst 2006 im Duden überhaupt aufgenommen. Damit wurde die Basis gelegt zu einem der wichtigsten Merkmale der Moderne. Die Basis heißt Informationsmöglichkeit und Informationsfreiheit. Selbst autoritäre Nationen müssen kapitulieren – wenn für eine Idee die Zeit gekommen ist, gibt es keine Dämme dagegen. Der Geist, der aus der Flasche entwichen ist, lässt sich nicht mehr einschließen. Selbst die chinesische Regierung muss das erfahren: Google beugt sich seit 2010 deren Zensurwünschen nicht mehr – der Suchmaschinen-Riese hat China verlassen. Heute ist allgemein bekannt, dass sich die Nutzer im Internet so oder so holen, was sie wissen wollen.

Unserem Anliegen, besser *verstehen* zu wollen, eröffnen sich weitere, interessante Möglichkeiten in dem Moment wo wir realisieren, dass zu Beginn des 3. Jahrtausends der Ruf nach Transparenz gleichbedeutend ist mit jenem nach Wissen, der seinerseits sukzessive seinen Vorläufer, den des Glaubens, ergänzt hat. Vom «Glauben

---

41 Bill Gates: Gründer von Microsoft, dem amerikanischen Internet-Giganten.
42 «googeln» (engl.): im Internet (Google-Suchmaschine) surfen, nach Informationen suchen.

zum Wissen» (Hamed Abdel-Samad) heißt auch ein Beitrag in der *NZZ*, der sich differenziert mit den bisher erfolglosen Reformversuchen des Islams auseinandersetzt. Das Durchsichtigmachen eines unerklärlichen Zustands, das Durchscheinende von neuen Lösungen, beides verschiebt die einstige Orientierungslosigkeit in die Mottenkiste der Vergangenheit. Das neue Denken selbst ist Bewusstwerdung der eigenen Verantwortung. Noch sind die Resultate unseres Handelns oft unverständlich, ja kontraproduktiv – weil sie in einer neuen Zeit mit veralteten Werkzeugen erschaffen wurden. Wir brauchen keine Hornochsengespanne mehr, um die Äcker zu pflügen. Wir brauchen aber eine neue «Religion». Die alten Religionen haben versucht, Grenzen und Maßstäbe zu setzen, unserem Verhalten Halt zu geben. Diese großartigen Konstrukte sind selbst im Laufe der Jahrhunderte etwas rostig geworden. Man kann uns heute nicht mehr nur die Erlösung im Jenseits versprechen. Wir brauchen jetzt durchlässige Grenzen und globale Maßstäbe, die unserem Verständnis neue Dimensionen eröffnen.[43]

Kann man jetzt von einer vierten Dimension sprechen? Wenn die dreidimensionale, perspektivische Raumbezogenheit ihrerseits durch die Integration der Zeit erweitert wurde, ist ja wohl darin die vierte Dimension schon Tatsache. Analog zu dieser Weiterentwicklung der Dimensionalität sind damit folgerichtig auch andere «Stationen» enthalten: Nach der dominanten Dualität (Gegensätzlichkeit) der «Noch-Gegenwart» erscheint deren Überwindung nur noch eine Frage der Zeit und des *Verstehens*. Der Begriff Diaphanität[44] wird den Dualismus ablösen und gleichzeitig die Ganzheit aller Handlungen sichtbar machen. Die Transparenz wird also – im Zeitalter des Internet – als Manifestation des Zukünftigen, rasch veraltete Normen durchdringen, man könnte auch sagen: entlarven. War diese Prognose um die Mitte des 20. Jahrhunderts noch Speku-

---

43 Zollinger, Christoph: Die Glaskugel-Gesellschaft (Zollinger 1).
44 Diaphanität (griech.): auch Diaphanie, das Durchscheinende, Durchsichtige.

lation (Gebser), ist mit dem Siegeszug des Internet die technische Applikation dieser geistigen Bewegung schon weit fortgeschritten.

Bei dieser Gelegenheit sei daran erinnert, dass damit auch die perspektivische Ausrichtung selbst erweitert wird: Neben den «gerichteten» Blick tritt die aperspektivische Betrachtungsweise, also das gleichzeitige Betrachten aus verschiedenen Blickwinkeln, wie es Pablo Picasso in der Kunst schon im letzten Jahrhundert etabliert hat (was aber vielfach nicht verstanden wurde). Übertragen auf unseren Alltag könnte das heißen, dass die fixierte Betrachtungshaltung eines Problems aus nur einem Blickwinkel, dem neuen Sehen, Denken und Verstehen von verschiedenen Blickwinkeln her Platz machen müsste. Wir hätten dann «Das Gespräch am Runden Tisch», eine Errungenschaft der letzten Jahre mit Ziel: Lösung statt Blockade. Durchsicht statt Kurzsicht. Transparenz statt Divergenz.

Was heißt nun konkret vermehrte Transparenz im Alltag? Fluchtgelder, Steueroasen, Pauschalsteuerabkommen werden es schwer haben; wenn nicht der «Gläserne Bürger», so kommt doch die «Gläserne Bank». Politische Parteienfinanzierung ohne Offenlegung der Quellen wird zunehmend kritisiert, schließlich sind auch Subventionen längst deklarationspflichtig. Lebensmittel- und Hygienekontrollen in Gaststätten werden zukünftig am Restaurant-Eingang gut sichtbar angeschlagen werden müssen, statt dass hinter vorgehaltener Hand darüber gemunkelt wird. *Whistleblowing*[45] ist längst salonfähig, ja wird begrüßt (außer von den «Verpfiffenen»). Wettbewerbskommissionen in den USA, der EU, neuerdings auch in der Schweiz, decken verbotene Kartell- und Preisabsprachen auf, sprechen Millionenbußen aus und sorgen damit für die seit Jahrzehnten von den Konsumenten geforderte Transparenz. Parallelimporte werden legalisiert, gegen den erbitterten Widerstand der Markenhersteller. Und natürlich, was gerade wir Schweizerinnen

---

45 Whistleblowing (engl.): «Verpfeifen von Falschverhalten» – Angestellte, die Missstände an ihrem Arbeitsplatz publik machen, werden zunehmen belohnt, statt verurteilt.

und Schweizer mittlerweile am eigenen Leib erfahren mussten: Die geheimen Gespräche zwischen Bundesrat und Bankenvertretern, noch hinter verschlossenen Türen geführt, sind ein Armutszeugnis für eine moderne Demokratie.

Diese Liste ließe sich beliebig fortsetzen. Das Schöne daran: Mit jeder neuen Linie, die angefügt wird, verbessert sich die Transparenz.

Wer aufmerksam hinsieht, kann Morgenröte erkennen. So hat sich eine mutige Richterin in Bern gegen die Praxis des Schweizerischen Bundesgerichts gestemmt. Sie sprach einen Angeklagten frei, der sich mit der Veröffentlichung «geheimer amtlicher Verhandlungen» schuldig gemacht hatte und begründete dies damit, dass dieser zwar ein Amtsgeheimnis veröffentlicht, das aber zu Recht getan hätte. «Das Interesse der Öffentlichkeit, über den Fortgang der Angelegenheit informiert zu sein, sei massiv höher zu gewichten als deren Geheimhaltung» (zitiert nach Häuptli), befand sie. Die obersten Richter – nicht nur in der Schweiz – sind rückwärts- und paragraphengerichtet, sie beurteilen aus der Vergangenheit heraus, der Spielraum zu neuer Gesetzgebung wird selten wahrgenommen.

DER HALBE MENSCH

Das Kapitel der «gesellschaftlichen Systemfehler» soll ausklingen mit einem persönlichen Anliegen. Das Modell einer von der Ganzheit geprägten Vision[46] für die Orientierungshilfe in Wirtschaft, Politik und Gesellschaft ist ein Wagnis, weil es bewusst in die Zone des Wünschenswerten, der Suche nach Werten der Zukunft vordringt. Der heute vorherrschende polarisierende Dualismus, auch die oft

---

46 Zollinger, Christoph: Die Debatte läuft – Ganzheitliche Thesen wir Gesellschaft, Wirtschaft und Politik (Zollinger 2).

unbewusste Fragmentierung der unterschiedlichen Problemsichten, spalten immer etwas, was nicht voneinander getrennt werden sollte (Kapitel 2). Das Wahrnehmen nur eines (kleinen) Teils des Ganzen ist ein Krebsübel der Gegenwart und es bewirkt in seiner Gnaden- und Sinnlosigkeit, dass sich Politiker, Nationen, Ökonomen und Theologen, letztlich auch Nachbarn oder – Menschen feindlich gegenüberstehen. Es widerspricht diametral der Einsicht nach verantwortlichem Denken und Handeln. Es lässt die kulturellen Fortschritte der letzten 2500 Jahre vermissen und jene Wertevorstellungen erodieren, die im alten Griechenland wie Fixsterne am Himmel aufgingen. Die Zivilisation droht, daran zu zerbrechen.

Wie wir gelesen haben, tragen Hirnforscher zu Beginn des 3. Jahrtausends in Aufsehen erregender Weise dazu bei, das Verständnis über uns selbst zu verbessern. Eine der neuen Feststellungen: Die dualistische Interpretation, mit der Descartes den Geist vom Gehirn und Körper trennte, lässt sich so nicht aufrechterhalten. Weder die Trennung der geistigen Tätigkeiten von der Arbeitsweise des biologischen Organismus, noch die «Behauptung, dass Denken, moralisches Urteil, das Leiden, das aus körperlichem Schmerz oder seelischer Pein entsteht, unabhängig vom Körper existieren», und schon gar nicht die «abgrundtiefe Trennung von greifbarem, ausgedehntem, mechanisch arbeitendem, unendlich teilbarem Körperstoff auf der einen Seite und dem ungreifbaren, ausdehnungslosen, nicht zu stoßenden und zu ziehenden, unteilbaren Geiststoff auf der anderen» (Damasio), hat überlebt, wenn auch heute noch für viele Menschen Descartes' Ansicht selbstverständlich ist und keiner Überprüfung bedarf.

Damit wird jetzt auch wissenschaftlich gestützt, was aus kulturphilosophischer Sicht bereits seit 1950 vermutet wurde. Die duale Aufspaltung als Prägung unserer Zeit in rational/irrational (oder z.B. richtig/falsch) trennt nicht nur die Welt in zwei einander bekämpfende Lager, sondern sie ist auch sonst weit verbreitet, politisch und ideologisch. Weil es so wichtig ist, die Wiederholung: «Keine der beiden Ideologien kann letztlich siegen, da beide ihrem äußersten Extrem zustreben; alles aber, was ins Extrem führt, führt von der Mitte und vom Kern fort und geht eines Tages im Äußersten unter. Die Distanz zwischen Mitte und Extrem ist zu groß geworden, so dass da verbindende Band reißt. Und es scheint, als sei es bereits gerissen, denn es wird immer deutlicher, dass das Individuum in die Isolation hinausgetrieben wird und das Kollektiv in die Vermassung hinein sinkt» (Gebser).

Dieser Prophezeiung wird wohl nicht groß zu widersprechen sein. Auf der einen Seite die rapide Zunahme der Einpersonenhaushalte mit der parallel dazu verlaufenden, oft beklagten Vereinsamung, auf der anderen die Massenveranstaltungen, die lärmigen, sportlichen oder päpstlichen als aktiv involvierende oder die passiv erduldeten Fernsehshows, die desto höhere Einschaltquoten generieren, je anspruchsloser das Zielpublikum eingeschätzt wird.

Wohl am augenfälligsten ist die negative Seite dieses dualistischen Weltverständnisses in der Politik sichtbar. Unter verschiedensten Parteienbezeichnungen bekämpfen sich linke und rechte Gruppierungen oder progressive und konservative Kreise (Kapitel 4 und 5), jede und jeder für sich in Anspruch nehmend, «richtig» zu handeln, die «Wahrheit» zu kennen oder «im Recht» zu sein. Dieses Denken ist im Mittelalter verhaftet. Es ist unserer Zeit, Jahrhunderte nach der Aufklärung, unwürdig. Es ist jenem Schema verhaftet, das über die Jahrhunderte Kriege als Vorbedingung zum Frieden oder Kampf als Schiedsrichter zwischen Sieger und Verlierer voraussetzte. Es umfasst jedoch weit mehr, als diese beiden offensichtlichen Kraftmeiereien. Das Weltverständnis, das «Politik ist Kampf» suggeriert, ist anachronistisch, nachdem die Wissenschaft belegt, dass der Mensch gar nicht nach dieser Devise funktioniert. Warum bringen wir auch im 3. Jahrtausend keine politischen Lösungen zustande, die als Resultat der Überwindung dieses dualistischen Urgefühls gefeiert werden könnten? Ist es tatsächlich so, dass beide Seiten (eben: Feinde, statt Friedensuchende) gar keine Lösung wollen? Israel und Palästina – das abschreckende Beispiel?

Wenn wir der Sache noch etwas auf den Grund gehen, entdecken wir im täglichen Verhalten überall die beiden relevanten Verhaltenspaare. Hier das überholte, alte, dualistische, dort das zukunftsträchtige, neue, integrale. Nicht immer ist das klar ersichtlich, oft sind es subtile Gewohnheiten, die sich hinter der Tagesroutine verstecken, oft bestimmen natürlich auch die persönlichen Prägungen das bevorzugte Ritual (Kapitel 4): Polemik statt Sachlichkeit, Gegnerschaft statt Gemeinsamkeit, auf Recht beharren statt Lösung suchen, Ideologie statt Offenheit, begrenzte statt umfassende Verantwortung, äußere Größe statt innerer Wert, Wegwerfen statt Recycling, ignorant statt integrierend, hierarchisch statt vernetzt, kurzfristig statt langfristig, überheblich statt bescheiden, geschlossene statt offene Grenzen, egoistisch statt solidarisch, verbrauchen statt erhalten, desinteressiert statt engagiert, verharrend statt beweglich, vergangenheitsorientiert statt zukunftsoffen, linear gegen chaotisch, teilend statt übergreifend, fragmentiert oder dualistisch statt ganzheitlich. Die Liste ließe sich über Seiten fortsetzen. Dass sich trotzdem etwas verändert, zeigten am ehesten kulturelle Aspekte. In der Malerei ist es nicht mehr das Abbild schaffende, sondern das Transparenz suggerierende Werk, in der Architektur weicht das Geschlossene, Trennende (Beton) dem Offenen, Verbindenden (Glas), in den Medien muss die Zensur der Pressefreiheit weichen, in der Literatur ist die Zeit der heilen Welt etwas aus der Mode gekommen zugunsten einer zeitkritischen Einstellung. Statt in zwei politische Lager gespaltene Nationen prägen immer mehr mehrparteiliche, ja parteilose Politsysteme die modernen Länder und die etablierten Kirchen verlieren an Orientierungswert, da sie noch zu oft das Trennende (oder gar das Intransparente) repräsentieren.

Wem das jetzt etwas gar abstrakt vorkam, hier noch weitere Beispiele aus unserem Alltag, Fälle mit verzögerter Reaktion sozusagen, konkrete Muster, die den Verlust der ganzheitlichen Interpretation belegen. Das Marktprinzip hat das übergeordnete Moralprinzip verdrängt – hier die Ethik, dort die Wirtschaft. Fragmentarische, kurzfristige Managementlehren ließen die komplexen, langfristigen Systeme verkümmern. Die Finanzbranche kreiert «hochprofitable» Produkte, deren mathematischen Modelle gar nicht in der Lage sind, die reale Welt mit ihren Überraschungen widerzuspiegeln. Sehr umfassend und differenziert bringt der Systemdenker Egon Zeimers die Krise des (ökonomischen) Denkens zu Papier. «Wir müssen aufhören, Probleme isoliert anzusehen», rät er dringend. Kritisiert wird von ihm das vorherrschende Denken: «Man zerstückelt die Welt in scheinbar voneinander unabhängige Bereiche. Man versteift sich auf Einzelprobleme und Einzellösungen. Und man betrachtet die Welt nicht als das, was sie ist, ein lebendes, komplexes System, in dem sich die Elemente über bisweilen unsichtbare Fäden wechselseitig beeinflussen. Wer systemisch auf die Welt blickt, käme nie auf die Idee, ein Land oder ein Kontinent könne sich [heute] von der Entwicklung anderswo abkoppeln» (Zeimers).

Auch viele Probleme, die uns die Wirtschaft in letzter Zeit beschert hat, können unter dem Aspekt fehlenden ganzheitlichen Verständnisses aufgelistet werden. Einer der wichtigsten Ökonomen der jüngeren Vergangenheit, Peter F. Drucker (1909–2005), der amerikanische, unabhängige Denker für Theorie und Praxis im Management, hat die Irrwege früher als andere erkannt und davor gewarnt. Immer wieder verwies er auf die gesellschaftlichen Auswirkungen dessen, was Spitzenmanager provozieren, wenn sie auf einem Auge blind sind. Präzis formulierte er Zweck und Mission des Unternehmens – konträr oft zur ökonomischen Gewinnmaximierung hier und zu gewerkschaftlichen Begehren dort. «An die Stelle von Prognosen und Fortschrittsglauben setzte er die Praxis des «Innovierens» und die Idee einer Zukunft, die nicht passiert, sondern heute zu gestalten ist, damit das Morgen anders wird. Drucker hat als Erster die Bedeutung von Management in seiner sozialen Ganzheit gesehen – die Spannungsfelder von Kontinuität und

Wandel, Konservierung und Innovation, Gemeinschaft und Gesellschaft, von großen Ideen und der Arbeit des Menschen» (Fredmund Malik).

Überall im Alltag begegnen wir den Überresten des dualistischen Denkens und Handelns. Zu Zeiten des ursprünglichen Verständnisprinzips zweier verschiedener, nicht zur Einheit führbarer Zustände (der Begriffspaare wie Leib und Seele, Gott und Teufel), der strikten Trennung also, mag das nachvollziehbares, ja natürliches Verhalten bedeutet haben. Die Überwindung dieser Trennung ist vordringlich und lohnenswert. Wir sind im 21. Jahrhundert angekommen.

ARISTOTELES, LEHRER DES MÄCHTIGSTEN MANNES DER WELT
PHILOSOPHISCHER ZWISCHENHALT VI

Am besten, man stellt sich Aristoteles (384–321 v. Chr.) als Professor vor, der um 340 v. Chr. in Athen seine eigene Universität gründete, das Lykeion. Natürlich gab es zu jener Zeit bereits die Akademie, doch deren Rektor war von Aristoteles als «zu leicht empfunden» worden. Schließlich konnte Aristoteles einen Lebenslauf vorweisen, der ihn abhob vom Rest des Lehrkörpers: Als Lehrer Alexanders (damals noch nicht des Großen) für einen Zeitraum von acht Jahren konnte er eine einmalige Referenz vorweisen. Der später mächtigste Mann der damaligen Welt war sein Schüler gewesen. Es erstaunt denn auch nicht, wenn «sein» Lykeion innert kurzer Zeit einen höheren Stellenwert einnahm als die Akademie. Aristoteles' äußeres Markenzeichen: Er hatte die Gewohnheit, beim Dozieren unablässig umherzuwandeln.

Dass alles, was Aristoteles gesagt hatte, während 2000 Jahren als unfehlbar galt, ist eine Tatsache, die beweist, dass Unanfechtbares oder Unangefochtenes leicht zu Dogmen versteinert. Doch dafür ist natürlich nicht Aristoteles verantwortlich zu machen. Als Begründer der formalen Analytik, die das Denken nicht nur nach dem Inhalt, sondern auch der Form nach untersucht, etablierte er sich als wohl wirkungsmächtigster aller Philosophen. Neben der Logik legte er Grundlagen zur Metaphysik. In unserem Zusammenhang interessiert aber auch und vor allem sein umfassendes Werk *Die Nikomachische Ethik*. In seiner etwas spröden Art analysiert er gewissenhaft und genau das ethische Verhalten im Alltag des Menschen. Jetzt wird wohl klar, weshalb dieser Aspekt des riesigen Werks des großen Denkers zu faszinieren mag: In einer Zeit, in der Ethik, ethisches Verhalten im Alltag, für viele Menschen zum belächelten Fremdwort verkommen ist, mag es doch erstaunen, mit welcher Klarheit vor über 2300 Jahren diese Werte betont wurden. Leider ist Aristoteles keine Pflichtlektüre im ökonomischen Lehrgang, immerhin ist das Institut für Wirtschaftsethik an der Universität St. Gallen (Schweiz) neuerdings insofern aufgewertet worden, als weite Kreise sich zu fragen begannen, weshalb diese Grundqualität in vielen Chef-Etagen der Wirtschaft abhanden gekommen ist (Rechtfertigungsversuche etwa für Lohnbezüge).

Für Aristoteles jedenfalls bedeutete Ethos «Verhalten, Gewohnheit, Sitte», also die Moral – wie man sich verhalten und wie man handeln muss. Zwei Unterschiede machte er dabei: Die Vorzüge des Charakters und die Eigenschaften des Verstandes. Die ethische Tugend kann auch als richtige Mitte zwischen zwei entgegengesetzten Lastern bezeichnet werden. Hier eine kleine, nicht repräsentative Auswahl – zum darüber nachdenken:

Übermaß	Ethische Tugend	Untermaß
Jähzorn	Gelassenheit	Phlegma
Tollkühnheit	Tapferkeit	Feigheit
Hemmungslosigkeit	Scham	Schüchternheit
Gewinnsucht	Recht	Verlustangst
Verschwendungssucht	Großzügigkeit	Knauserei
Unterwürfigkeit	Würde	Selbstgefälligkeit

(zitiert nach De Crescenzo).

Heute kann man sich natürlich auch andere ethische Tugenden ausdenken, von denen die athenische Gesellschaft noch gar nichts ahnte. Etwa für oder gegen ein Atomkraftwerk zu sein und dabei auch die Argumente der Gegenseite zu bedenken. Oder in der Schweiz: Für oder gegen den Beitritt zur EU zu sein. In den USA für den amerikanischen Präsidenten: Für oder gegen eine Zweistaatenlösung Israel/Palästina einzutreten. In Deutschland für die deutsche Kanzlerin: Für oder gegen den Datenklau bei Schweizer Banken zu plädieren. Das ethische vertretbare Mittelmaß zu finden ist nicht immer leicht, doch lohnenswert.

Aristoteles gilt als Begründer der abendländischen Wissenschaft, er soll – gemäß einem gelehrten Gewährsmann – nicht weniger als 445 270 Zeilen hinterlassen haben. Er darf ohne Zögern auch als Ahnherr jedes Humanismus bezeichnet werden, seine Ethik ist aber im Kontext seiner Zeit zu verstehen, «noch war der Mensch ohne Bruch in das Ganze der Welt eingefügt» (Weischedel). Ein wesentlicher Unterschied zu heute: Damals besaß der Mensch den Logos, um die Welt zu erkennen, nicht um sie sich untertan, zur Beherrschung oder Ausbeutung zu machen. Auch hier lohnt sich der Vergleich. Heute gelten in der Wirtschaft die Devisen Marktführerschaft, Marktgläubigkeit, Marktdominanz – also das Beherrschen (ein Teilaspekt), dabei tritt das Ganze (die Gesellschaft, die Menschheit), dessen Erkennen und *Verstehen* in den Hintergrund. Das Denken dieses nüchternen Mannes hatte gewiss einen religiösen Ursprung. Allerdings nicht den Schöpfergott des (späteren) Christentums, der von außen her die Welt erschuf, sondern die Gottheit als das der Welt immanente letzte Ziel ihres Strebens. Was Luther wiederum veranlasst haben soll, ihn als «Fabeldichter» zu bezeichnen.

Dass sich Aristoteles durchaus auch politisch äußerte (zur Polis) und zu den Verfassungsformen gibt Zeugnis des ganzheitlichen Verständnisses dieses großen Philosophen und Wissenschaftlers verschiedener Disziplinen: Weniger die Anzahl der Regierenden ist ausschlaggebend, sondern es gilt die einfache Unterscheidung in gut (was dem Gemeinwohl dient) und entartet (was nur die Interessen des jeweils Herrschenden verfolgt). Capito?

Das Vertrauen auf die «gerechte oder goldene Mitte» ist ungebrochen. Die heutigen Wirtschaftskapitäne müssen sich eines Tages, bevor der angerichtete Schaden noch größer wird – was ihre Managementvergütungen betrifft – zwischen Belohnung und Begünstigung für die ethische Variante entscheiden. In der politischen Großwetterlage ist mit dem Eintritt des amerikanischen Präsidenten

Barack Obamas ein Mann mit «ethischem» Leistungsausweis auf die Weltbühne getreten, der sich ausdrücklich als «Mann der Mitte» bezeichnet.

Einmal mehr lohnt sich der Blick zurück in die Antike. In diesem Buch des «Epochalen Neubeginns», der auf Zeiten des Niedergangs und Übergangs folgt, ist mit einer gewissen Gelassenheit daran zu erinnern, dass schon Aristoteles und Platon davon überzeugt waren, in Zeiten des Niedergangs zu leben (Georg Kohler).

7 Die gesellschaftlichen Herausforderungen
Verantwortung wahrnehmen

DIE GLOBALE KLIMAERWÄRMUNG

In diesem Kapitel werden sechs der großen Herausforderungen thematisiert, die uns als Gesellschaft beschäftigen – in kollektiver Verantwortung sozusagen. Je drei Themen sind in sachliche und geographische Blöcke unterteilt. Die wohl drängendsten Aufgaben unserer Zeit sind Klimaentwicklung, Energieversorgung und Nachhaltigkeit, alle drei in ursächlichem Zusammenhang und sowohl im Einzelnen, als in ihrer vernetzten Ganzheit virulent. Für uns besonders interessant scheint zudem die Zukunftsbewältigung in den USA, der EU und der Schweiz, auch hier ist die große, gegenseitige Abhängigkeit sichtbar. Allerdings eher des Kleinen vom Großen.

Die Klimaerwärmung sollte uns nicht länger kalt lassen. Diese Tatsachen unterstützen den Aufruf: Die weltweite Klimaerwärmung ist ein Fakt, verheerende Trockenheit, gewaltige Überschwemmungen und desaströse Waldbrände deren Folge; Internet und Computerrechnerkapazitäten ermöglichen die Beweisführung, die Neurowissenschaften suggerieren, dass der Mensch durchaus zur Zusammenarbeit geboren ist (Kapitel 3) und das alles ohne weiteres verstehen könnte.

Die schrillen Diskussionen, wer für diese Erwärmung verantwortlich ist, zielen an der tatsächlichen Problematik vorbei, sie sind über weite Strecken Ablenkungsmanöver. Diese Auseinandersetzungen werden nach dem bekannten Schema dualistischer Halbweltbilder missbraucht. Da sind meistens jene kapitalkräftigen und medienpräsenten Kreise, die das Ganze als Hysterie der Klimaalarmisten abtun. Es sind die großen Erdöl- und Erdgaslobbys, denen ihr egoistischer Einsatz nicht einmal verübelt werden kann. Bäcker plädieren ja ebenfalls nicht dafür, kein Brot mehr zu kaufen. Da sind aber auch die einfältigen politischen Kräfte, die gar nicht in der Lage sind, differenziert nachzudenken. Sie verwechseln, um sich bei ihrer Anhängerschaft zu profilieren, Ursache und Wirkung. Und schließlich tragen unüberlegte Äußerungen von Klimaforschern und peinliche Fehler des IPCC[47]-Präsidenten nicht zu einer vernünftigen Diskussion bei.

Am Anfang des 21. Jahrhunderts sind wir alle Teil eines nie da gewesenen Experiments: Zum ersten Mal muss die Menschheit versuchen, globale Bedingungen durch koordiniertes Verhalten zu bewältigen. Bald 20 Jahre nach Beginn dieser Suche sind im Dezember 2009 in Kopenhagen (Klimakonferenz) nur mehr klägliche kleine Fortschritte auszumachen. Es scheint, als ob die Voraussetzungen für ein globales Miteinander noch nicht gegeben wären. «Die Kooperationsfähigkeit von Menschen beruht auf ihren gemeinsamen lebensweltlichen Erfahrungen, auf die sie sich unausgesprochen beziehen. Dieser Grundstock gemeinsamer Erfahrungen fehlt uns offenbar» (Ulrich Schnabel). Vielleicht sind die Zielsetzungen zu abstrakt? Wer kann sich schon etwas vorstellen unter «Zwei-Grad-Ziel»?

Der Klimawandel ist also ein Fakt, keine einzige Stimme hat am Klimagipfel die Resultate der Wissenschaft angezweifelt. Jetzt sind die Stimmen der beharrlichen Klimawissenschafter von besonderer Bedeutung. Hans von Storch, der norddeutsche Klimawissenschafter, gilt als einer, der in keine Schublade passt und der dogmatische Töne scheut. Er erkennt in der Haltung von Skeptikern und jener von Alarmisten viele Parallelen: «Beide sind verstockt, beide geben

---

47 IPCC: Intergovernmental Panel of Climate Change, Weltklimarat des UNEP.

vor, sich ganz sicher zu sein, beide haben einfache Weltbilder. (...) Eine Zunahme des Gehalts an Treibhausgasen in der Luft führe nun einmal zu einer Erwärmung und dadurch werden die Meeresspiegel weiter steigen. (...) Ernsthaft debattieren Forscher aber über das Ausmaß des vom Menschen verursachten Klimawandels und über weitere Folgen. Da seien noch viele Fragen offen, und das müsse man auch zugeben» (Sven Titz). Doch Fakten haben es schwer, wenn sie nicht ins Weltbild passen, das wissen wir seit Galilei. Ion Karagounis (Stiftung Praktischer Umweltschutz) hofft auf «geänderte Zeiten» – eine intakte Umwelt stellt für eine Mehrheit der Menschen je länger je mehr einen zentralen Wert dar. Er hat durchaus Verständnis für ein gewisses Ohnmachtsgefühl gegenüber geballtem Expertenwissen. Das größte Defizit ortet er darin, dass viele Menschen zwar ein Marktversagen bei diesen Problemen mit der Umwelt zugeben, jedoch noch nicht bereit sind, die täglichen persönlichen Konsequenzen in ihr «Denkmodell» einzubeziehen.

Besonders nach dem kalten Winter 2009/2010 triumphieren einige Skeptiker, zu Unrecht, natürlich. Sie vergessen, dass das Klima nicht vor ihrer Haustüre, sondern weltweit stattfindet. Zwar froren viele Menschen in den USA und in Europa, doch das ist nur die halbe Wahrheit. Der Winter war einer der wärmsten überhaupt seit Messbeginn. Insgesamt lagen die Temperaturen rund 0,7 Grad über dem langjährigen globalen Durchschnitt.

Seien wir doch ehrlich! Seit 1990, dem Referenzjahr des Kyoto-Abkommens, sind die weltweiten CO^2-Emmissionen um 40 % gestiegen. Ursache ist das weltweite Wachstum der Volkswirtschaften. Trotzdem verzichten wir nicht auf Konsum, der als Treiber hinter diesem Wachstum steht. Noch ist offensichtlich das Risiko nicht erkannt. Deshalb plädieren Fachleute seit langem dafür, endlich CO^2-Abgaben, ökologischen Steuern und Emissionszertifikaten vorwärts zu bringen. Fast jeder Mensch reagiert eben erst auf (finanzielle) Anreize, das ist bekannt. Doch da wären wir wieder bei der Politik – und die wird bekanntlich sanft an die Hand genommen durch die Wirtschaft (Kapitel 6). Warten wir deshalb vergeblich?

Dass als Folge der Klimaerwärmung der Meeresspiegel steigt, ist ebenfalls unbestritten. Gemäß nüchternen Berechnungen der Klimaforschung dürfte der Anstieg bis ins Jahr 2100 76 cm betragen – dies nach dem konservativen Modell. 59 cm, wenn die Menschheit so weitermacht, wie bisher und 17 cm für das Abschmelzen der Grönland- und Antarktisgletscher. Aber: «Es gibt Defizite im wissenschaftlichen Verständnis des Meeresspiegelanstiegs. Vielleicht unterschätzen die Berechnungen die wirklichen Verhältnisse» (Max Rauner). Diesen Nachsatz mögen die Deichbauer in Deutschland und Holland nicht gern hören. Dagegen schätzen einige Forscher den Anstieg in diesem Zeitraum auf nur 20 cm, doch es gibt eine ganze Anzahl, die von Werten von weit über 1 m sprechen. Man weiss es also nicht so genau. Immerhin ist man sich einig, dass das komplette Abschmelzen Grönlands einen Meeresspiegelanstieg von 7 Metern bewirken würde, dagegen würde das Abschmelzen aller Gletscher in den Alpen zwischen Alaska und Himalaja nur mit 37 cm zu Buche schlagen. Wie auch immer. Das Verdrängen dieser Szenarien ist die weitaus schlechtere Variante als die rechtzeitige, gezielte Auseinandersetzung mit dieser ungemütlichen Folge der Klimaerwärmung. Zwar hat vor allem Holland große Erfahrung im Deichbau, doch – Deiche sind so teuer wie Autobahnen, und niemand weiß zurzeit, ob ein halber Meter höher reichen wird.

In den Alpenländern ist es der anhaltende Gletscherschwund (gut 10 Prozent in den letzten 10 Jahren), der zu Besorgnis Anlass gibt. Nun gibt es natürlich jene Leute, die das weiter nicht dramatisch finden – schwarze statt weiße Hänge, *so what*? Wer über den Tag hinaus denken kann oder will, stellt sich zwei Fragen. Woher wird das Gletscherwasser im Sommer kommen, wenn die Gletscher verschwunden sind? Das Verschwinden der Gletscher hat gravierende Konsequenzen für die Wasserversorgung, wird doch heute ein Sechstel alles gespeicherten Wassers im Gletschereis festgehalten.

Fällt dieser «Zwischenspeicher» aus, gerät der Wasserhaushalt der Schweiz aus dem Gleichgewicht. Für die Landwirtschaft (Bewässerung) und für die Energieunternehmen (Stromproduktion) würde das gravierende Nachteile mit sich bringen. Welche Folgen wird das Auftauen des Permafrosts[48] haben, diese Erscheinung, die seit Jahren infolge warmer Temperaturen in den steilen und schneefreien Felswänden beobachtet wird? Die Wintersportorte thematisieren diese Frage ungern, stehen doch nicht wenige Luftseilbahnstützen in solchen Auftauzonen.

Alle Länder des Westens müssen ein großes Interesse an einer globalen Klimapolitik haben. In der Schweiz steigen die Temperaturen sogar stärker als im globalen Mittel. Einige der Folgen: Steigende, intensivere Niederschläge, die Sommer werden trockener, die Winter feuchter. Hohe sommerliche Temperaturen wirken sich negativ auf die Gesundheit des Menschen aus, und ... die Gletscher schmelzen dahin. Der Verkehr ist Hauptverursacher, vor allem der individuelle Freizeitverkehr (Flug- und Autoverkehr). Damit liegt der Ball wieder beim Einzelnen.

Auf die Frage, ob die Schweiz weiter gehen soll als andere Staaten, antwortet Nick Beglinger (Geschäftsführer des Wirtschaftsverbandes Swisscleantech) engagiert. Wir sollten aufhören, nur von den Kosten zu reden, sondern vor allem vom Nutzen. Investitionen in aufsehenerregende Klimaziele lohnen sich längerfristig. Die Schweiz als Exportnation sollte eine Vorreiterrolle einnehmen, was *Cleantech* betrifft. Umwelttechnologie ist, neben Käse und Uhren, beste *Swiss-Made*-Referenz. Worauf wartet die Economiesuisse, der Dachverband der Schweizer Wirtschaft?

---

48 Permafrost: Boden, Sediment oder Gestein, dauernd gefroren.

ENERGIEWEGE IN DIE ZUKUNFT

Die zukünftige Energieversorgung der Menschen beschäftigt uns wohl unmittelbarer als die Klimaerwärmung. Wir realisieren, dass die nicht erneuerbaren Ressourcen endlich sind. Alternativen zu entwickeln dürfte sich nicht nur zum wichtigsten kurzfristigen *Challenge* entwickeln, sondern gleichzeitig auch zu jenem mit dem größten Marktpotential weltweit. Nach der IT-Revolution kommt die Energie-Revolution. Der *Economist* verkündete schon 2008: *The next technology boom may well be based on alternative energy.* (Der nächste Technologieaufschwung wird wohl auf Alternativenergien basieren). Den Fokus legen wir auf diesen Zukunftsmarkt, nur kurz soll zuerst noch von den überholten, nicht nachhaltigen Energielieferanten die Rede sein.

Erdöl und Erdgas betreiben altmodische Systeme. Autos, Schiffe, Flugzeuge, Heizungen konsumieren, was nicht erneuerbar ist. Sie belasten die Umwelt weit über die Toleranzgrenzen hinaus. Ölkatastrophen wie jene 2010 im Golf von Mexiko, als vom 20. April bis Ende Juli 800 Millionen Liter Rohöl ins Meer flossen, sind ökologische, ökonomische und gesellschaftliche Desaster, die das Image und die Finanzen des Betreibers (in diesem Fall BP) nicht nur schädigen, sondern moralisch ruinieren können. Der Mobilitätswahn unserer Zeit[49] treibt die Ölkonzerne zu immer wahnwitzigeren Fördermethoden an. 1950 markierten die ersten Tiefenbohrungen im Meer mit 4.50 Metern den Startschuss zum Fortschritt, bei dem die Vernunft unter geht: Mittlerweile liegt die Höchstmarke bei 3000 Metern, bald werden es 4000 sein. «Allen Warnungen zum

---

49 Mobilitätswahn: Mehr als ein Zehntel der Ölförderung verbrauchen allein die Autofahrer in den USA. Das Trauerspiel der Autobauer dauert, die Autos des Modelljahres 2009 verbrauchen sogar etwas mehr Sprit als die des Jahres 1987 (USA). Durch falsche Anreize, – die Mineralölsteuern werden immer noch künstlich tief gehalten – gehen den Staaten riesige Steuererträge verloren, die sie nun wirklich gebrauchen können. Erschwerend kommt dazu die Tatsache, dass allein in China im Jahr 2009 13 Millionen Pkw und leichte Nutzfahrzeuge zugelassen wurden (Anna Marohn & Fritz Vorholz).

Trotz: Tiefenbohrungen im Meer werden weiter zunehmen – weil der Öldurst weiter wächst» (Anna Marohn & Fritz Vorholz).

Die westlichen Verbraucherländer begeben sich damit in eine unheimliche Abhängigkeit der Förderländer, sowohl was Preis, als auch Lieferbeständigkeit betrifft. Dass neuerdings im Teersand der Tundra (Kanada) nach Erdölvorkommen geschürft wird, ist ein Skandal erster Güte: Diese Art von Förderung verursacht riesige Umweltschäden (Reiner Luyken), hinterlässt eine «Mondland-schaft», die Produktion ist kompliziert und der CO_2-Ausstoß ist gigantisch. Es lohnt sich nicht, in diesem Buch darüber weiter zu berichten. Dass der Ersatz von konventionellen Treibstoff durch Biotreibstoff ebenfalls einen kapitalen Unsinn darstellt, ist offensichtlich. Aus Lebensmitteln Treibstoff herzustellen ist inakzeptabel: Es hungern bereits heute zu viele Menschen. Immerhin zeigen sich da intelligentere Möglichkeiten: Auch aus Algen könnten Biotreibstoffe erzeugt werden, allerdings wäre ein gigantischer Flächenbedarf notwendig. Besonders findige Landwirte gehen neue Wege: Aus Kuhmist kann durch Vergärung Biogas erzeugt werden, allein in der Schweiz stehen über 750 000 Kühe bereit.

Dass in der Schweiz die FDP noch im Jahr 2008 Inserate schaltete «Ja zu Nachhaltigkeit mit Kernenergie» ist nur noch peinlich. Auch wenn im Moment nicht auf Atomkraftwerke verzichtet werden kann, sind sie langfristig keine Alternative. Seit Beginn des Atomkraftwerkzeitalters sucht man weltweit nach Endlagermöglichkeiten – ohne fündig zu werden. Es gibt keine Lösung für radioaktive Abfälle, denn die (betroffene) Bevölkerung wehrt sich dagegen. «Gorleben» im November 2010 lässt grüßen. Deutschlands Anti-Atom-Aktivisten sind mitnichten ein Haufen linker und grüner Chaoten. Abgesehen von der realen Gefährdung durch einen Supergau (wer kann den schon «mit Sicherheit» ausschließen?), wären die Folgen nicht versicherbar, müssen es auch nicht sein, da die Prämien unbezahlbar wären. Keine Zukunftsperspektiven.

Kommen wir zu den erfreulichen Aussichten. Die weitaus güns-

tigsten und schnell realisierbaren Alternativen liegen im Einsparbe-
reich. Energie zu sparen durch bauliche Maßnahmen in Gebäuden
oder Ingenieurleistungen im Auto- und Flugzeugbau sind vernünftige Investitionen, weil dadurch die Verbrauchskosten sinken.
«Stromfresser» gehören in den Sondermüll. LED-Leuchten und au-
tarke Gebäude sind «in» (Offroader, Ölheizungen, Glühbirnen sind
«out»), schreibt die NZZ am Sonntag. Häuser ohne Heizung sind
heute schon Tatsache (Passivhäuser in Deutschland). Energie-Effizi-
enz heißt das Zauberwort: Für den gleichen Nutzen weniger Energie zu verschleudern, ist intelligent und entspricht den wissenschaftlichen Fortschritten einer Gesellschaft zu Beginn des 21.
Jahrhunderts. Die Elektrizitätsnetze sollen mit Hilfe der Informatik
in Smart Grids verwandelt, das heißt, Produktion und Verbrauch
damit besser aufeinander abgestimmt werden. Diese Neuerfindung
der Elektrizitätsnetze basiert auf dem Einsatz von digitalen Strom-
zählern als Informationsdrehscheiben, Angebot und Nachfrage von
Strom können dadurch optimiert werden. Selbst im Kleinen kann
das funktionieren: Mit einem Mini-Chip können Elektrogeräte zu
individuell ansprechbaren Netzwerkkomponenten verwandelt werden (Stefan Betschon).

Wir brauchen eine Revolution im Energieverbrauch, wurde der
2010 verstorbene Nicolas Hayek nicht müde anzumahnen. Mit sei-
ner Belenos Clean Power Holding will er den Einsatz von sauberer
Energie beschleunigen. In Kooperation mit der ETH und dem
Paul-Scherrer-Institut geht er aufs Ganze: Mit der Energie von Solarzellen wird über den Elektrolyseprozess Wasser in Sauerstoff und
Wasserstoff aufgespaltet. In der Brennstoffzelle wird mit Wasserstoff
Energie erzeugt. Als Nebenprodukt entsteht Wasserdampf. Irgendwann in der Zukunft könnte jedes Haus mit einem solchen kleinen
Gerät selber Wasserstoff produzieren. Weitere *Joint-Ventures* stehen
an. Pioniere braucht das Land!

Wenden wir uns weiteren viel versprechenden Möglichkeiten
zu. Wenn heute Verkehr und Stromversorgung noch zwei getrenn-

te Bereiche sind, zeichnet sich mit den Hybridautos eine interessante Überschneidung ab. Mit immer leistungsfähigeren Batterien können sie nicht nur Strom selber produzieren, sondern bald einmal über die Steckdose ins Netz zurückspeisen. Sie werden so zu rollenden Speicherkraftwerken, auf die die Energieversorger bei Bedarf zurückgreifen können. Nachts, am Stecker angeschlossen, wird aufgeladen, tagsüber ins Netz zurück gespeist. Wie? Fahrzeuge sind während 90 % ihrer Lebenszeit vor allem «Stehzeuge», während sie ungenutzt herumstehen, könnten sie problemlos Strom an die Steckdose abgeben. Die Batterien dienen als Pufferspeicher.

Offshore-Windparks nutzen heute schon das große Potenzial der Windenergie an dafür geeigneten Stellen, in erster Linie an Meeresküsten. Bereits ist in den USA eine neue Generation von schwimmenden Wind-Turbinen im Einsatz, die auch weiter draußen im Wasser einsatzfähig sind. Wenn man bedenkt, dass gut 70 % der Erdoberfläche von Ozeanen bedeckt sind, ermisst man das enorme Energiepotenzial, das mit den verschiedensten Techniken angezapft werden kann. Gemäß *Economist* könnten die globalen Wind-Ressourcen spielend den Weltbedarf an Energie decken. Neben den Windparks sind das Meereswärmekraftwerke (Temperaturdifferenz), Osmosekraftwerke an Meeres-Flussmündungen (Druckerzeugung zwischen Süß- und Salzwasser), Gezeitenkraftwerke (Turbinenantrieb durch Flut und Ebbe), Meeresströmungskraftwerke (Strömungsantrieb der Turbinen oder Rotoren), Wellenkraftwerke (Umnutzung kontinuierlicher Wellenbewegungen). Rein theoretisch könnte man durch sie allein den Energiebedarf der ganzen Welt befriedigen.

Riesige Sonnenkraftwerke in der Sahara könnten Europa mit sauberem Strom versorgen. In den USA produziert ein solches gigantisches Solarkraftwerk seit 20 Jahren mit Hilfe von über 900 000 Spiegel, ohne dabei auch nur ein Gramm klimaschädliches Kohlendioxid in die Luft zu blasen. Die für die Dampferzeugung benötigte Hitze wird durch die Bündelung von Sonnenstrahlung erzielt.

Die Sonne ist wohl überhaupt die Kraft, die uns zukünftig unabhängig von den nichterneuerbaren Energien machen wird. Hausdächer, Fenster, Fassaden eignen sich für die verschiedensten Typen von Solarzellen, die in der Dünnfilmtechnologie das große Potenzial bilden, natürlich neben den konventionellen Sonnenkollektoren zur direkten Wassererwärmung. Stündlich erreicht mehr Sonnenenergie die Erde, als von der gesamten Menschheit pro Jahr verbraucht wird (*National Geographic*, Energiewege in die Zukunft).

Bedeutend bescheidener machen sich da die Kleinwasserkraftwerke aus, überall in Europa sind sie möglich. Mit ihnen könnte weit mehr an Kilowattstunden produziert werden als heute. Sobald die Vergütungen steigen werden, wird diese Art der Stromproduktion aktuell – steigen werden die Strompreise allemal, das sind sich alle einig.

Während die Schweizer Wirtschaft sich schwer tut, wirbt die deutsche Eurosolar: «Mit der Kraft der Sonne – Deutschland muss seine weltweit führende Rolle in der Solartechnik erhalten.» Der schweizweit führende Klimaexperte kann die Zurückhaltung in seinem Land nicht verstehen. Er ist dezidiert der Meinung, das Land verpasse da eine einmalige Chance, bei der Führerschaft in Zukunftstechnologien mit zu mischen. Auf die Frage, welchen Appell er an die Schweizer Wirtschaft habe, antwortet er: «Endlich einsehen, dass wir das erste Mal in der Geschichte der Menschheit vor einem Wandel stehen, dessen lokale und globale Konsequenzen die Wissenschaft über einen Zeithorizont von 50 bis 100 Jahren recht genau abschätzen kann» (Thomas Stocker). Auch Martin Grosjean, Geographieprofessor an der Universität Bern leidet: «Die Schweiz ist selber schuld, dass sie vom wirtschaftlichen Potenzial der erneuerbaren Energietechnologien kaum profitiere, die Entwicklung verschlafe».

Eine ökologische Steuerreform ist angesagt. Nicht-erneuerbare Energieträger müssen endlich besteuert werden – eine Vereinfachung des Steuersystems (ohne zusätzliche Steuerbelastung) ist überfällig. Dies könnte zum dringend wünschbaren Schub für die Clean-Tech-Branche führen. Selbst die 2000-Watt-Gesellschaft als Vision wird immer konkreter. Die Wissenschaft ist überzeugt von ihrer Realisierbarkeit ohne einschneidende Verzichte. Über das problematische Zusammenwirken von Politik und Wirtschaft (Energielobby) war schon im letzten Kapitel die Rede. Die Politik muss sich von den konservativen Wirtschaftskreisen (Economie-suisse, Avenir Suisse) emanzipieren.

Während hierzulande noch diskutiert wird, zeichnet sich in Kalifornien ein neues Silicon Valley ab. Wo einst der Computerboom seinen Anfang nahm, sind mittlerweile mutige Investoren daran, das Nachfolge-Wunder aufzubauen. Es werden bestehende Modelle laufend verbessert (z.B. Photovoltaik), daneben wird an neuen Technologien getüftelt, von denen wir noch nicht einmal träumen. Bereits kann das teure Silicon als Basismaterial teilweise ersetzt werden durch eine alternative Metalllegierung, die so dünn ist, dass sie auf Haaren aufgetragen werden kann. Solche Filme können unsichtbar auf Fensterscheiben appliziert werden – man muss sich das vorstellen: Glasfenster als Stromlieferanten.

Die Zukunft sieht rosig aus. Patrick Dixon, Arzt und IT-Unternehmer und Berater von Großkonzernen, ist überzeugt, dass die Amerikaner, immer stark in Krisensituationen, in Bälde jährlich 100 000 kleine Solar-Anlagen bauen werden. Wenn zudem die nächste Generation von Solarzellen auf den Markt kommen wird, die dank hundertfacher Leistung die Kilowattstunde für 10 Cent erzeugt, werden wir eine «Explosion» dieser Technologien erleben. Auch der CEO des amerikanischen Energiemultis General Electric ist überzeugt dass, ob Photovoltaik, Windturbinen oder andere Quellen, es am Ende die Kombination von allem sein wird. Langfristig gesehen, wird man fossile Energieträger nur noch in sehr geringem Maß brauchen. Rein technisch ist es möglich, alles mit Wind- und Sonnenenergie zu machen. Es gibt kein Gesetz der Physik, das dem widerspricht.

MEGATREND NACHHALTIGKEIT

«Nachhaltigkeit» – wohl *das* Wort, unter dem jeder Mensch etwas anderes versteht? Nachhaltig anlegen, nachhaltig reisen, nachhaltig Gewinn erzielen? Der gezielte Missbrauch eines Wortes, das seine Bedeutung in den letzten 25 Jahren gewaltig erweitert, ja im Grunde genommen verändert hat, ist entlarvend. Noch in der neuesten Ausgabe des Dudens lesen wir – wie vor 25 Jahren eben: «sich auf längere Zeit stark auswirkend; (…) forstwirtschaftliches Prinzip, nach dem nicht mehr Holz gefällt werden darf, als jeweils nach wachsen kann.» Natürlich heißt es das, doch zu Beginn des 21. Jahrhunderts verstehen verantwortungsvolle Menschen darunter vor allem auch etwas ganz anderes. Etwa: «Entwicklung, die die Bedürfnisse heutiger Generationen erfüllt, ohne die Voraussetzungen künftiger Generationen, ihre Bedürfnisse dereinst ebenfalls erfüllen zu können, einzuschränken» (UNO-Leitbild). Oder: «Nachhaltige Entwicklung basiert auf der Idee der gleichzeitigen und gleichberechtigten Umsetzung umweltbezogener, sozialer und wirtschaftlicher Ziele.» Im angelsächsischen Raum ist die zeitgemäße Interpretation längst Routine und klar: *Sustainability (sustainable)* steht für Nachhaltigkeit (nachhaltig) des modernen Verständnisses. Für das alte, frühere gilt: *lasting, ongoing*, also etwa: anhaltend, dauerhaft, beständig. Leserinnen und Leser dieses Buches können jetzt jene missbräuchlichen Applikationen in der Werbung für *nicht* Nachhaltiges erkennen.

Nachhaltig handeln bedeutet also, von den Erträgen eines Systems zu leben und nicht von der Substanz, und dieses Konzept ist auf alle Gesellschaften dieser Welt mit ihren 7 Milliarden Menschen übertragbar. Dass sich der Lebensstandard der westlichen Nationen seit 1950 drastisch erhöht hat, ist hoch erfreulich. Hauptursachen sind u.a. billige Energiegewinnung durch nicht erneuerbares Erdöl/Erdgas und zunehmende Globalisierung. Die unangenehmere Rückseite der Medaille: Klimawandel, Verlust von Biodiversität, steigender Flächenbedarf des Menschen, Wasserverknappung,

Übernutzung von natürlichen Ressourcen. Schon 1987 entwarf die UNO mit dem Brundtland-Report das oben zitierte Leitbild, gültig auch bis heute. Für viele Menschen, ja auch politische Parteien, sind solche hehren Worte Mumpitz. Was soll uns die Welt in 100 oder gar 1000 Jahren interessieren – wir leben jetzt! Die Antwort auf solchermaßen einfältiges Palaver könnte lauten: Die neueste Hirnforschung findet Hinweise darauf (Kapitel 2–4), dass Menschen in Zusammenhängen denken können. Dass das Konzept des Brundtland- Reports inzwischen ergänzt wurde durch die drei miteinander vernetzten Dimensionen Umwelt, Gesellschaft und Wirtschaft, ist das Resultat der Erkenntnis, dass das nur auf globaler Ebene wirklich erfolgreich angewendet werden kann: wenn es ganzheitlich verstanden wird. Unrühmliches Beispiel des Gegenteils: Um CO^2-Emissionen und Erdöl zu reduzieren, ist man in den USA und Brasilien dazu übergegangen, aus Zuckerrohr, Raps oder Weizen Bio-Treibstoff zu gewinnen, mit der Folge, dass diese Lebensmittelpreise weltweit explodierten und die Basis-Nahrungsmittel für viele Menschen unbezahlbar wurden.

In der EU und der Schweiz verbrauchen wir zurzeit etwa dreimal mehr Ressourcen, als die Natur auf regenerative Weise bereitstellen kann. Diese einfache Feststellung sollte uns zu denken geben. «Nach mir die Sintflut!» als nonchalante Lebenshaltung ist unfair, ungebildet, unverständlich. «Was können wir tun?» als Ausdruck einer verantwortungsvollen Auseinandersetzung des Konsumenten mit einer der drängendsten Problematik unserer Zeit, dieser Frage nachzugehen, ist wesentlich spannender, lohnender und sinnstiftender. Seit Teile der Wirtschaft entdeckt haben, dass *Greenwashing*[50] als Geschäftsprinzip zu kurzfristig gedacht ist und dass sich

---

50 Greenwashing: grünwaschen, schönfärben. Neudeutscher Begriff für PR-Methoden, die darauf abzielen, einem Unternehmen in der Öffentlichkeit ein umweltfreundliches und verantwortungsvolles Image zu verleihen (sich ein grünes Mäntelchen umzuhängen), obwohl deren tatsächliche Aktivität dies in keiner Weise verdient. Dabei wird grün als Symbol für Natur und Umweltschutz, und Waschen im Sinne von Geld waschen verwendet.

gesellschaftliche Verantwortung in Kombination mit wahrgenommener Nachhaltigkeit zu Kriterien unternehmerischen Erfolgs hervorragend eignen, ist der Tag nicht mehr fern, da wir alle (Konsumwelt, Politik und Wirtschaft) an einem Strick ziehen werden. Nachhaltiges Denken und Handeln ist erfolgreiches Agieren gegenüber den Herausforderungen unserer Zeit. Wir wissen heute mehr als unsere Vorfahren, wir können das zu einer Erfolgsstory nutzen.

Um dem spröden Begriff Nachhaltigkeit etwas Substanz einzuverleiben, können wir als Beispiel für viele andere «Wasser» heranziehen. Wie im vorletzten Abschnitt beschrieben, ist die Trinkwasserversorgung weltweit gefährdet, nicht zuletzt auch durch den unstillbaren Appetit von Industrie und Landwirtschaft. Wie viel Wasser verbrauchen aber wir, zum Beispiel in Deutschland? Auch wenn in europäischen Haushalten immer sorgfältiger damit umgegangen wird, verschlingt die Herstellung unserer alltäglichen Konsum- und Gebrauchsgüter enorme Wassermengen, oft genau in den Ländern, in denen Wassermangel herrscht. So sieht die Bilanz aus: 125 Liter Trinkwasser wird pro Einwohner und Tag verbraucht[51], dazu kommen durchschnittlich 4200 Liter für einen Menschen pro Tag an «virtuellem» Wasser – ob wir das für möglich halten oder nicht. Die Lösung des Rätsels: Die Herstellung nachfolgender Produkte als Beispiele verbraucht jeweils die zitierten Mengen: Eine Tomate = 13 Liter, 1 Flasche Bier (250 ml) = 75 Liter, 1 Liter Milch = 1000 Liter, 1 kg Käse = 5000 Liter, ein Paar Jeans = 11 000 Liter, ein PC = 20 000 Liter, ein Auto (1500 kg) = 400 000 Liter. Jetzt begreifen wir, dass Nachhaltigkeit uns alle angeht.

Ernst Ulrich von Weizsäcker, promovierter Physiker und Professor der Biologie, hat die Begabung, komplexe naturwissenschaftliche und ökonomische Zusammenhänge für jedermann verständlich auf den Punkt zu bringen. Er hält nichts von Katastrophenszenarien «Nur Spinner klagen über das Ende der Zivilisation» (Ernst Ulrich

---

51 Gemäß www.zeit.de/grafik (Christoph Drösser).

von Weizsäcker), doch er ruft uns alle auf zu handeln. Auch er ortet das Grundübel im viel zu billigen Erdöl und fordert deshalb die Staaten auf, «Energie schrittweise zu verteuern – und fahrenden Festungen, Helikoptertourismus und ähnlichen Zivilisationserscheinungen ein Ende zu setzen» (von Weizsäcker). Die heutige Dinosaurier-Technologie beim motorisierten Individualverkehr hat ausgedient, große Autos und billiges Erdöl sind wichtige Ursachen für den Ausbruch der Krise, davon ist er überzeugt[52]. Weizsäcker plädiert dafür, dass Staaten sich dafür verwenden, statt Energie billig zu halten (Strom kostet heute, gemessen am Einkommen, nur ein Bruchteil dessen, was er vor 100 Jahren kostete), diese zu verteuern und die gewonnenen Mittel in energetische Sanierungen von Gebäuden zu verwenden. Dazu braucht es den Staat – das ist aus betriebswirtschaftlicher Sicht der freien Marktwirtschaft nicht zuzutrauen. Er sieht die Rolle des Staates klar: Dieser hat den Rahmen so zu setzen, dass es dem einfachen Bürger nicht schwer fällt, diese Umstellung zu verstehen und vollziehen. Dies hieße nichts anderes, als dass dieser Staat Preissteigerungen ankündigen und durchsetzen und damit der Wirtschaft ein vorhersehbares Umfeld schaffen würde. Waren hohe Energiepreise in der Vergangenheit unprognostizierbar und unsere Erfahrungen damit durchwegs negativ, so könnten Ökonomen und Ökologen diesmal am gleichen Strick ziehen. Wie wir in diesem Kapitel gelesen haben, ist es Ökonomen nicht verboten, zukünftig längerfristig als bisher zu denken und zu planen.

Wenn unsere westlichen Gesellschaftssysteme heute insgesamt extrem verschwenderisch sind, genügt es also nicht, sich zurückzu-

---

52 Dank billigem Erdöl konnten die US-Regierungen der Bevölkerung das Paradies auf Erden versprechen und damit die Tendenz fördern, ein Haus (auf Kredit) 80 km entfernt vom Arbeitsplatz zu erwerben und die Strecke dorthin mit einem SUV (sport utility vehicle, auch Geländewagen) ebenfalls auf Kredit zurückzulegen. Erst als die Ölpreise explodierten, wurden Häuser und Pendlerfahrten ökonomisch unhaltbar. Das war der Beginn der Subprime-Mortages-Krise.

lehnen und auf neue Technologien oder Innovationen zu vertrauen. Das wird zwar eine große Rolle spielen – so hoffen wir –, doch es braucht daneben neue gesellschaftliche Regeln. Jene Länder, denen es gelingt, diese neuen Spielregeln als Erste einzuführen, werden einen gewaltigen Wettbewerbsvorteil erlangen. Dieser wird moralischer und wirtschaftlicher – sogar kapitalistischer – Natur sein. Diese Regeln zu entwerfen und durchzusetzen – hier sind wir wieder bei den Aufgaben der Politik, die sich eben auch mit unseren Zukunftsproblemen befassen müsste. Wenn sie meint, dafür keine Zeit zu haben, könnte sie diese herausfordernde Arbeit an Projekt-Teams delegieren, in denen jene Leute säßen, die *Verstehen* möchten. Da genügen eben die Lobbyvertreter der Stromindustrie nicht, die seit Jahren von drohenden Versorgungslücken warnen, um neue Atomkraftwerke aufzugleisen.

Der bekannte amerikanische Autor Thomas L. Friedman hat längst zur «grünen Revolution» aufgerufen. Er verweist darauf, dass die Globalisierung den Entwicklungsländern eine wachsende Mittelschicht mit «westlichen» Ansprüchen beschert und damit «die Welt aus den Fugen gebracht habe» (Alexandra Kedves). Zwar gönnen wir diesen Menschen den Aufschwung. Doch hoffen wir insgeheim, dass dies nicht den Übergang zum amerikanischen Verbrauchsmuster nach sich ziehen wird. Friedman warnt ebenfalls vor den politischen Folgen unserer Erdöl-Abhängigkeit. «Durch die Energieeinkäufe finanzierte der Westen nicht nur die Saudi-Diktatur, sondern indirekt auch die al-Qaida und den Islamischen Jihad» (Kedves). Friedman ist heute davon überzeugt, dass wir ohne politische Richtlinien (CO_2-Abgabe, erneuerbare Energien, Höchstgrenzen für CO_2-Ausstoß) auf der Stelle treten. Erst dann stelle sich die Wirtschaft um und erhielten die kreativen Köpfe, die Garagentüftler[53] Amerikas, die Gelegenheit, die Welt zum Nutzen aller neu

---

53 Garagentüftler: wohl in Anlehnung an die Gründer von Apple, Microsoft, Google gedacht.

zu erfinden. Deshalb ruft er auf zur grünen Revolution, zum *Code Green.*

Sinnvoller und naheliegender wäre es für uns Europäer, selbst die Ärmel hochzukrempeln. Wir sollten das Problem hier, vor unserer Haustür, anpacken. Als Konsument, CEO oder Politiker. Es gilt zur Kenntnis zu nehmen, dass auch in Schwellenländern Unternehmen längst daran sind, dies zu erfahren. Nachhaltigkeit als Kern der Strategie wird zur Selbstverständlichkeit und damit zum Erfolgsfaktor. «Diese Unternehmer entscheiden, welche konkreten Nachhaltigkeitsfaktoren für ihr Geschäft wichtig sind. Darauf konzentrieren sie ihre ganze Kraft, im Wissen um die positive Wechselwirkung zwischen Verantwortung und Geschäftserfolg. Auf diese Weise finden die Prinzipien der Nachhaltigkeit auf selbstverständliche Weise Eingang in Unternehmenswerte und Geschäftsstrategie» (Peter Zollinger).

Michael Braungart ist Professor an der Universität Rotterdam und Direktor des Instituts EPEA Internationale Umweltforschung. Er berät Konzerne und Politiker, wie wir in einer Welt leben könnten, in der Konsum und Verbrauch von Gütern kein Sündenfall gegen die Umwelt sind. Die Natur produziert keinen Abfall, heißt seine Devise und er wirbt für erneuerbare Produkte, die nicht in der Abfallhalde enden müssten. Der Verfahrenstechniker ist beileibe kein Romantiker – er plädiert für tolle, lustvolle Produkte, deren Nutzen die Umwelt nicht schädigen, sondern verbessern. «Wenn sich die Menschen wie Schädlinge verhalten, sind wir zu viele auf der Welt. Wir müssen zu Nützlingen werden, die mehr geben, als nehmen. Dann hat die Welt auch mit Milliarden Menschen kein Problem» (zitiert nach Birgit Voigt). Große Unternehmen lassen sich von Braungart «ins Bild setzen»: Bereits existiert eine Liste von 600 Produkten, die seinem *Cradle-to-Cradle-(C2C)*-Prinzip entsprechen. Von Teppichböden, die kompostiert werden können und essbaren, feuerfesten Bezügen für Flugzeugsitze etwa. Den größten Nachhall findet C2C bisher bei den Niederländern. Ganze Regionen versuchen umzurüsten. «Die bauen ihr System um in einer Geschwindigkeit, die ich nicht für möglich gehalten hätte», meint ein überraschter Braungart.

Warum will die Schweiz nicht Nachhaltigkeits-Leader werden? Das neokonservative Denken der Wirtschaftsverbände ist vorläufig noch zu bestimmend. Das neue Denken, von dem in diesem Buch schon so oft die Rede war, hat noch nicht überhand genommen, ist dort noch nicht angekommen. Die Cleantech-Branche erhält für Start-ups kaum finanzielle Mittel. Studienabgängern fehlt es an Unternehmensgeist. Strengere Rahmenbedingungen im Umweltbereich lassen auf sich warten und damit verschläft ein Land seinen Standortvorteil, den es mit der Uhrenindustrie einst begründet und mit Hayek und Swatch wieder aufleben ließ. Dafür lässt es Milliardensubventionen in die Landwirtschaft und seine überdüngten Wiesen fließen, zur Zementierung der Vergangenheit. Die Zukunft grünt anders.

GEGEN OBAMAS REFORMPLÄNE

Seit Barack Obama am 20. Januar 2009 als 44. Präsident der USA vereidigt wurde und den Wahlsieg mit seinen Aufforderungen *Change!* und *Yes, we can!* zur großen Überraschung vieler «erarbeitet» hatte, kämpft er gegen eine unversöhnliche politische Gegnerschaft. Bei den Republikanern ist der «linke» Präsident so verhasst, dass unabhängige Beobachter den Eindruck nicht los werden, es gehe dem konservativen Establishment nicht um die Zukunft ihres Landes, sondern um die Erhaltung ihrer eigenen Macht und privaten Privilegien. Deshalb wehren sie sich mit Händen und Füßen gegen alles – aus Prinzip. Ein trauriges Prinzip für die einst führende Nation der Welt. Die Lähmung als Normalzustand.

Den vorläufigen Höhepunkt dieses irritierenden Zustands markieren die Resultate der Zwischenwahlen im November 2010. Der

236

Erdrutschsieg der Republikaner zeigt unübersehbar die Niedergangstendenzen der einst führenden Nation. Feindbilder prägen die öffentliche Diskussion. Unter dem Druck der Tea-Party, dieser zutiefst rückwärtsgerichteten und provinziellen Bewegung, versuchen die Republikaner erfolgreich, das Rad der Geschichte zurückzudrehen. Die Rückbesinnung auf uramerikanische Werte, die früher einmal fortschrittlich waren, bedeutet heute Rückschritt. Die republikanische Idee des starken Amerikas, das der Welt zeigt, wo es langgeht, zeugt von einem falsch verstandenen Weltbild. Ihre sture Verhinderungspolitik war billig zu haben, schließlich trugen die Republikaner im Kongress keine Verantwortung. Bankrotterklärung des Zwei-Parteiensystems. Glenn Beck, Moderator beim rechtskonservativen Sender Fox News, der seine Anhänger monatelang auf Amerikas Untergang vorbereitete, um sich gleichzeitig als Retter zu positionieren, der populäre Demagoge, hat vorläufig gesiegt. Der Medienpopulismus hat den politischen Populismus zum Erfolg geführt. Da läuten hier und da die Alarmglocken. Unwillkürlich taucht jetzt der Begriff der «Imperialen Überdehnung»[54] in unseren Köpfen auf.

Erinnern wir uns des in Kapitel 4 geschilderten Rollenbildes – der beiden Familien-Frames – erhalten wir Antwort auf die Frage, weshalb Republikaner Obama nicht verstehen können und wie es dazu kam, dass Amtsvorgänger Bush jun. den Krieg gegen den Terror ausrief. Unpopulär, ja geradezu verhasst, ist Obama jenen Republikanern in vornehmlich ländlichen Gebieten, die noch ganz dem Modell «Staat = Familie mit einem strengen Vater» verbunden sind, rückwärtsgerichtet, moralisierend. Diese Sicht prägt auch Bush jun.,

---

54 «Imperiale Überdehnung»: Begriff der Staatstheorie, der die Tendenz mächtiger Staaten mit großem geographischem Einflussbereich beschreibt, ihre materiellen und personellen Ressourcen an einer Vielzahl von Einsatzorten gleichzeitig einzusetzen. Eine Imperiale Überdehnung kann den beginnenden Niedergang eines Imperiums anzeigen. Begründer der Theorie ist der Brite Paul Kennedy mit seinem 1987 publizierten und in über 20 Sprachen übersetzten Buch «The Rise and Fall of the Great Powers» (Aufstieg und Fall der großen Mächte).

der mit seiner Kriegsrhetorik («Krieg gegen den Terror») den Irak-Krieg mit nachweislich falschen Behauptungen vom Zaun riss, um mit diesem «Bild» erfolgreich seine wahren Absichten zu tarnen. Dagegen ist Obama zukunftsorientiert, dem «Fürsorglichen Elternmodell» verpflichtet – für seine Anhänger war die Politik Bushs ein achtjähriges Desaster. Noch sind viele politische Kräfte in den USA weit davon entfernt, diese dualistischen Weltbilder durchlässiger, versöhnlicher, zeitgemäßer werden zu lassen.

Das amerikanische Zweiparteiensystem ist ein Relikt des letzten Jahrhunderts. Mariniert in einer toxischen Sauce von Ideologie, Machtwille und Rechthaberei und behindert von aberwitzigem parlamentarischem Regelwerk, hat es seit Mitte der Sechzigerjahre keine grundlegenden Reformen von Staat und Gesellschaft mehr vollbracht. Der liberale Publizist Jacob Weisberg wettert denn auch: «Unsere Unfähigkeit, langfristige Herausforderungen zu bewältigen, ist ein starkes Anzeichen, dass sich die Vereinigten Staaten in einer Ära historischen Niedergangs befinden» (zitiert nach Martin Kilian). Im Senat bedient sich die republikanische Opposition seit Anfang 2009 eines absurden parlamentarischen Prozederes, das Minderheiten auf fragwürdige Weise zu Mehrheiten verwandelt. Derweil schaffen es die Demokraten nach wie vor nicht, geschlossen zu handeln.

Vielleicht blättern Leserinnen und Leser an dieser Stelle kurz zurück zum Kapitel 4, in dem über die Usanzen der politischen Sprache in den USA die Rede war. Dort ist aufgezeigt, warum zwei unterschiedliche Weltbilder das Land schon immer in zwei Lager teilen. Konservativen geht es im Prinzip um Machterhalt (vergangenheitsorientiert), Liberalen um Reformen (zukunftsorientiert). War es bis 2008 im Capitol zu Washington noch möglich, dank einsichtsvollem Verhalten einzelner Abgeordneter wenigstens ab und zu einen vernünftigen Kompromiss zu schließen, verweigern seither die Präsidentschaftswahl-Verlierer zu jedem Gesetzesvorschlag ihre Zustimmung. Wie kleine Kinder, die stampfen und schreien (weil sie sich noch nicht anders wehren können), verhält sich eine politische Clique uneinsichtig, um die unumgänglichen Reformen zu verzögern oder gar zu verhindern und damit die Wahlversprechen Obamas als leere Worte verunglimpfen zu können. Dieses Verhalten hätte im letzten Jahrhundert vielleicht noch verstanden werden können; seit uns die Forschung zeigt, wie der Mensch, das menschliche Hirn, tatsächlich funktioniert, diskreditieren sich die Republikaner in einer Art und Weise selbst, dass dies für das Land mit seinen immensen Problemen nichts Gutes verheißt. Demokratie als Dauerfehde im Mutterland der Freiheit?

Nun könnte argumentiert werden, hier in Europa hätten wir andere Probleme, als uns mit dieser Situation auseinander zu setzten. Dem ist nicht so. Nach wie vor, und wohl noch auf längere Zeit hinaus – bestimmen die USA hauptsächlich den Gang der Welt, der Wirtschaft, der Politik. Was dort passiert, schwappt auf Europa über, manchmal schneller als erwartet, wir wissen es. Deshalb sei hier auf einige Aspekte hingewiesen, die auch uns in nächster Zeit beschäftigen werden.

Dass sich die US-Finanzindustrie mit allen Mitteln gegen Reformen wehrt, war nicht anders erwartet worden. Sie benutzt dabei mit Vorliebe den erzkonservativen TV-Sender Fox, der ein entsprechend ausgerichtetes Publikum täglich aufhetzt. Indem die Behörden, die mit der Aufarbeitung der Finanzblase beschäftigt sind, als «inkompetente Bürokraten» verunglimpft werden und deren Arbeit kurz und bündig als «Versagen der Regierung» abgestempelt wird, gelingt es einer Branche, die in diesem Buch mit Bedacht als «Schattenwirtschaft» bezeichnet wird, Reformziele und Volksärger wild miteinander zu vermischen und eine Konfusion zwischen Tätern und Opfern, zwischen Profiteuren und Geschröpften, anzurichten. Es sei daran erinnert, dass eben diese Branche verantwortlich ist für die größte Wirtschaftskrise seit 80 Jahren. Dass die Schweizer Banken UBS und CS zu den wichtigsten Lobbyisten in Washington gehören und mit Millionenbeträgen «intervenieren» sei der Vollständigkeit halber am Rande erwähnt.

Das Modell der USA, auf das sich das Land seit vielen Jahren stützt, und das nicht ewig funktionieren kann, ist ernsthaft in Frage gestellt. Der Rest der Welt lieh ihm das Geld, mit dem es (also seine Bürgerinnen und Bürger) rund um den Globus Waren einkaufte. Die Folge: Mehr als 13 Billionen Dollar öffentliche Schulden, täglich werden es mehr, und die größten Gläubiger sind gleichzeitig die größten Gegner im Ringen um die wirtschaftliche Dominanz der Zukunft: China und Japan. Irgendwann müssen die Vereinigten Staaten sparen – doch wann? Gerade jetzt, wo Arbeitslosigkeit und vernachlässigte Infrastrukturen riesige Summen fordern – die Aufgabe scheint schwer lösbar. In den letzten Jahren, unter Präsident Bush jr., hat die Oberschicht dazu gewonnen wie selten zuvor (Steuersenkungen für hohe Einkommen), die Mittelschicht tritt finanziell seit Jahren an Ort und Stelle, und die Armen haben durchwegs verloren. Dass Obama diesen Leuten neue Hoffnung geben wollte – wer kann es ihm verübeln? Dass dies viel zu langsam passiert, kann das einfache Volk nicht verstehen und ihm geht die Geduld aus. Die Popularität des Präsidenten sinkt – gerade weil er auf dem richtigen Weg ist.

Dies ist der Moment der rechtsradikalen, mehrheitlich ländlichen, frustrierten Amerikanerinnen und Amerikaner, die sich in der *Tea-Party*-Bewegung organisieren und die «aus Sorge um Amerika» radikal und prinzipiell gegen die Politik antreten – gegen den «Sozialisten» Obama, gegen Reformen; so gnadenlos, dass je länger, je mehr auch republikanische Politiker in ihr Visier geraten. Ihr Idol ist Sarah Palin, die mit ihren Attacken auf Obama 2008 als Stellvertreterin des republikanischen Präsidentschaftskandidaten John McCain eine nationale Berühmtheit erlangte. Diese Leute, die sich zu drei Vierteln der republikanischen Partei nahe stehend bezeichnen, protestieren primär gegen alles aus dem *White House*, es geht jetzt um die «Seele des amerikanischen Konservatismus» und allmählich wird sogar den Republikanern klar, dass diese Bewegung auch ihnen gefährlich werden könnte. Auf dem Spiel steht letztlich das gesamte, seit Franklin Roosevelt mühsam geknüpfte soziale Netz, das Gefahr läuft, auf dem Altar einer Ideologie geopfert zu werden.

Auch fundamentalistische religiöse Kreise befinden sich in Aufruhr gegen das Neue. Der Bürgermeister von Huntington, West Virginia zum Beispiel, Republikaner, ehemaliger Polizist und *County-Sheriff*, politisiert nach dem Rezept *Lead like Jesus*. Seine Wählerschaft plädiert für einen Fortschritt ohne Wandel, da sich Veränderungen negativ auswirkten. In Oklahoma, dem Anti-Obama-Land par excellence, denken konservative Lokalpolitiker darüber nach, aus den USA auszutreten, aus der UNO auszutreten und zurückzukehren zu «Gott, Familie und die Liebe zum Land», was nur mit dem starken christlichen Glauben zu schaffen sei.

Missverständnisse oder dogmatische Irrwege? Ausgerechnet Präsident Obama – angetreten, um Rechts und Links zu versöhnen – erfährt zu seinem Leidwesen in diesen Tagen, was er vor vielen Jahren schon sagte: «Ich weiß, dass unversöhnliches und fundamentalistisches Denken uns alle ins Verderben stürzt» (Obama 1) und Obama, der sich seit zwanzig Jahren bemüht, Konflikte zu verstehen und zu lösen, engagiert sich in der gesellschaftlichen Debatte gegen die politische Polarisierung, «die auf Jahre hinaus unser Leben und das unserer Kinder prägen wird» (Obama 1). Obama, der Senator, der vor seiner Wahl zum Präsidenten der USA überzeugt war, dass «die große Mehrheit der Amerikaner – Republikaner, Demokraten und Unabhängige – die tote Zone satt haben, zu der die Politik geworden ist. Eine Zone, in der kleine Gruppen um die Durchsetzung von Sonderinteressen ringen und ideologische Minderheiten dem ganzen Volk ihre Version der absoluten Wahrheit aufzwingen wollen» (Obama 1). Und: «Mehr als zu jedem anderen Zeitpunkt unserer jüngeren Geschichte brauchen wir heute wahrscheinlich eine neue Politik, eine Politik, die die gemeinsamen Fundamente, die wir als Amerikaner haben, wieder ausgräbt und auf ihnen baut» (Obama 2). Bereits spotten auch in Europa jene

Kreise über das Scheitern Obamas, die alles immer schon gewusst haben.

Wir sollten nicht zu früh urteilen. Der wortgewaltige Obama, der – zugegebenermaßen – brillanter redete als er bisher handelte, ist zäh und ausdauernd. Es gibt auch den «eisernen Obama». In seinem Wahlkampf arbeiteten 7000 freiwillige Helfer, um seine Botschaft und Strategie umzusetzen. «*In politics, your two main pillars are your message and electoral strategy. What are you offering voters in terms of vision, issues, and biography? What is your most accessible path to a winning vote margin?*»[55] (Zitiert nach David Plouffe). So, wie er auf diese Weise mit seinem Team während zweier Jahre das Unmögliche schaffte, wird er wohl – lernfähig wie er ist – einsehen, dass Kompromisse zwar ausgewogene Lösungen begünstigen, dass aber im Moment, wo diese strikt verweigert werden, es auch anders gehen muss. Auf dem nationalen Parkett hat er mit Einführung der allgemeinen Krankenkasse nicht nur sein wichtigstes Wahlversprechen eingelöst, er hat die Nation damit auch aus dem letzten Jahrhundert geführt. Auf internationaler Ebene ist der Prüfstein klar: Eine andere, neue Nahostpolitik, in der nicht Israel allein das Sagen hat. «Nehmt euch in Acht, Obama ist ein starker Präsident!» (Martin Klingst).

Obama versucht, aus der Mitte heraus zu regieren. Das ist neu, zukunftsgerichtet, erfolgsversprechend (das Gleiche gilt für die Länder Europas). Deshalb sind Rechte wie Linke oft ebenso begeistert wie enttäuscht. Er ist quasi ein Revolutionär der Mitte, von unbändigem Veränderungswillen, unzweideutig in seinen Zielen, aber pragmatisch und völlig unorthodox auf dem Weg dorthin. Er hat Nervenstärke und Durchsetzungskraft. Sofern Obama jetzt nicht zur Projektionsfläche völlig übersteigerter Erwartungen gemacht wird, wird er – der den Konsens sucht – weder Amerika noch die

---

55 «In der Politik sind zwei Kommunikationspfeiler wichtig: Die Botschaft und die Strategie. Was offerierst du den Wählern bezüglich Vision, Inhalte und Biographie? Was ist der gangbarste Weg, um Stimmenmehrheiten zu gewinnen?»

Welt im Hauruck-Tempo umkrempeln, sondern behutsam daran arbeiten, sein Land in die Zukunft zu führen.

Noch tun sich die USA im Jahr 2010 schwer, das Erbe einer verfehlten Politik des letzten Präsidenten lastet wie ein Bleiklumpen auf dem Land. Anders als etwa in China, kann der Präsident nicht entscheiden, wie es wieder aufwärts gehen soll, dazu braucht er die Zustimmung des Parlaments. Falsche Energiepolitik, verfehlter Autobau, dubiose Finanzprodukte, verheerende Schuldenpolitik, vernachlässigte Infrastrukturbauten, unfinanzierbare Auslandeinsätze der Armee – all diese Vorgaben hinterließ sein Amtsvorgänger. Wahrlich ungemütliche Zeiten.

Die USA wären nicht das Land der unbegrenzten Hoffnung, wenn sie sich nicht wieder aufrappeln würden. Zweifellos werden technologische und kulturelle Innovationen, gespeist von der pluralistischen und optimistischen Gesellschaft, die ganze Welt einmal mehr überraschen. Im *Silicon Valley* wird – nach der Computer-Welle – die «Grüne Revolution» vorbereitet. Bereits werden dafür von mutigen Investoren Milliarden-Beträge bereitgestellt. Amerikas Industrie ist schon mitten in einem gewaltigen Transformationsprozess: Weg von Konsum und Schulden, hin zu mehr Export und Sparen.

EURO IN DER KRISE, EU UNTER DRUCK

Ausgerechnet Griechenland, die Wiege Europas, führt die EU 2010 in eine harte Bewährungsprobe: Das Land ist bankrott, 2500 Jahre nach den goldenen Jahren Athens hat es eine korrupte Politik, ein undurchsichtiges Netz von Lobbyisten und Profiteuren, eine Bevölkerung, die kollektiv in Pension geht, wenn in anderen Ländern noch zehn Jahre harter Arbeit anstehen und ein dubioses Netz aus Schuldverschreibungen und Banken fertig gebracht, Hellas zu ruinieren. Doch Achtung: Auch die Erbin der antiken Vorherrschaft Griechenlands, Rom und damit Italien, ist auf dem besten Weg, aus ähnlichen Gründen mit leicht geänderten Vorzeichen das gleiche Waterloo zu provozieren (nicht zu reden von Spanien und Portugal). Für die Solidarität innerhalb der Europäischen Union stehen harte Zeiten an. Die EU hat ein Problem. Immerhin hat Europa eine halbe Billion Euro aufs Spiel gesetzt, um seine Währung zu retten und damit die Spekulanten fürs Erste zu besiegen. Eine halbe Billion Euro.

«Three years to save the euro», schreibt warnend der *Economist* (17.4.2010) und meint damit, dass höchstens drei Jahre für die Politiker verbleiben, um mit intelligentem Handeln dafür zu sorgen, dass in Griechenland die nötige Remedur geschaffen wird und dass in den «Kandidatenländern» Spanien, Portugal und Italien jene längst überfälligen Reformen durchgesetzt werden, die diesen Ländern endlich eine höhere Produktivität (statt großartiger Prestigebauten wie Autobahnen und Hafenanlagen, finanziert durch EU-Gelder), weniger Ausgaben und höhere Steuereinnahmen bringen würden. Denn, anders als beim kleinen Griechenland, würde diesen drei Ländern wohl nicht so großzügig geholfen werden, da weder die EU, noch der IMF sich das leisten können. Es wäre das Ende des Euro.

Wo liegt der Hund begraben?, mögen sich besorgte Bürger aller Länder fragen. In der Schuldenwirtschaft. Trotz allgemein guter

Konjunktur der letzten Jahrzehnte wurden in allen EU-Ländern enorme, staatliche Schuldenberge aufgehäuft. Mit der Wirtschaftskrise sind seit 2007 diese «Gebirgslandschaften» explodiert: Nicht nur in der EU, auch in den USA und der Schweiz, werden rettende Konjunkturmaßnahmen mit nicht vorhandenem Geld aus dem Hut gezaubert und Bankenpleiten auf die gleiche geniale Art vermieden. Der Crash soll mit allen Mitteln vermieden werden – ist das gar die richtige Einstellung? Diese Art der Symptombekämpfung ist jedoch nur dann einigermaßen zu vertreten, wenn die Regierungen Programme aufgleisen, die es erlauben werden, diese Schulden innert nützlicher Frist wieder abzubauen, die tieferliegenden Gründe zu eruieren und diese zu sanieren. Was, wenn nicht? Es drohen Staatspleiten – ein Szenario, das von «Experten» (wie jene von Standard & Poor's) als unwahrscheinlich eingestuft wird. Seit der Lektüre des Kapitels 4 dieses Buches wissen wir, dass es keine unwahrscheinlichen Ereignisse gibt. Es wäre der finanzielle Super-Gau, auch wenn dieser Ausdruck tunlichst als politisch unkorrekt vermieden wird. Immerhin hat Europa eine halbe Billion Euro aufs Spiel gesetzt, um seine Währung zu retten und damit die Spekulanten fürs Erste besiegt. Dies ist das größte Rettungspaket in Europa seit dem Marshallplan.

Die in der Gegenwart regierenden Kreise verschieben die Lösung der Probleme auf die Zukunft. Die Finanzinvestoren sollen ohne Schaden davon kommen, meinen sie. Da gibt es allerdings die alte Volksweisheit: Lieber ein Ende mit Schrecken als ein Schrecken ohne Ende. Erfolgverwöhnte westliche Gesellschaften mögen aber keine Politiker, die unpopuläre Maßnahmen fordern. Und da Politiker nicht unpopulär sein möchten, verwalten sie lieber die großen Probleme, als sie Lösungen zuzuführen. «Es gibt keine Alternative», meint Angela Merkel, angesprochen auf die finanzielle Soforthilfe für Griechenland (Zitat nach Charles B. Blankart). Gibt es sie tatsächlich nicht? Weil die deutschen Banken zu stark engagiert sind? Die Wahrscheinlichkeit, dass falsch, das heißt für kurzfristige Erleichterung und gegen langfristige Sanierung entschieden wurde, ist substanziell. Und wenn sich 90 % der Bevölkerung der EU-Länder gegen die beschlossenen Maßnahmen aussprechen, für wen sprechen dann die Regierungen? Ist gar die Führungsrolle der EU-Kommission bei dieser Krisenlösung ursächlich beteiligt? In diesem Buch werden keine Schwarze Peter verteilt, dafür wird nach Lösungen gesucht, Fragen werden gestellt. Doch auch Helmut Schmidt fragt: Wer führt Europa? Diese Führungslosigkeit rächt sich jetzt. Er sieht sie aus traditionellem Blickwinkel in Paris und Berlin.

Schon wieder stehen betrügerische Menschen am Ursprung der Krise. Die griechischen Behörden, die sich nicht um die EU-Verschuldungsvorschriften kümmerten und diese mit dubiosen Finanzvehikeln internationaler Banken während Jahren vertuschten. Wie bei Ausbruch der Weltwirtschaftskrise 2007 in den USA, als evident wurde, dass Betrüger während Jahren in gigantischem Ausmaß buchstäblich die ganze Welt an der Nase herumgeführt hatten. Wenn es Politik und Justiz nicht gelingt, sich darüber einig zu werden, wie mit griffigeren Gesetzen diese Krebsübel anzugehen sind, werden beschwichtigende Wort sich selbst als Lügengebilde entpuppen. Dies sollte vermieden werden. Doch die ganze Schuld kann nicht delegiert werden. Die Griechen werden aufwachen, länger, härter und für weniger Lohn arbeiten müssen. Ihre Lebensarbeitszeit, heute bei bescheidenen 37 Jahren, ist auch eine paradiesische Illusion, die, wenn sie einmal verflogen ist, nie wieder kommen wird. 12 Monatslöhne werden für Staatsangestellte reichen müssen, für die Sommerferien und an Weihnachten einen 13. und 14. ausbezahlt zu erhalten, ist wohl Geschichte. Das sympathische Volk der Griechen wird das schaffen, unterstützt durch die Millionen Touristen, die jährlich das Land bereisen, auch wenn auf den Dorfplätzen die alten einheimischen Männer ihren Kaffee zukünftig etwas teurer bezahlen müssen.

«Vor allem aber rächt sich die Führungslosigkeit der EU», meint etwa Helmut Schmidt, der sich der Zeiten Mitterands und Kohls erinnert. Und er wird noch deutlicher: «In ungehemmtem Größenwahn hat man seither Euroland auf 16 Staaten erweitert, die EU sogar auf 27 Staaten» (Helmut Schmidt). Quantität statt Qualität? Starke Führungsfiguren – nicht nur auf staatlicher Ebene, sondern eben auch auf EU-Ebene, und dabei käme es, davon ist Schmidt überzeugt, in erster Linie auf Paris und auf Berlin an.

Wieder einmal erleben wir, dass die verantwortlichen Politiker auf den Notfall nicht vorbereitet sind. Ihre Annahmen haben sich als Illusionen erwiesen. Dafür sollten sie jetzt nicht angeklagt werden, aber daraus die nötigen Lehren zu ziehen wäre nicht verboten. Auch in der kleinen Schweiz passierte dasselbe in anderem Zusammenhang. Der etwas naive Glauben, alles wende sich zum Guten, ist definitiv keine regierungsfähige Qualifikation. Zögern, Zaudern, Zuwarten erweisen sich – im Computer-Zeitalter der großen Geschwindigkeiten – als brandgefährlich. Der Stabilitätspakt und der Überwachungsmechanismus der Staatsdefizite, ja die Währungsunion an sich innerhalb der EU sind reformbedürftig. Die Zeit rennt davon. Dass sich die EU-Kommission mit der «Agenda Lissabon 2000» vornahm, zur wettbewerbsfähigsten und dynamischsten Volkswirtschaft der Welt zu werden ist das Eine, dass die vorgegebenen Ziele bei weitem nicht erreicht wurden das Andere. Dass die Ziele schon mal still und leise auf 2020 verschoben wurden, «wirft ein grelles Licht auf die zerfahrene Politikführung in Brüssel. Sie verschlimmerte die Krise des Euro-Südens (Club-Med) durch mangelnde Einsicht in die Realitäten» (Beat Kappeler). Die Regierungschefs sind gefordert.

Allen voran Angela Merkel, deren «Nichtregierungsorganisation» von der Opposition der Unfähigkeit bezichtigt wird, was wohl im deutschen Politjargon heißt: Wir, die Grünen und Linken, würden das alles viel besser machen. Für bare Münze ist das nicht zu nehmen. Dass Merkel auch «die unsichtbare Kanzlerin» genannt wird ist schon etwas beunruhigender. Wenn das Land und die EU

Reformen brauchen und von ihr keine Signale der Veränderung kommen, woher sollen sie dann kommen? Aus EU-Sicht ist die größte Gefahr, dass der nationale Egoismus innerhalb der EU wächst, z.B. innerhalb Deutschlands, Frankreichs, Italiens. Das wäre fatal, denn im Wettstreit mit China, Indien und anderen aufkommenden Staaten braucht es mehr und nicht weniger Einheit innerhalb der Union. Allerdings verkörpert Merkel in einem gewissen Sinne die neue Art Politik zu machen, ähnlich wie Obama vertritt sie vorerst einmal eine Politik der Feindlosigkeit, ihr sind hässliche, beleidigende oder polarisierende Worte fremd. «In der ostentativen Merkelschen Normalität liegt etwas bezwingend Sympathisches, sie gibt auch eine erste Antwort auf die Frage nach der Methode Merkel: Sie überhöht sich nicht, sie bleibt bei sich. Und sie hält sich immer auch eine Flucht ins Profane offen» (Bernd Ulrich). Dass sich viele Politiker nicht von den alten Feindbildern trennen können ist bekannt. Wogegen sollten sie dann noch polemisieren? Hier punktet Merkel klar und wenn sie nach ihrer politischen Methode gefragt wird, antwortet sie etwa so: «Fleißig. Aber das ist ja keine Methode. Ich bin mit Sicherheit kein Ad-hoc-Entscheider, denn ich begreife Prozesse in ihrem Gesamtverlauf und frage bei vielen Entscheidungen, wo das endet» (Ulrich Bernd). Ganzheitlich denken also, wunderbar. Dennoch bleibt die Frage, ob die Kanzlerin genug tut, um überhaupt neue Strukturen und Horizonte sichtbar zu machen. Vor welchen Alternativen steht Deutschland, wohin bewegt sich Europa? Merkel hat mit ihrem persönlichen Stil und mit der deutschen Konsensmethode viel Macht in der Welt errungen, zu viel, um sich so wenig um diese Neuorientierungen zu kümmern, schreibt *DIE ZEIT*.

Europe's engine, bezeichnet der *Economist* Deutschland, «Europas Lokomotive» also und der Beitrag suggeriert auch gleich, warum Deutschland sich weiter wandeln muss, zum eigenen Vorteil und zu jenem der anderen. Die hohen Handelsüberschüsse, gefördert durch eine Sparmentalität in der Gesellschaft, von der angelsächsische

Länder nur träumen können, werden angesprochen, nicht zum ersten Mal. Doch anders als in der Schweiz mit dem Schweizer Franken (auch hier wird viel gespart), ist Deutschland mit dem Euro als Einheitswährung in einem gewissen Sinn auf Gedeih und Verderb auf der gleichen Waage, aber in der anderen Waagschale als die Defizitländer: Hier entstehen durch Importe ein Teil der Defizite, die dort als Handelsüberschüsse erzielt werden. Diesem Ungleichgewicht sollte Deutschland begegnen – im Dienste aller – *give spending a chance!* (versucht, etwas mehr zu konsumieren, mehr Geld auszugeben!), lautet der Ratschlag. Zugegeben, das tönt einigermaßen abenteuerlich, doch dahinter steht einerseits die Anerkennung der großen Arbeit, die Deutschland für den Euro und die EU geleistet hat, andererseits die Befürchtung, dass die fehlende Leader-Funktion, die mehr und mehr sichtbar wird, letztlich den Euro und die gesamte EU leiden lassen würden – auch Deutschland wäre dann unter den Verlierern.

Dass sich der Schweizer Autor überhaupt an die Geschichte «Datenklau» und Steuerhinterziehung wagt, hat zwei Gründe. Der erste: Beide Länder sind mitschuldig. Etwas stimmt nicht im Steuersystem, wenn deutsche Bürgerinnen und Bürger mit ihrem Euro im Reisegepäck das Land verlassen um Steuern zu sparen und etwas stimmt nicht mit der schweizerischen Steuergesetzgebung, wenn diesen Flüchtlingen Bankentür und -tor geöffnet wird. Beides sollte sich ändern. Der zweite Grund: Wenn in einem Staat fast jeder Zweite vom Staat Geld erhält, ist das auf die Länge nicht finanzierbar, auch nicht durch exorbitante (Erbschafts-)Steuern. Eine Aufstellung des Forschungsinstituts IW Köln zeigt, dass diese Leute Renten, Arbeitslosengelder, Sozialhilfe, Kurzarbeitsgeld, Stipendien, Wohn- oder Elterngeld erhalten. Wenn erst einmal über die Hälfte der Wählerschaft von dieser Großzügigkeit profitiert, wie soll das jemals geändert werden?

Aber es kommt noch besser. Gemäß Medienberichten leben in Berlin schätzungsweise siebzig Prozent der Bevölkerung vom Staat, direkt oder indirekt (Carole Koch). Die wirklich Armen, Arbeitslose, Kranke, Invalide, Beamte, Frührentner, Rentner, Studenten, Praktikanten. Wie sagte Guido Westerwelle doch kürzlich: «Wer dem Volk anstrengungslosen Wohlstand verspricht, lädt zu spätrömischer Dekadenz ein» (Koch). Berlin ist pleite, aber generös. Überbürokratisiert, aber chaotisch. Kaputt, aber charmant. Kaltschnäuzig, aber großherzig. Sogar in der Krise. Bleibt noch der Bürgermeister Wowereit, der schon vor Jahren vermeldete: «Berlin ist arm, aber sexy». Na ja, da schweigt des Schreibers Höflichkeit.

Der Situationsbericht zur EU wäre unvollständig ohne wenigstens Frankreich und Italien, zwei weitere Gründerländer und deren Regierungschefs kurz zu erwähnen. Da würde wohl niemand von «unsichtbaren Präsidenten» sprechen, die Herren Sarkozy und Berlusconi sind zwar klein von Statur, doch große Intendanten, die vor allem sich selbst inszenieren. Beide Präsidenten versprechen viel, das sie weder einhalten können, noch wollen. Auf die Dauer ein gefährlicher Regierungs-Cocktail.

Umfragen im Jahr 2010 zufolge glauben 79 % der französischen Bevölkerung «dass die Dinge immer schlimmer werden» und 67 % «trauen weder der Linken, noch der Rechten zu, das Land zu regieren» (Gero von Randow). Zukunftsängste dominieren. Die Gesellschaft ist gespalten, ein Gefühl der Ungerechtigkeit geht um. Wie Denis Olivennes, Herausgeber des Intelligenzblattes *Nouvel observateur* meint, passt das Politsystem Frankreichs, das die Revolution von 1789 beseelte, längst nicht mehr in die Welt von heute (zitiert nach von Randow). Der Anthropologe Emmanuel Todd geht gar einen Schritt weiter: Weder die Rechte, noch die Linke seien bereit, über das Gegebene hinauszudenken – die Leere sei an der Macht (ebd.). Keine sehr optimistische Zukunftseinschätzung seines Landes. Und der französische Historiker Max Gallo beklagt die mit den Jahren immer militanter werdende Gewaltsprache eines grassierenden Antisarkozysmus (ebd.). Wie könnte das neue Frankreich denn überhaupt aussehen? «Das wäre ein Regime, das die Gewaltenteilung schärfte, lokale Demokratie aufbaute und Kompetenzen in die Gesellschaft zurückgäbe» (ebd.). Ein Präsident im Popularitätstief, keine optimale Ausgangslage für eine umfassende Renovation der Eurozone, die dringend nach einem krisenfesteren System ruft.

Und Italien? Hier herrscht souverän Cavaliere Berlusconi über eine handlungsunfähige Regierung, «seine persönliche» Regierung, die im Jahr 2010 mit der 31. Vertrauensabstimmung innert zweier Jahre wieder einmal ein «Ad-personam-Gesetz» einführte, das ihn zwar von der Justiz «befreite», das Land hingegen weiterhin blockiert lässt. Der Präsident mit der eigenen Medienwelt erträgt keinerlei Kritik; Carlo De Benedetti, genannt l'Ingegnere, der über seine Industrie-Holding CIR unter anderem die Tageszeitung *La Repubblica* kontrolliert, meint lakonisch: «Ein Ministerpräsident, der in seiner institutionellen Funktion zum Inseratboykott gegen eine bestimmte Zeitung aufruft, verübt ein Attentat auf die Pressefreiheit. (…) Ich bin tief davon überzeugt, dass sich der politische Zyklus von Berlusconi unwiederbringlich seinem Ende nähert» (Ferrari). Ein Regierungschef, der seine Macht zum wiederholten Male missbraucht und damit seine Geringschätzung des Rechtsstaates demonstriert – wie hat ein Land das verdient? Die Antwort: Das italienische Volk hat in der Mehrheit seit der Gründung des modernen Staates nie etwas von der Politik in Rom gehalten, sie nicht unterstützt, ja seit jeher virtuos ignoriert oder umgangen. Und so gehören Günstlingswirtschaft und Korruption zum italienischen Alltag, meint der Publizist Sergio Rizzo (Sergio Rizzo). Neu sei aber, dass es nur noch um die persönliche Bereicherung gehe. Und im *Economist* lesen wir, wie immer in staubtrockener, kristallklarer Sprache: Die Regierung Italiens behauptet zwar das Gegenteil, doch Italiens Wirtschaft hat ein tiefes, strukturelles Problem, das die Wachstumschancen verhindert. Auch hier also keine große Hilfe zu erwarten für eine rasche, tiefgreifende Reform des Euro-Währungssystems?

Die EU im Reformstau? Natürlich, doch das gleiche lässt sich sagen über andere Staaten, die großen USA, die kleine Schweiz etwa. Die Globalisierung mit ihrem IT-getriebenen horrenden Tempo zerquetscht die nationalen Regierungen, überfordert die Politiker, die ihrerseits von der globalisierten Wirtschaft laufend vor faits accomplis gestellt werden. Die Politik ist der heutigen Situation des schnellen Wandels schlicht und einfach nicht mehr gewachsen. Es öffnen sich Gräben, die nur mit neuem Denken, neuem Handeln, neuem Verständnis der zukünftigen Herausforderungen zugeschüttet oder überbrückt werden können. Eine Politik, die zuerst die Banken (die Schattenwelt), dann große Industriekonzerne (die Global Players) und jetzt ganze Staaten (die Opfer ihrer politischen Führung und der gesellschaftlichen Illusion) zu retten hat – die Überforderung ist klar und logische Folge. Die bangen Fragen: Wer rettet die Retter? Oder: Wie kann man eine Garantie für das Nichtgarantierbare etablieren? Die EU ist weit von einer einheitlichen Position entfernt. Doch jetzt betrifft die vierte Eskalationsstufe die EU-Politik in ihrer Ganzheit. «Doch die Staaten spielen auf Zeit – in einem Moment, in dem die Krise weiter eskaliert» (Marc Brobst u.a.).

LIBERALE, KONSERVATIVE ODER ERSTARRTE SCHWEIZ?

Beginnen wir unseren Rückblick (auf die Zukunft) der Schweiz mit jenen beiden Giganten der Schweizer Literatur des letzten Jahrhunderts, die sich schon damals aus Sorge um das Land intensiv mit den Eigenheiten der Helvetier befassten. Hier der liberale Max Frisch, dort der konservative Friedrich Dürrenmatt. Liberal der Eine mit jenen Grundüberzeugungen, die heute, da sich alle Parteien je nach Bedarf liberal nennen, etwas in Vergessenheit geraten sind, etwa: Jeder Mensch und die ganze Menschheit sind verbesserbar, sie können aus dem gegenwärtigen schlechten in einen zukünftigen guten Zustand übergehen. Oder: Der Liberale denkt die Verbesserung im

Sinne eines Ausgangs aus der politischen, philosophischen und öko-nomischen Unmündigkeit (Peter von Matt). Konservativ der Ande-re, der grundsätzlich überzeugt ist, dass die gegebene Struktur der Welt, der Gesellschaft, des Einzelnen sich nicht ändern (da erinnern sich Leserinnen und Leser vielleicht der Schilderung der USA im 4. Kapitel). Es sind die beiden politischen oder gesellschaftlichen Hal-tungen, die unsere Zeit charakterisieren, offensichtlich nicht erst seit gestern. Könnten sie versöhnt werden?

Pointiert, wie wir beide Autoren kennen, urteilten sie über ihre Heimat. Der liberale Frisch glaubte an den Fortschritt, der nie von selbst kommt. Die Dummheit der Menschen, die Faulheit, die Eng-stirnigkeit, der fehlende Zukunftsblick, das Sich-Festklammern an ungeprüften Werten und die Versuche der installierten Macht, den möglichen Fortschritt zu verhindern, stehen im Weg *(Biedermann und die Brandstifter)*. Der konservative Dürrenmatt glaubte schon gar nicht an die Verbesserbarkeit des Menschen und der Welt, ja er ist geradezu anarchistisch in seinem Urteil: Alle Institutionen müssen scheitern, die großen Kirchen, der liberale Staat, das kapitalistische Bankensystem ebenso wie der real existierende Sozialismus (von Matt). Man ist versucht zu meinen, die beiden hätten sich gestern Abend in einer Talk-Show geäußert.

Und heute, im 21. Jahrhundert? Immer noch bekämpfen sich Liberale und Konservative, man spricht eher von Linken und Rech-ten, doch was ist der Unterschied? Nur die eigene Ansicht ist rich-tig, nur der eigene Weg führt zum Ziel, es gibt kein Abweichen. So erstarrt sind inzwischen die politischen Parteien, dass lieber auf Lö-sungen verzichtet wird, als dass auch nur ein Meter von der eigenen Meinung abgewichen wird. Absurder geht es nicht mehr: Die in alten, überholten Ideologien gefangenen Sozialisten und Grünen bekämpfen aus Prinzip den Wandel, die in starren, Mythen gepräg-ten wackeren Mannen der Schweizerischen Volkspartei – kurioser-weise gleichzeitig Regierung und Opposition spielend – bekämpfen aus Prinzip jede Veränderung, die vom Rütli[56] wegführt. Die politische Schweiz ist blockiert, erstarrt.

Mythen prägen das Land. Von Unabhängigkeit und Neutralität und Freiheit ist die Rede, von Selbstversorgung durch die eigene Landwirtschaft, von Sicherheit durch Nulltoleranz, von Verrat am Land, wer kriminelle Ausländer nicht hinter Gittern versorgt: Die große Stunde der Populisten ist unüberhörbar. Die konservative Rechte ist mittlerweile zur stärksten politischen Partei gewachsen. Im anderen Lager werden die politischen Leader nicht müde, von staatlicher Fürsorge, Gerechtigkeit für alle, sicheren Renten oder gewerkschaftlichen Ideologien zu träumen, Ideen, die allesamt schon im letzten Jahrhundert untergegangen sind. Interessanterweise verliert diese Seite seit Jahren an Unterstützung im Volk. Doch beide Seiten versuchen aufgeregt, aus der Tagesaktualität (z.B. Finanzdebakel) Profit zu schlagen. Was sie nicht einsehen wollen: Weder die eine, noch die andere Meinung steht für die Lösung der anstehenden Probleme, schon gar nicht für einen Entwurf der Schweiz in 20 Jahren.

Der Veränderungsdruck, der auf dem Land lastet – getrieben durch die neue Computer-Welt und die Globalisierung – prallt an überholten Ideologien der Volksvertreter ab wie der Regen auf Schwanenfedern. Mythen werden gepflegt für die eigene Klientel, ungeachtet dessen, dass mittlerweile 97 % der Bevölkerung keiner politischen Partei mehr angehören. Der laute Tageslärm der kleinen Besserwisser übertönt die leisen Fragen einer besorgten Bevölkerung: Wo soll dieser Krach uns hinführen? Wo zeichnen sich Lösungen ab? Wer denkt für die Zukunft des Landes?

Die Mythenpflege beginnt bei der Illusion, der bilaterale Weg stärke die Souveränität der Schweiz. Seit Jahrzehnten ändern wir unsere Gesetzte – der offizielle, politisch korrekte Ausdruck dafür

---

56 Rütli: gemäß Mythen Gründungsstätte der Schweiz, Wiese am Urnersee, wo 1291 Vertreter von Uri, Schwyz, Unterwalden die Schweiz beschworen und gründeten.

heißt «autonomer Nachvollzug» – nach den Vorgaben der EU. Mittlerweile sind es Hunderte von Erlassen, doch Bern ist nicht in der Lage, darüber näher Auskunft zu geben. Es gibt eben keine Statistik. Einer der profundesten Kenner der Schweiz, der ehemalige Staatssekretär Franz von Däniken, ist in der Beurteilung nüchtern wie immer. «Materiell unterliegt die Souveränität der Schweiz einer laufenden Erosion. (...) Die Realität ist eine andere. Der bilaterale Weg, seit nunmehr über 15 Jahren von einer Mehrheit der politischen Kräfte als ein europapolitisches ‹Ei des Kolumbus› wahrgenommen, ist mit *acquis communautaires* buchstäblich gepflastert. (...) Zu beanstanden ist die Illusion einer Verhandlungs- und Vertragsfreiheit, die mit dieser reflexartig herunter gespulten Rhetorik suggeriert wird» (Franz von Däniken). Hinter diesen vordergründigen Unstimmigkeiten liegt der Kern des Mythos etwas versteckt: Viele Schweizerinnen und Schweizer wollen nicht wahrhaben, dass die EU einen welthistorisch einmaligen Versuch verkörpert, große europäische Kriege zu verhindern. Seit 1945 erleben wir erstmals seit fünfhundert Jahren eine Periode des Friedens auf unserem Kontinent. Diese großartige Leistung gilt es zu unterstützen, statt sie zu diskreditieren.

Mythen werden auch anderswo hochgehalten: Die Grundlagen des schweizerischen politischen Systems sind mittlerweile 150–200 Jahre alt, man darf darauf stolz sein, doch genügen sie den Anforderungen der heutigen Zeit noch? Die Regierungsreform stockt, doch das Milizsystem ist längst selbst ein Mythos: Auf allen Ebenen politisieren vor allem Vollprofis, Halbberufspolitiker (solche, die nicht auf ein Einkommen als Arbeitnehmer angewiesen sind), die Milizpolitiker machen im Nationalrat kaum noch 10 % aus, im Ständerat sind sie gänzlich verschwunden (Bütikofer). Das Drei-Ebenen-System des schweizerischen Föderalismus wird hoch gelobt und darob vergessen, dass es einer dringenden Renovation bedarf, nachdem es bald 200-jährig ist und sowohl kommunale Kleinststrukturen, als auch kantonale Hoheitsgebiete zumindest in ihrer Größe ein Anachronismus[57] sind. Die angesprochene Reform bezieht sich nicht auf die qualitativen Aspekte, jedoch umso deutlicher auf die quantitativen. Im Ständerat, der kleinen Kammer, ist die kantonale Vertretung infolge der außerordentlichen Bevölkerungsentwicklung zu einem Relikt verkommen: Hier hat inzwischen ein Einwohner des Kantons Appenzell-Innerrhodens mit seiner Stimme 41-mal mehr Gewicht als jener des Kantons Zürich, eine Situation, die damals, 1848, überhaupt nicht geahnt worden war. Eine Vision des Jahres 2032 öffnet die Augen: «Die kommunale Kirchturmpolitik und der Kantönligeist des 20. Jahrhunderts sind überwunden: Statt 2600 gibt es zurzeit 960 Gemeinden. Anstelle der 26 kantonalen Regierungen, Parlamente und Verwaltungen sind es jetzt deren sechs regionale» (Christoph Zollinger 3).

Der Mythos Landwirtschaft, der mit dem Label «Integrierte Produktion» seit jeher eine nicht vorhandene nachhaltige Bewirtschaftung des Landes suggerierte, wird gepflegt und gehätschelt, die Milliardensubventionen regnen auf überdüngte Wiesen und Felder, das Land erstickt in Milchseen und Butterbergen − doch eine grundlegende Neuausrichtung wird nicht einmal ansatzweise überhaupt thematisiert. Derweil wird im Bildungssektor gespart, jenem einzigen Gebiet, das auf die Zukunft des Landes gerichtet ist. Die richtigen Fragen werden gar nicht erst gestellt.

Im Grunde genommen geht es auch darum: Die politischen Entscheidungswege in der Schweiz müssen dringend verkürzt, die Entscheidungsdauer beschleunigt werden (seit 10 Jahren diskutiert das Land über ein Rauchverbot in öffentlich zugängigen Räumen), die politische Diskussion sollte vermehrt auf Wichtiges statt Neben-

---

57 «Vor allem der Zentralstaat wird immer wieder zurückgebunden durch einen starken Föderalismus, durch eine starke Gemeindeautonomie und starke ländlich geprägte Eliten. Man kann von einem Übergewicht der ländlichen Interessen sprechen; es gibt zwar praktisch keine Großgrundbesitzer, aber viele Klein-Agrarier, Bergbauern, Winzer, Milch- und Fleischverarbeiter, die ihren Einfluss überproportional geltend machen können. Außer an der Verfolgung ihrer Eigeninteressen sind sie an politischer Gestaltung aber wenig interessiert und versuchen, Neuerungen zu verhindern» (Peter Hablützel).

sächliches fokussiert werden (endlose Diskussionen um Burkaverbot beschäftigen kantonale und nationale Politiker, als hätte das Land nicht wichtigere Probleme zu lösen), der Bundesrat muss die strategische Planung der Zukunft als Kernaufgabe aufwerten (wenn er dazu heute keine Zeit hat, braucht es eine Neuorganisation – Staatssekretariate –, damit das Land nicht am laufenden Band von Unvorhergesehenem überrascht wird), die Auslandspolitik ist den Anforderungen einer globalisierten Welt anzupassen (Bundespräsident, der mehr ist als ein Primus inter Pares auf Abruf).

Diese wenigen Beispiele sollen dafür stehen, dass sich die offizielle Schweiz (ähnlich wie die EU oder USA) in einem Reformstau befindet, jedes untätig verstrichene Jahr den Abstand zur globalen, wirtschaftsgetriebenen Welt vergrößert und die Nachteile dieser Entwicklung schwieriger zu beheben und teurer zu kosten kommen. An diesem Punkt der Kritik ist klarzustellen: Die Schweiz ist ein wunderbares Land – deshalb gilt es, ihre Institutionen rechtzeitig zu überholen. Da genügt es nicht, nur die Chancen und Risiken der weltweiten Zusammenarbeit in Wirtschaft und Politik zu rühmen («Avenir suisse»), was es jetzt braucht ist, neben der selbstgefälligen Aufzählung schweizerischer Qualitäten (die gar niemand bezweifelt), auch jenen Reformbedarf aufzulisten, der der breiten Bevölkerung zu einer positiven Zukunft verhilft. Das Festklammern an alten Zöpfen ist dazu wenig geeignet.

Jetzt ist der Moment gekommen, wo sich die Politik (oder deren stellvertretenden *Think-Tanks*) intensiv mit der Zukunft befassen müssen. Wenn sie dafür keine Zeit hat, ist das der Beweis dafür, dass die politischen Strukturen überholt sind. Der ehemalige Bundesratsberater und Chefbeamte Peter Hablützel analysiert: «Die Schweizer Politik lässt sich stark von Wirtschaftsinteressen steuern. Sie ist wenig innovativ, kaum strategisch.» Gibt es Anzeichen für das neue Denken, das den großen Wandel zu verstehen sucht?

Es gibt sie, zarte Pflänzchen auf steinigem Boden. Eine neue politische Grundeinstellung ist auszumachen: Die Parteienlandschaft gerät ins Wanken. Fragten früher die politischen Parteien, wie es den Leuten geht, fragen sich die Leute heute, wie es den Parteien geht. Die Parteilosen – die politische Kraft, deren Damen und Herren ohne politische Parteibindung politisieren – ist seit 15 Jahren in konstantem Aufschwung, übrigens ein weltweites Phänomen. Ihre Repräsentanten gehen davon aus, dass mal die eine, mal die andere politische Seite Recht haben könnte und Ideologien und Dogmen nicht mehr ins 21. Jahrhundert passen. Auch die grün-liberale Partei gedeiht still und leise, auch hier sind es engagierte Menschen, die Ökonomie und Ökologie verbinden wollen, statt sie gegeneinander auszuspielen. Sie erkennen, dass den großen ökologischen Herausforderungen nur mit einer gesunden, nachhaltig operierenden Wirtschaft beizukommen ist, schneller und effizienter, als mit staatlichen Verboten.

Und dann gibt es natürlich die Wissenschaft, Forschung und das Wissen überhaupt, die ein neues Menschenbild zeichnen, neuen (alten) menschlichen Qualitäten zum Durchbruch verhelfen, neue Zusammenhänge aufzeigen und Optimismus aufkommen lassen.

Weder Liberale, noch Konservative, weder Linke, noch Rechte führen uns mit ihrer sektoriellen Sichtweise in eine vielversprechende Zukunft. Dazu braucht es jene politischen Kräfte, die differenzierter denken können. Die Andere verstehen wollen.

PLATONS PLÄDOYER FÜR GERECHTIGKEIT IM STAAT
PHILOSOPHISCHER ZWISCHENHALT VII

Die Bewunderung der antiken Welt für Platon (427–347 v. Chr.) war groß. Er galt gewissermaßen als Genie. Als Schüler von Sokrates und Lehrer von Aristoteles, als Denker und Schriftsteller, gehört er auch 2500 Jahre später zu den ganz großen Persönlichkeiten der Geistesgeschichte.

Platon errichtete sein Gedankengebäude, das wie kein anderes bis in die Gegenwart nachwirkte, in jenen Jahren des großen Übergangs zu einer neuen Menschheitsepoche. Im Kontext zu diesem Buche interessiert vor allem der Utopist Platon, der den Idealstaat[58] beschrieb zur Zeit seiner persönlichen Frustration über eben diesen und dessen unakzeptablen Auswüchsen. Aus Enttäuschung über die politische Situation, über den überall sich ankündigenden Verfall des Staates machte er sich seine Gedanken. «Dabei aber muss er erfahren, dass rings Ungerechtigkeit und Korruption herrschen. Am deutlichsten tritt ihm das vor Augen, als er sehen muss, wie Sokrates, dem es doch um nichts als um Tugend und Gerechtigkeit geht, verurteilt und hingerichtet wird. Wenn selbst der Mensch der höchsten Verantwortung im Zerfall des staatlichen Daseins zugrunde gehen muss, dann, so schließt Platon, muss das staatliche Dasein von der Wurzel her nicht in Ordnung sein. Dann aber gibt es kein anderes Heilmittel als eine radikale Besinnung auf die Fundamente des Staates, und das heißt: auf das Wesen der Gerechtigkeit» (Weischedel).

Sein Modell des Idealstaates, seine Vision des bestmöglichen Staates überhaupt, dieses Gespräch unter Freunden beginnt mit der Frage: Was ist Gerechtigkeit? (Unter Gerechtigkeit wurde damals primär Ordnung verstanden). Über Bedürfnisse, Gewohnheiten,

---

58 Platon: Politeia, Der Staat (Übersetzung von Friedrich Schleiermacher).

Neid und Krieg entwickelt sich die lebhafte Diskussion hin zu einem Staat, in dem die Philosophen befehlen, die Soldaten kämpfen und alle übrigen zu arbeiten haben, wobei die ersten beiden Kategorien von Staatsbürgern allerdings keine Güter besitzen dürfen. Einigermaßen skeptisch gegenüber dieser Theorie fragt Adeimantos schließlich, ob damit alle glücklich würden. Die Antwort (Platon lässt Sokrates sagen): «Es ist so, dass unser Ziel nicht sein kann, eine Klasse oder ein Individuum glücklich zu machen, sondern den ganzen Staat. Vergiss nicht, dass großer Reichtum und äußerste Armut den Menschen unglücklich machen, da ersterer zu Luxus, Faulheit und revolutionären Bewegungen führt und letztere Engherzigkeit, schlampige Arbeit und revolutionäre Bewegungen zur Folge hat» (zitiert nach De Crescenzo).

2500 Jahre später, mitten in den Wirren einer Wirtschafts- und Staaten-Krise und den Auswüchsen des «Entlohnungssystems» der Top-Manager lesen wir einigermaßen perplex diese mahnenden Worte des großen Denkers: Sowohl großer Reichtum und äußerste Armut, beides nährt die revolutionäre Bewegung. Natürlich ist der platonische Idealstaat nie umgesetzt worden. Auch Platon hat später in seinem Alterswerk «Gesetze» eingeführt. Und natürlich war er kein Freund der Demokratie, dafür ein Dualist, der zwischen Seele und Vernunft unterschied. Doch müssen wir uns auch vergegenwärtigen, dass Platon sich unter Staat den kleinen, von Feinden umzingelten und auf die Polis gerichteten dachte. Platon kann deshalb nicht mit dem Bewusstsein von heute beurteilt werden, sondern nur aus seiner Zeit, dem 4. Jahrhundert v. Chr. Vorbildlich bleiben der (philosophische) Diskussionsstil, heute weitgehend verdrängt durch medial geförderte Besserwisserei und Rechthaberei, und der (soziologische) Tiefgang der Auseinandersetzung, der aus der Diskrepanz zwischen zu großem Reichtum und grassierender Armut den Schluss zieht, dass beides den revolutionären Aufstand bewirken kann. Bei der gegenwärtigen Diskussion um Managerbezüge geht es nicht um Neid (wie von der Bezügerklasse gerne vernebelt wird), sondern um die destabilisierenden Folgen für unsere Demokratien, deren Mehrheit der Bevölkerung zu Recht in diesem Tun etwas Strafbares sieht.

385 v. Chr. gründete Platon seine Akademie, die nahezu 1000 Jahre bestehen sollte. Seine Erklärungsversuche des Unterschieds zwischen Wirklichkeit und Schein haben bis heute überlebt im «Höhlengleichnis». Es geht dabei um die Erkenntnis (die Sonne ist das Sein), den Schein (der Schatten) und der dazwischen liegenden Meinung (was wir denken). Die heutige Auflösung dieser etwas trockenen Materie könnte lauten: Sie dient der Erkenntnis, dass es im Leben einige falsche Ziele gibt wie Geld, Macht und Erfolg, die nur die Schatten einer sehr viel wahreren Wirklichkeit sind, die wir mit den Augen nicht erfassen können. Darüber könnten wir uns auch in der Gegenwart mit Freunden an den Tisch setzen und diskutieren, am besten bei einem Glas Wein und nur unter wirklichen Freunden.

Ähnlich dem «Gastmahl», jenem unsterblichen Meisterwerk Platons, als Freunde des Agathons bis tief in die Nacht zusammen saßen und sich die ganze Diskussion um den Eros drehte. Die unterschiedlichen Meinungen werden schließlich von Sokrates (wieder lässt Platon ihn sprechen) zusammengefasst: «Dies ist der richtige Weg. Mit den Schönheiten des Leibes zu beginnen und dann stufenweise immer weiter emporzusteigen, bis das Absolute erreicht ist» (zitiert nach De Crescenzo). Schlichter ausgedrückt ist die Liebe für Platon so eine Art Aufzug, mit dem man im ersten Stockwerk die körperliche Liebe erreicht, im zweiten die geistige, im dritten die Kunst und dann, je höher man kommt, die Gerechtigkeit, die Wissenschaft und die wahre Erkenntnis, bis man schließlich ins Dachgeschoss kommt, wo das Gute wohnt (De Crescenzo). Dass für Platon also das Schöne und Gute das höchste Ziel war, ist oft missverstanden worden und so hat in unserem Alltag der Ausdruck «platonische Liebe» einen etwas eingeschränkten Stellenwert.

Ob es sich so oder ähnlich zugetragen hat, ob Sokrates dies

wirklich genau so meinte, wie unwichtig! Auch Platons Vorstellung der menschlichen Seele im (vorübergehenden Aufenthaltsort) Körper mutet aus heutiger Sicht etwas unzeitgemäß an. Wir sollten uns hüten, zu urteilen. Jede Zeit bringt ihre Erkenntnisse. Viele davon (auch «wissenschaftliche») überleben kaum 100 Jahre, andere etwas länger, bis sie endgültig in Frage gestellt werden. Deshalb: Einst ahnten die Menschen, dann glaubten sie. Heute wissen wir vieles, können wir morgen verstehen? Doch: Wäre nicht auch heute eine «radikale Besinnung auf die Fundamente des Staates» am Platz? Hätten die modernen Menschen überhaupt Zeit dafür? Ungerechtigkeit und Korruption – werden sie heute aus lauter Bequemlichkeit, wenn nicht akzeptiert, so doch toleriert?

8 Unsere Zukunft
Gemeinsam verstehen können

DIE NÄCHSTE «AUFKLÄRUNG»

Befinden wir uns also heute in einem Prozess der Neubestimmungen? Viele frühere Anschauungen haben sich als überholt erwiesen (andere zu überraschendem *Come-back* durchgemausert). Oft fehlen uns die Worte, wenn wir versuchen, ein Fazit zur gegenwärtigen (Un-)Ordnung zu ziehen. Die Futurologen und Prognostiker haben sich immer wieder geirrt – öfter als nicht. Ihr größter Fehler: Sie haben gedanklich ausgeklammert, was ihnen sehr unwahrscheinlich schien. Sie und viele führende Köpfe in Politik und Wirtschaft werden in einer beschleunigten Welt immer öfter kalt erwischt und wenn sie versuchen, den Kopf aus der Schlinge zu ziehen, ist ihre Taktik untauglich; ihre Ausflucht, «das Ereignis war nicht voraussehbar», stellt ihre Qualifikation in Frage. Was dagegen akzeptiert werden kann als gemeinsamer Nenner: Sämtliche Strukturen bewegen sich auf die Zukunft hin, um höhere Komplexitätsgrade zu erreichen, die das Resultat früherer Gewissheiten, Veränderungen oder Ahnungen sind. Eine der wichtigsten Erkenntnisse auf diesem Weg in die Zukunft, gültig für Wissenschaftler, Wissende und Unwissende sind die vier Worte: Ich weiss es nicht. Früher sagte man: «Weiß Gott!», doch heute wissen wir auch das nicht mit Sicherheit. Wir glauben nicht mehr alles. Unser Glaube, zu wissen, ist selbst ins Wanken geraten. Wissen ist vorläufig, das Ablaufdatum ist nicht bekannt. Was uns bleibt, ist die Zuversicht und Motivation, dank tieferen Einsichten in den Menschen selbst, uns und unsere Mitmenschen immer *besser verstehen* zu können. Wenn dies denn überhaupt unser persönliches Ziel ist.

Brauchen wir eine neue «Aufklärung»? Der Geist der Aufklärung, aus dem die moderne westliche Kultur hervorgegangen ist, war ganz ohne Zweifel der wichtigste Antrieb in der Entwicklung der westlichen Welt während der letzten Jahrhunderte. Das Licht der Aufklärung leuchtete in die mittelalterliche Finsternis, doch bestehen mittlerweile einige Zweifel darüber, ob der höchste Grad instrumentaler Rationalität, als Befähigung zur Unterwerfung der Natur, weiterhin entscheidend zur wirtschaftlichen und technologischen Entwicklung beitragen wird. Ist der Mensch tatsächlich das Maß aller Dinge? Brauchen wir eine neue Lichtquelle, eine Quelle der Erleuchtung, die uns den Ausweg aus der gegenwärtigen Verunsicherung weist? Stehen wir 2500 Jahre nach der Erfindung der griechischen Alphabetenschrift, als sich im Morgengrauen der Geschichte gesellschaftliche, politische und wissenschaftliche Umwälzungen ankündigten, vor einem vergleichbaren Übergang, diesmal durch die Gedanken-Schrift der Computer- und Internetwelt getrieben? Folgt nach Wort, Sprache, Schrift, Druck nun das Neue: «Computer» (etwas banal) oder «emess» *(electronic message)* oder «Softbot» (Sofort-Botschaft)? Das neue Wort, die Bezeichnung für das Neue, gilt es erst zu erfinden.

Das zukünftige «Multiversum» zeichnet sich am Horizont ab und es sendet Wellen der Ablehnung oder Zustimmung voraus. Krise ist die Folge – oder Chance? Das Zeitalter der Aufklärung brachte dem Menschen im Westen einen Schub geistiger Entwicklung, der ihr Denken mit Hilfe der Vernunft von althergebrachten, starren und überholten Vorstellungen löste und die Gesellschaft von Vorurteilen und Ideologien befreite. Damit wurde die Basis gelegt, um neues Wissen zu erlangen und zu akzeptieren. Heute brauchen wir einen erneuten Emanzipationsprozess, diesmal basierend auf den Erkenntnissen der Hirnforschung. Mit der Hilfe der neuen Entdeckungen, wie wir denken, welche inneren Bilder uns dabei lenken, wie Körper und Geist zusammen wirken, wie Empathie und Kooperation als immanente Fähigkeiten des Menschen erkannt werden, diese und andere, spannende Befunde der Neurowissenschaften, entsorgen einmal mehr unbrauchbare Vorurteile und Ideologien. Wie kann dies alles sprachlich zusammengefasst werden? War es damals die Vernunft – ist es heute der Verstand? Die Fähigkeit zu *verstehen,* nachdem wir neue Einsichten gewannen und ganzheitliche Zusammenhänge erkannten? Auch heute ist der gewaltige Erkenntnisfortschritt erkennbar, der naturwissenschaftlich und technisch vorantreibt, was wir gemeinhin mit Computerzeitalter und Globalisierung bezeichnen.

Wie in den ersten Kapiteln dieses Buches beschrieben, ist das Weltbild Descartes' zu erweitern; ohne Gefühle ist kein vernünftiges Handeln möglich – Geist und Körper bilden eine Einheit. Der teilende Aspekt der Ratio und des Rationalismus, der dazu führte, dass «Spezialisten» immer mehr über immer weniger wissen – stehen wir vor dem Durchbruch der ganzheitlichen Wahrnehmung, der Hauptqualität unseres Verstandes? Hilft uns der Computer mit seinem «Gedächtnis», bisher unbeachtete und unentdeckte Zusammenhänge einer vernetzten Welt zu erkennen und zur Kenntnis zu nehmen? Wird damit transparent, was bisher verdeckt war? Erhält der Begriff der Nachhaltigkeit, des drängendsten Pflichtfeldes der neuen Aufklärung, neben dem verstandesmäßigen Inhalt endlich auch eine «Seele»? Wie immer, was weiterhin uneingeschränkt Gültigkeit hat, ist Immanuel Kants Interpretation des Ausspruchs des römischen Dichters Horaz: «Habe Mut, dich deines eigenen Verstandes zu bedienen (sapere aude)» – ein Zitat, dass bei Horaz weitergeführt wird mit «Wage weise zu sein.» Jetzt fragen wir uns, ob – wie damals – auf die Aufklärung die Revolution folgen wird?

Weitere Fragen drängen sich auf. Sind die Wirrungen unserer Zeit, Bankrottmeldungen ganzer Staaten und großer Banken, die Renaissance nationalistischer und fundamentalistischer Tendenzen, das unüberhörbare Aufkommen der Populisten, der Intoleranz, des Egoismus und Narzissmus, des Fanatismus, die menschliche Überforderung durch einen Mix aus medialer Banalitätsüberflutung, weltweiter Katastrophenmeldungen, unersättlichem Mobilitätsdrang und gesteigertem Individualismus, die offen zur Schau gestellte Einfältigkeitsmentalität einer kleinen Manager-Clique, welche täglich mit ihren finanziellen Kompensationen Diebstahl begeht, der noch von keinem Gesetz geahndet wird – sind das nicht alles weitere Anzeichen des Zu-Ende-Gehens einer defizient gewordenen Struktur?

Was könnte die nächste «Aufklärung» beinhalten? Die «Computer-Welt», von Sloterdijk «Synchronwelt» (Sloterdijk 1) und von Gebser «Integralwelt» (Gebser) genannt, womit können wir vor den drohend empfundenen Kulissen (Krisensymptome) die entspannende Zuversicht gewinnen, dass wir uns auf die Chancen konzentrieren müssen? Dazu braucht es wohl tatsächlich eine zeitgemäße (nicht kriegerische) Revolution. Eine zweite Reformation, nicht von der Kanzel herab verkündet, sondern von unten gewachsen, einer Basis-Bewegung (in den USA *grassroots-movement* genannt).

«Das Vernünftige kann also auch das Wirkliche werden», sinnierte Sloterdijk, als er über die Aufklärung nachdachte. «Das Gesellschaftstheater des Ancien Régime wurde mit jedem Tag durchsichtiger und absurder.» Ersetzen wir «Ancien Régime» durch den zeitgemäßen, etwas weniger distinguierten Begriff «Abzocker» – die Parallelen werden offensichtlich. In der Schilderung sozialer Missstände, die später zur Revolution führten, sieht Sloterdijk ein weiteres Kriterium, das eins zu eins auf heute übertragen werden kann. «Hierbei gilt das universelle Gesetz der sensiblen Kritik, dass sie von denen angenommen wird, auf die sie ohnehin weniger zutrifft, während die Hauptbetroffenen in einen blinden Spiegel zu sehen scheinen, der ihnen rein gar nichts sagt» (Sloterdijk 2). Worin lag dann aber der «gute Ursprung» der Aufklärung? «Das Gute ist noch nirgendwo, außer im menschlichen Wunschgeist und Tagtraum, der auf das, was es noch nicht gibt, dennoch unbeirrt zugeht» (Sloterdijk 2). Wieder einmal landen wir beim Geist der Utopie. Doch, davon ist Sloterdijk – und auch andere – überzeugt: Utopie – Wer sich nichts vormacht, hat oft auch gar nichts mehr vor sich.

Ob sich Sloterdijk zur «Aufklärung» oder zur «nächsten Aufklärung» äußert, ist unklar. Er ist überzeugt: «Raffinierte Selbstverdummung manifestiert sich in sämtlichen modernen Naturalismen – Rassismus, Sexismus, Faschismus, Vulgärbiologismus und Egoismus. (...) Die Kritik des Egoismus, besser die Kritik des privaten Scheins, bildet den Kern aller Aufklärung» (Sloterdijk 1).

Diesen Kern gilt es zu knacken, immer wieder, auch zu Beginn des 21. Jahrhunderts.

AHNEN, GLAUBEN, WISSEN, VERSTEHEN

Gehen wir also davon aus, die nächste Aufklärung verhelfe uns, besser zu sichern (*to safe*[59] in der Sprache des Computer-Zeitalters), auf welche Ressourcen wir beim Bau des neuen Denkgebäudes zurückgreifen sollen. Da steht – als Tresor – zweifellos das neue Wissen über uns selbst (Kapitel 2–5). Dieses neue Verständnis gilt es, wahrzunehmen, zu verstehen. Die alten Missverständnisse, die gesammelten Vorurteile aus Jahrhunderten, sollen bei dieser Gelegenheit ein für alle Mal entsorgt werden. Als nahe liegendes Beispiel: Die Schweiz wäre neutral, behaupten gewisse Kreise, und sie behaupten ebenso keck, sie könnten Sicherheit im Land schaffen. Dass ebendiese politische Partei in ihrem Parteiprogramm sich selbst als «Schweizer Qualität» feiert, bestätigt das Vorurteil des Autors, die kürzliche Abwahl ihres Bundesrates sei zu Unrecht erfolgt.

Wenn die Datenexplosion eine der Charakteristiken des gegen-

---

59 to safe: absichern, aber auch: schützen, sicher, Tresor.

wärtigen Umbruchs auszeichnet, dann sind damit generell Informationen gemeint. Quantitativ überfordern sie uns, doch beim gezielten und beschränkten Einsatz bricht aus dem Internet eine Qualitätsdimension hervor, die für Generationen vor uns absolut unvorstellbar war. «Sich ins Bild setzen», wofür wir am Anfang des Buches plädierten, ist das spannendste Abenteuer seit langem, wir setzen selbst den Rahmen.

So haben wir erfahren, dass unser Denken hauptsächlich unbewusst abläuft, weder die Ratio, noch das Bewusstsein kontrollieren es. Unsere Wahrnehmung der großen Protagonisten in Politik und Wirtschaft ist keinesfalls «wahr» – sie ist vielmehr unsere ganz persönliche Wahrnehmung. In der Sprache drücken wir aus, was wir denken, wie wir handeln und wiederum gehen wir von einer persönlich geprägten Gehirnlandschaft als Absender aus. Dabei sind wir durchaus in der Lage, zwischen mehr als zwei Möglichkeiten zu differenzieren – es gibt nicht nur richtig oder falsch, laufend produzieren wir unendlich viele Mischformen. Dass wir im «Stillen» mit internen Dialogen und Bildern im Gehirn die Resultate unserer Aktivität vorbereiten, um sie als Metaphern oder unverschlüsselt abzusenden, ist wieder stark von unseren persönlichen Emotionen geprägt, quasi als einmalige, mentale Fingerabdrücke. Dass wir mit unserer Denkarbeit die eigene Gehirnstruktur plastisch ab- oder aufbauen ist natürlich nicht nur für alle älteren Semester tröstlich: *Use it or loose it!*, der Ratschlag des Neuropsychologen, unser Hirn zu nutzen oder es zu verlieren, es liegt also an uns. Unser Gehirn ist ein lernender Organismus. Eine der großen Entdeckungen unserer Zeit ist die Kernkompetenz der Empathie: wir können uns in andere Menschen hineinversetzen, unsere Spiegelneurone sind sogar trainierbar. Nicht überraschend daher die nächste Stufe: Der Mensch ist ausgerichtet auf Kooperation, weniger auf Kampf. Dieser Befund relativiert zumindest Darwin und wenn dann noch behauptet wird, die emotionalen Vorgänge dienten als Vorbereitung unseres rationalen Verstands, dass sie quasi unsere Vernunft leiten, wird auch

Descartes relativiert. Alle diese Vorgänge und vorläufigen Ergebnisse lassen eine Ahnung unserer eigenen Komplexität aufkommen. Dies alles sollten wir in unserem «Tresor» abspeichern, darüber nachdenken und staunen. Bevor wir uns dann an die Arbeit machen, geben wir uns nochmals Rechenschaft, wie – mit welcher Sprache – wir erfolgreich sein werden, wenn es darum gehen könnte, Menschen besser *verstehen* zu können. Unausgesprochen gehen wir dabei davon aus, dass – wenn der Partner, der Nachbar, die Kommunalpolitikerin oder Regierungschefin gleichermaßen vorgehen werden – wir uns alle besser *verstehen* könnten, ohne vom anderen zu fordern: Du musst dich verändern! Wenn wir dann Probleme angehen und lösen wollen, haben wir einen enormen Vorsprung, wenn wir die einfachen Regeln beachten: Jeder Mensch begreift also die Dinge unterschiedlich, das soll ihm so belassen sein. Verständnis für die andere Sichtweise aufzubringen, ist schon die halbe Lösung. Wenn wir dann fähig sind, eigene Fehler einzugestehen und für Unterstützung unserer Ansicht zu bitten, werden wir überraschende Erfolge erzielen. Mit Erfolg ist nicht das Durchsetzen der eigenen Meinung, sondern die allseits akzeptierte Lösung gemeint.

Besonders für unser politisches Verständnis, eine nicht immer einfache Herausforderung, können wir wohl von den wissenschaftlichen Erfahrungen aus den USA profitieren. Besonders die Unterscheidung in konservative und liberale Denkstrukturen und den dahinter liegenden Familienmustern des «strengen Vater-Modells» oder des «fürsorglichen Eltern-Modells» sind einleuchtend. Dort die Rückbesinnung auf die gute alte Zeit, hier die Ausrichtung auf die Neuerungen der Zukunft. Die politische Propaganda, für viele ein Buch mit sieben Siegeln, wird auch hier in Europa durch die rechtsstehenden, konservativen Elemente virtuoser gehandhabt. Die Konservativen treten üblicherweise weit geschlossener auf als die am linken Rand angesiedelten Genossen, die sich in Richtungskämpfen zersplittern und sie kommunizieren auf der Basis emotio-

271

naler Werte statt rationaler Programme. Ihre Botschaften werden als «Wahrheit» verkauft und gekauft – eine große Begabung der konservativen Populisten (nicht nur derer «made in Switzerland»). Wobei wir wieder beim «Glauben» angekommen wären, nachdem wir unsere Ahnungslosigkeit vermeintlich abgelegt hatten.

Und, wenn wir schon bei den Befunden der Linguistiker und kognitiven Wissenschaftlern sind, hier nochmals deren Ratschläge: Du sollst niemals in *den* Themen reden, die vom politischen Widersacher besetzt sind, auch nicht deren Worte benutzen. Und du sollst nie, aber auch gar nie, linear denken, aus der Vergangenheit auf die Zukunft schließen oder im alten Ursache-Wirkung-Muster gefangen bleiben: Wer die unwahrscheinlichen Ereignisse nicht in Betracht zieht oder sie ausblendet (statistisch nicht relevant einstuft), lebt brandgefährlich.

Ist es nun tröstlich, oder doch eher ernüchternd, dass die – noch immer nicht in Vergessenheit geratenen – alten griechischen Denker wesentliche Probleme und Herausforderungen zu Beginn des 21. Jahrhunderts vor 2500 Jahren sozusagen vorgedacht haben? Lässt sich ihr erstaunliches, leises Wissen als Denkfundament unserer lärmigen Zeit nutzen, vielleicht etwas relativieren und aus jenem fernen Alltag in die Hektik unseres, ach so auto-mobilen, Alltags transponieren? Oder schließen wir daraus mit Dürrenmatt, der Mensch und die Welt wäre unverbesserbar und das Wesentliche bleibe sich immer gleich? Vielleicht lassen wir uns dazu verleiten, persönlich eine Zwischenstellung zu versuchen? Das Positive des Fortschritts zu suchen, mit einem gesunden Liberalismus dafür einzustehen, ohne dabei gleich abzuheben?

Nochmals diese großartigen, alten Kernbotschaften: Heraklit, das Wahre ist nicht zersplittert in seine Einzelteile, sondern in der Ganzheit wirkend. Sokrates, Vorbild des einfachen, ehrlichen Mannes, der seine Mitmenschen mit Fragen und immer weiteren Fragen löcherte, bis sie eingestehen mussten: Wir wissen es nicht. Demosthenes, der virtuose Rhetoriker, mit seinen Brandreden gegen die zunehmende Polarisierung in der Politik, in der die zwei Lager der politischen «Parteien» alles blockierten. Später dann Perikles, der Visionär und Kämpfer für das weltoffene, liberale Athen. Schließlich Diogenes, der Kläffer, der am helllichten Tag mit einer Laterne herumwanderte, auf der Suche nach einem «Menschen». Dann der große Platon, mit seinem Entwurf des idealen Staates und der Frage nach Gerechtigkeit. Und schließlich sein Schüler Aristoteles, der erste «Wissenschaftler», der zwischen zwei Extremen die ethische Tugend ansiedelte, als Ausweg aus der Sackgasse. Die goldene Mitte – nach 25 Jahrhunderten brandaktuell für jene, die Lösungen statt Blockierung, Kooperation statt Kampf anvisieren möchten?

Unser Wissen ist vorläufig. Deshalb der Vorschlag, vorerst einmal unser Verständnis zu erweitern: *Verstehen* zu wollen, bevor wir urteilen. Zu fragen, bevor wir die Antwort kennen. Du fragst, wir antworten – wäre das eine Zusatzrubrik im Internet, für Blogger mit Neugier? Für alle jene, die ihre Antwort gleich mit einer selbstkritischen Frage ergänzten?

DIE WELT – MARKTPLATZ ODER LEBENSRAUM?

Die Welt ist im Begriff, sich neu zu ordnen. Während der Anteil der Industrienationen an der Weltbevölkerung sinkt und deren Bevölkerung kleiner und älter wird, sehen wir andere Länder mit jüngerer Bevölkerung stark wachsen. Das einundzwanzigste dürfte zum asiatischen Jahrhundert werden. Immer mehr Menschen leben in städtischen Agglomerationen. Vor dem Hintergrund, dass wirtschaftliche Interessen und deren Exponenten den Lauf der Politik bestimmen, sich ihre flexiblen Organisationen den behäbigen, staatlichen Verwaltungen und deren Regierenden im Globalisierungsrennen als weit überlegen erweisen, fragen wir uns: Können diese Trends die Erde auf den Kopf stellen?

Demographische Zahlen sind eindrücklich: Seit 1950 ist die

Weltbevölkerung von 2,5 auf 6,8 Milliarden gestiegen. In Europa von 0,5 auf 0,7 Milliarden, in Asien aber von 1,4 auf 4,1 Milliarden. In Europa hat sich in diesem Zeitraum der Anteil der über 60-jährigen von ca. 14 % auf ca. 24 % erhöht, der Anteil der unter 15-jährigen in Afrika verharrt in diesem Zeitraum auf über 40 %. Allein diese wenigen Zahlen sollten genügen, um zu signalisieren: Wer sein Heil im Erhalten der alten, einst durchaus adäquaten Strukturen sucht, wird verlieren. Wir können auch den Immigrationsströmen nicht ausweichen, deren Einfluss wird immer dominanter. Auf der Suche nach neuem Halt im *Global Village* stellen sich viele Fragen; eine der wichtigsten ist jene, ob wir unsere Erde im 21. Jahrhundert als Marktplatz organisieren oder doch eher der Lebensraum im Vordergrund steht. Mit anderen Worten: Die strategische Planung der Zukunft darf nicht nur den großen Multis überlassen werden. Diese arbeiten längst (z.B. mittels der Szenario-Technik) am neuen Weltbild, das gehört zum A und O der Ökonomie, um sich den Konkurrenzvorteil und Marktanteil in der Zukunft zu sichern. Derweil ist der ernüchternde Eindruck zur weltweiten Politik jener, dass die Regierungen der westlichen Länder immer hinter der Entwicklung her lavieren, dabei überrascht werden vom vermeintlich Unvorhersehbaren oder von den existenzbedrohenden Finanz-Crashs, deren Ursachen im menschlichen Fehlverhalten liegen.

Die Politik hat es nicht leicht, doch sie macht es sich zu leicht. In welchem Land sind die wichtigsten Politiker mit der Zukunftsplanung beschäftigt? Heerscharen von Angestellten führen Statistiken über die Vergangenheit und andere verwalten die Gegenwart, die im Papierkrieg zu ersticken droht. Die Chefs reisen von Konferenz zu Konferenz − als Feuerwehr, um immer wieder aufflackernde Brandherde zu löschen. Die Zukunft? Was soll sie uns beschäftigen, wir haben so schon genug zu tun. Die Zukunft, das sind unsere Kinder und Enkel, jene, die die Konsequenzen des heutigen politischen *Mainstreams* erfahren, die Folgen der aktuellen Entscheidungen zu spüren bekommen werden. Im politischen und gesellschaftlichen Alltag wird die Zukunft verdrängt. Schließlich leben wir jetzt – doch, ist diese Devise zu Beginn der neuen Computer-Epoche verantwortbar? Nein.

Raimon Panikkar, der große Religionsphilosoph, ist skeptisch. Auf die Frage, ob es einen Ausgleich gebe zwischen dem ökonomischen und politischen Modell der Liberalisierung der Weltmärkte, meint er, der sich nicht für Machtpolitik erwärmen kann: «Wenn wir das menschliche Maß, wie es die Vorsokratiker schon entdeckt haben, verlieren, dann verlieren wir die Menschlichkeit und reden nur abstrakte Sachen. (...) Die Welt ist ein lebendiger Organismus und keine Organisation, das ist die wahre Welt und nicht die Welt der Zeitungen, des Fernsehens oder der Politik. (...) Wir sind auf dem falschen Weg» (zitiert nach von Barloewen). Darüber lohnt es sich, nachzudenken. Doch wir wollen ja vorwärts schauen und gestalten. Einer der die Welt kennt wie kein zweiter ist Federico Mayor, früherer Generaldirektor der UNESCO und Kämpfer für die Kultur des Friedens. Er sieht in die Zukunft und meint: «Wenn man zur Überzeugung kommt, bestimmte Überlegungen, Konzeptionen oder Argumente weitergeben zu sollen, so muss man das wagen» (ebd.). Liegt es daran, dass sich politische Verantwortliche so wenig um die Zukunft kümmern – daran, dass damit ein Wagnis verbunden ist, das Wagnis, nicht wieder gewählt zu werden?

Die Strukturen unserer Demokratien müssen erneuert, überholt, saniert werden. Sie genügen nicht mehr, da sich die Voraussetzungen in den letzten 200 Jahren grundlegend geändert haben; weniger Diktatoren sind die Gefahr, als Mentalitäts-, technischer Wandel und Schnelligkeit. Zeit ist Geld und Geschwindigkeit Macht. Die Demokratie hat dann eine Zukunft, auch wenn der Weg steinig ist. Einer ihrer Feinde heute: Die um sich greifende Apathie vieler Menschen, die Geist, Gefühl und Körper lähmt, während sie sich im Konsumrausch kompensiert. Die Abwendung von der Politik auf der einen Seite (Masse der Bevölkerung), die Geringschätzung der Politik auf der anderen (relativ kleine Gruppe «Auserwählter»

275

im Top-Management der ganz Großen, die sich weder um die politischen, noch um die gesellschaftlichen Folgen ihres überheblichen Gehabens in ihrer Schattenwelt kümmert), führt zu einer Erosion des politischen Einflusses, wie sie im alten Athen und später im alten Rom ihren Lauf nahm.

Wenn wir uns eher für die Variante «Lebensraum» statt «Marktplatz» entscheiden, müssen wir entschiedener gegen die Auswüchse der Marktwirtschaft antreten. Wir, das sind Gesellschaft und Politik als Verbündete, auch alle Leserinnen und Leser dieses Buches. Die Auswüchse – diese Präzisierung ist wichtig. Denn nach wie vor zeichnet sich keine Alternative ab zum marktwirtschaftlichen, freiheitlichen Kontrakt. Doch die Auswüchse summieren sich zu einem gewaltigen Schadenpotenzial. Zählt man die Risikofaktoren zusammen, die eben dieses freiheitliche Element (gegenüber der Planwirtschaft) bedrohen, etwa Spekulation, Wirtschaftslobbying, Intransparenz, Betrug, Selbstüberschätzung, Rücksichtslosigkeit, Lügengebilde, Diebstahl am Aktionär, Verantwortungslosigkeit gegenüber Mensch und Umwelt, dann wird rasch klar, dass sich tatsächlich alle diese Elemente in der Finanzbranche kumulieren. Diese Erkenntnis ist wichtig.

«Wir konnten das nicht wissen», die bequeme Ausrede in unserer hektischen Zeit, sie ist inzwischen nicht nur resignatives Eingeständnis, sondern beliebiges Verdrängen des Drohenden. Im Computer-Zeitalter, wo die Daten allgegenwärtig um den Globus sausen, können wir uns informieren. Dies bringt persönlichen Gewinn – manchmal auch Kopfweh. «Monströse Datenberge» könnte man das in Anlehnung an einen Report des *Economist* nennen. Tatsächlich transformieren sie die traditionelle Wirtschaft in atemraubendem Tempo – nicht aber die Politik. Noch immer wird der Ruf nach Transparenz wenn möglich überhört, obwohl die technischen Vorbedingungen längst erfüllt sind. Der *Economist* fordert: *«Government Information is a form of infrastructure, no less important to our modern life than our roads, electrical grid or water systems*[60]*.»* Am ersten Tag im

Amt forderte Obama seine Ressort-Chefs auf, soviel Daten wie möglich an interessierte Bürger herauszugeben, im Zweifel für den Antragssteller. Sein Vorgänger Bush jun. hatte genau die gegenteilige Weisung acht Jahre vorher in Kraft gesetzt. Fazit: Wenn wir uns als Mitglieder der «Offenen Gesellschaft[61]» fühlen, müssen wir uns im eigenen Interesse bemühen.

Dieses Privileg gilt es zu nutzen, um unseren Lebensraum zu gestalten. Sofern dies im persönlichen Fall einer Verhaltensänderung gleichkommt, der jetzige Moment ist günstig. Natürlich wissen wir, dass es in unserer Natur liegt, an Vertrautem festzuhalten und allen Veränderungen skeptisch gegenüber zu stehen. Doch im Moment, wo deren Vorteile zu klar sichtbar werden, wer wollte da noch zögern? Es sind die Pioniere, die das zuerst wagen, doch nichts steht dem im Weg, dass sie sich als Normträger positionieren. Noch sprechen wir viel zu oft von den Nachteilen einer neuen Sache, auch wenn darüber sehr wenig wissen. Umgekehrt lassen sich die Vorteile des Neuen zumindest evaluieren und kommunizieren – schon mancher erfolgreiche Unternehmer hat einen strategischen Nachteil zu einem Vorteil umgebaut.

Die Welt als Marktplatz der Beliebigkeiten, diese Vorstellung ist unbefriedigend. Die Alternative, unsere Welt als persönlichen Lebensraum zu gestalten, nicht nur zu erdulden, ist eine Herausforderung. Denn dann gilt es, Liebgewordenes zu hinterfragen, zu verändern, umzubauen. Dazu gehört auch das sanfte Ruhekissen des Sozialstaates, in seiner Rigidität das Produkt einer vergangenen Zeit, als viele Menschen für wenige Rentner mit einem kleinen finanziellen Zuschuss aufzukommen hatten. Heute, 50 Jahre später,

---

60 «Regierungs-Information ist eine Infrastruktur-Form, ähnlich wichtig in unserem modernen Leben wie unsere Straßen, Elektro-Netze oder Wasserversorgung.» (The Economist, A special report on managing information, February 27th, 2010).

61 Offene Gesellschaft: In Anlehnung an Karl R. Popper nennen wir so die Gesellschaftsordnung, in der sich die Individuen persönlichen Entscheidungen gegenübersehen; die früheren magischen oder mentalen Strukturen werden geschlossene Gesellschaften genannt (Karl Popper).

haben viel weniger Menschen für viel mehr Rentner mit wesentlich größeren Ansprüchen zu sorgen – eine Überforderung, deren Eingeständnis sich noch nicht abzeichnet. Noch ist der Mythos stärker als die Realität. Noch bezieht «nur» jeder siebte Erwachsene zwischen dem 18. und 64. Lebensjahr staatliche Unterstützung, Tendenz steigend. Wir erkennen: Neben den Auswüchsen des neoliberalen Wirtschaftsflügels sind auch welche am anderen Ende der Skala auszumachen.

Verstehen wir das?

Ja, wenn wir zum Schluss kommen, die Welt des 21. Jahrhunderts bestünde aus einem ausgewogenen Mix aus ... Marktplatz und Lebensraum.

FREIHEIT STATT SICHERHEIT

Auf der Suche nach wichtigen Wegmarken auf dem Weg in die Zukunft, soll auch der Begriff Freiheit in Erinnerung gerufen werden. Freiheit ist im Westen so selbstverständlich geworden wie der Morgenkaffee. Deshalb sollten wir diesen ruhigen Moment des Tages dazu nutzen, dieses große Wort Freiheit etwas zu revitalisieren.

«Mehr Sicherheit für Sie!» Dieser politische Werbespot aus konservativ/populistischen Lagern verschiedener europäischer Länder ist sozusagen die Fortschreibung der mittelalterlichen Sage um den Rattenfänger von Hameln. Mehr denn je finden, in vermeintlich unsicheren Zeiten, solche populären Versprechungen den Zulauf der Massen. Natürlich tönen diese Heilsbotschaften nicht in allen Ländern gleich. «Weniger Steuern für Sie!» etwa lesen wir da in großen Lettern der Printmedien. «Weniger Kriminelle, weniger kriminelle Ausländer!» vernehmen wir an Großdemonstrationen aus Plakaten und Flugblättern. Wer könnte schon etwas dagegen haben? Einfache Botschaften, für jedermann verständlich, beschaffen kurzfristig politische Mehrheiten, die am Stammtisch ihre Basis begründen. Die volksnahen Führer finden Gehör und sammeln Stimmen. Schließlich leben wir in den westlichen Demokratien, in denen das Volk bestimmt.

Nüchtern betrachtet stellen wir fest, dass es gewissen politischen Strömungen ausgezeichnet gelingt, das diffuse Angstgefühl in der Gesellschaft zu bewirtschaften. Zwar realisiert die Mehrheit der Bevölkerung, dass sich ihr Land, ihre Nation, ihre Heimat in einem völlig neuen Umfeld befindet und dass sich letzteres zudem laufend und immer schneller weiter verändert, doch das wird verdrängt nach dem Motto, dass nicht sein kann, was nicht sein darf. Es folgt der persönliche Rückzug auf das Alte, Vertraute und wer dies geschickt instrumentalisiert, erntet massenweise Befürworter. «SVP wählen heißt Sicherheit schaffen!», so etwa tönt es dann in der Schweiz.

Zu Beginn der neuen Zeit, in der Übergangsphase zwischen erfahrener Sicherheit des Alten und befürchteter Unsicherheit des Neuen, reagieren tatsächlich viele Menschen mit diffuser Angst. Eine verängstigte Gesellschaft verlangt vom Staat immer neue Regeln und damit geht das Prinzip Eigenverantwortung langsam verloren. Angst vor der Zukunft, dem Sturz ins Mittelmaß, dem Alter; Angst davor, den Humor, die Subventionen oder gar den Wohlstand zu verlieren; Angst vor der Globalisierung, Arbeitslosigkeit; geradezu lähmende Angst, den Überblick oder gar die Kontrolle zu verlieren. Panische Angst vor Statusverlust, Krankheit und Gesundheitskostenexplosion. Angst vor Spinnen und Mäusen. Angst vor Veränderungen.

Noch kennen wir das Neue nicht. Skepsis und Abwehr gehören zu den über Jahrhunderte entwickelten und erprobten menschlichen Verhaltensweisen. Repression und Abschottung vor dem Fremden sind nachvollziehbare Wünsche. Vielleicht erinnern wir uns an dieser Stelle, was der Schweizer Kulturphilosoph Jean Gebser schon um 1950 folgerte: «Angst entsteht immer dort, wo aus der Erschöpfung einer Haltung deren Ausweglosigkeit bewusst oder unbewusst evident wird» (Gebser). Wohl eher unbewusst, nach einem halben Jahrhundert Frieden im alten Europa gilt verständlicherweise die Devise: Bewahren wir das Erfolgreiche, keine Experimente, mehr Wohlstand für alle! Ging dabei aber nicht auch längst vergessen, worauf diese Errungenschaften seit 1945 beruhen?

Sie ruhen auf unserer qualitativen, unsichtbaren (und deshalb vergessenen) Freiheit. Diese ist uns so selbstverständlich geworden, dass wir deren verborgenes Fundament ignorieren. Unser Haus der Freiheit steht noch so solide, weil die Armierung aus hoher Qualität besteht, gemischt aus wertvollen Materialen, deren Bewährtheit über Jahrhunderte erprobt wurde. Freiheit im heutigen europäischen Sinn ist das Produkt unermüdlichen Strebens und hartnäckigen Mutes vieler Generationen von Menschen, gleichsam ein Grundpfeiler westlicher Kultur. Erst der Kampf um Religionsfreiheit ermöglichte es in späteren Zeiten, die Ideale der Autonomie des Individuums entstehen zu lassen. Diese wiederum führten später zur Erklärung der Menschenrechte der Vereinten Nationen. Das wichtigste Ziel der EU – allzu oft geht das im Alltagsgetöse unter – ist die Friedenssicherung.

Heute akzeptieren wir: Die Freiheit des Einzelnen hört dort auf, wo der Nächste in seinen Freiheitsrechten beeinträchtigt wird, die Freiheit der Nationen dort, wo sie andere Nationen aufgezwungen wird. Die zu Beginn des 21. Jahrhunderts feststellbaren Tendenzen, einem Volk «Sicherheit» vorzugaukeln, ist aus zweierlei Gründen unredlich, gefährlich und deshalb abzulehnen. Niemand kann «Sicherheit» garantieren; tut er es trotzdem, schwindelt er aus anderen Beweggründen. Gefährlich deshalb, weil dieses mühsam erkämpfte Grundrecht der Freiheit durch immer neue Maßnahmen (gegen den Terror, gegen Ausländer) im Interesse vermeintlicher Sicherheit Stück für Stück geopfert und damit das Grundrecht gefährdet wird.

Warum stellen wir «Freiheit» in Zeiten des Übergangs zur Diskussion? Es gilt, das Fundament zukünftiger Entwicklungen zu betonen. Unsere Freiheit ist die Voraussetzung für Sicherheit, nicht umgekehrt. Noch bevor wir uns in die neuen Tendenzen, Hoffnungen und Lösungen der *integralen* Zeitstruktur vertiefen, gilt es deshalb Missverständnissen vorzubeugen, Vorurteile zu entkräften, dafür Fremdes *verstehen* zu wollen. Beispiele aus dem Alltag sollen das verständlichen: Werturteile über Freuden des Anderen setzen Vertrautheit und Kenntnisse eben dieser Freuden voraus. So steht es einem Opernhasser nicht an, das Operngenießen zu beurteilen, ebenso wenig wie es einem Fußballverächter gestattet ist, Fußballkonsum zu kritisieren, solang er nichts vom Fußballspiel versteht. In beiden Fällen fehlt ganz einfach der erkenntnisfähige Zugang zur Wertung aus der Sicht anderer. Was des Einen Bereicherung, ist des andern Unverständnis. Also lassen wir solche Vorurteile – es sein denn, wir ließen uns darauf ein, etwas bisher Unbekanntes *verstehen* lernen zu wollen.

Ein zweites Beispiel: Falsch verstandene Volkssouveränität droht zur Feindin der Freiheit zu werden. Verfassungsgrundsätze (wie Rechtsstaatlichkeit, basierend auf der Unabhängigkeit der Justiz oder internationale Menschenrechte) sind unverhandelbare Garanten unserer Freiheit und können niemals dem Zeitgeist beliebiger Interpretierung oder gar Unterordnung unter populärer demokratischer Thesen- und Machtentwicklung geopfert werden. Wer also versucht, Regierungen (oder die *Classe politique* ganz generell) seinem Volk zu entfremden um damit Misstrauen zu säen, trägt eine große Verantwortung, wohl wissend, dass er die nicht einzulösen braucht.

Drittes Beispiel: Der Ruf nach mehr Sicherheit ist eine Besessenheit unserer Zeit! Wie reagieren wir auf Bedrohungen? Mit immer noch mehr derselben, alten Bekämpfungsinstrumente. Mehr Polizei in westlichen Städten, mehr Überwachung im Alltag, mehr Gefängnisse im eigenen Land, mehr Militär im Irak oder in Afghanistan. Wir wissen längst, «mehr desselben» führt in den allerwenigsten Fällen zum gewünschten Ziel. Es handelt sich bei diesen (hilflosen) Maßnahmen um ein Spiel mit der Vergangenheit. Doch die alten Rezepte greifen nicht mehr in der modernen Zeit.

Viertes Beispiel: Hinter dem Aufruf nach mehr Sicherheit versteckt sich oft der Wunsch nach unbewusstem (oder schlimmer: bewusstem) Festhalten an den scheinbaren Sicherheiten des Status quo. Mit diesem Bild vor Augen schaffen wir keine zukunftskompatiblen, neuen Lösungen. Da sich die Welt verändert, müssen sich unsere Vorkehrungen, wenn schon, auf die neuen Bedrohungen ausrichten und dabei ist die Verherrlichung der alten Zustände, das Beschwören der Mythen der Vergangenheit, trügerisch. Gar unerwünscht ist das Verhalten der Populisten aller Länder, die sich den Wunsch nach mehr Sicherheit im Volk zu Nutzen machen, um mit gut tönenden Versprechungen mehr persönliche Macht zu gewinnen.

Gerade jene Kreise, die am lautesten nach mehr Sicherheit rufen, verkennen oder verdrängen eine der größten Gefahren jeder Form des Interventionismus. Die Folgen der Forderung nach Maßnahmen des Staates gegen alles Sicherheitsbedrohende bestehen zweifellos darin, dass sie zu einer Zunahme der Staatsgewalt und der Bürokratie führen – genau dessen, was sie gleichzeitig lautstark bekämpfen. Schließen die besorgten Sicherheitsapostel bewusst die Augen – was gegen ihre Intelligenz spräche – oder sind sie naiv? Oder haben sie ganz einfach die Hausaufgaben nicht gemacht? Da plädieren sie gegen eine Gefahr und gefährden damit die Freiheit in der Demokratie. Eindringlich riet Karl R. Popper schon um die Mitte des letzten Jahrhunderts: «Wir müssen für die Freiheit planen und nicht nur für die Sicherheit, wenn auch vielleicht aus keinem anderen Grund als dem, dass nur die Freiheit die Sicherheit sichern kann» (Karl. R. Popper).

Die Finanzkrise (Stand 2010) beschäftigt uns alle. Interessant ist auch hier der Zusammenhang zwischen Sicherheit und Freiheit. Isaiah Berlin (1909–1997), der sich über viele Jahre ins Thema Freiheit als dem Königsbegriff der Humanität vertieft hat und dies nicht in der Folge einer publizistischen Konjunktur, dafür mit persönlich gefärbter Tiefenschärfe, schrieb 40 Jahre vor Ausbruch dieses Debakels folgende bemerkenswerte Passage: «Die Freiheit der Wölfe bedeutet oft genug den Tod der Schafe. (...) Dass die Geschichte des ökonomischen Individualismus und der schrankenlosen kapitalistischen Konkurrenz eine blutige und gewaltsame ist, muss, so glaube ich, heute nicht eigens betont werden. (...) Ich hätte wohl auch deutlicher machen sollen, dass die Übel des ungehinderten laisser-faire und des Gesellschafts- und Rechtssystems, durch das dieses laisser-faire ermöglicht und befördert wurde, selbst wiederum zu brutalen Verstößen gegen die ‹negative› Freiheit führten...» (Isaiah Berlin). Und weiter unten folgert er: «Sehr vieles spricht für Eingriffe des Staates oder anderer geeigneter Körperschaften, um die Voraussetzungen sowohl für die positive Freiheit als auch für ein Mindestmaß an negativer Freiheit der Individuen zu sichern».

Abschließend soll nicht vergessen werden, dass Freiheit ohne ausreichende Sicherheit, ohne Gesundheit und Wissen in einer Gesellschaft, der es an Gerechtigkeit und gegenseitigem Vertrauen fehlt, fast nutzlos ist. Doch auch das Umgekehrte kann sich als verhängnisvoll erweisen. Mit der fortlaufenden Erweiterung der materiellen Bedürfnisse und deren sofortigen Erfüllung, dem lautstarken Ruf nach mehr Sicherheit auch, vergrößert sich keineswegs die Freiheit.

EMANZIPATIONSSCHUB ALS BEFREIUNG

Der 1970 verstorbene englische Philosoph und Literaturnobelpreisträger Bertrand Russell hat 1951 ein kleines Buch publiziert mit dem verheißungsvollen Titel «Unpopuläre Betrachtungen». Er wollte damit gegen den zunehmenden Dogmatismus der Rechten wie der Linken ankämpfen. Als Mathematiker gehörte er zu jenen Philosophen, die in ihrem Fach keine ausschließlich weltferne Angelegenheit von und für Spezialisten sahen. Seine makellosen Aufsätze haben seither in keiner Weise an Brisanz verloren, es geht um «Ideen, die der Menschheit genützt haben» und um «Ideen, die der Menschheit geschadet haben» (Bertrand Russell 2). Russells Beitrag zur Stunde ist brandaktuell, sein Versuch, die Menschen mit Geist, Verstand und Anstand aufzuklären und auch mal zu erfreuen, ist vorbildlich.

«Der Dogmatismus[62] ist ein Feind des Friedens», lautet eine seiner klaren Botschaften. Dies allein würde genügen, um jenen nach wie vor lautstarken Kräften im Westen und anderswo den Boden unter den Füßen wegzuziehen. «Daraus folgt die Aufspaltung der Menschheit in rivalisierende Gruppen von Fanatikern, deren jede überzeugt ist, ihre eigene Spielart des Unsinns sei die heilige Wahrheit, die der Gegenseite aber fluchwürdige Ketzerei. Arianer und Katholiken, Kreuzfahrer und Moslems, Protestanten und Päpstliche, Kommunisten und Faschisten haben in den letzten 1600 Jahren weite Zeiträume mit nichtigen Streitigkeiten ausgefüllt, während doch ein wenig Philosophie beiden Parteien in allen diesen Auseinandersetzungen gezeigt hätte, dass keine von beiden sich im Grunde im Recht glaubte. Der Dogmatismus ist eine unüberwindliche

---

62 Dogmatismus: Starres, unkritisches Festhalten an Anschauungen und Lehrmeinungen.

Schranke auf dem Weg zur Demokratie. Heute ist er zumindest ebenso sehr wie früher das größte geistige Hindernis der menschlichen Glückseligkeit» (Russell 2).

Russell war unbequem, vielen Leuten suspekt. Gerade deshalb kommt er in diesem Buch zu Wort. Eine seiner wiederholten Aufforderungen an die Lehrerschaft seiner Zeit war diese, sie hätten bei ihren Schülern vor allem «jenen Geist der Duldsamkeit zu wecken, der aus dem Bemühen entspringt, Menschen, die anders sind als wir, zu verstehen. (…) Es ist vielleicht eine natürliche Regung des Menschen, alle Sitten und Gebräuche, die von den unseren verschieden sind, mit Abscheu und Widerwillen zu betrachten. Und wer nie gereist ist, weder in Person noch im Geiste, dem fällt es schwer, die seltsamen Sitten und rückständigen Überzeugungen anderer Völker und Zeiten, anderer Sekten und politischer Parteien zu ertragen. Diese aus der Unwissenheit geborene Intoleranz ist das gerade Gegenteil einer zivilisierten Geisteshaltung und eine der schwersten Gefahren, denen unsere überfüllte Welt ausgesetzt ist» (Russell 2). Dem ist nichts beizufügen.

Die nächste «Aufklärung» wird einen weiteren Emanzipationsschub bewirken. Es ist höchste Zeit dafür. Wenn damit ein Zugewinn an Freiheit einhergehen und gleichzeitig eine erweiterte Lebensperspektive realisiert werden soll, geht diesen Rechten und Pflichten in Zeiten des Übergangs ein gewisser Denkwandel voraus. Die gefährlichen Klippen der heutigen Wirtschaft und Politik müssen geortet werden, damit von ihnen keine weitere Gefährdung mehr ausgeht. Mit anderen Worten: Die Aktion gesellschaftlicher und politischer Selbstbefreiung geschieht nicht von selbst, sie ist das Resultat persönlichen Engagements. Kritisieren statt Erdulden ist der erste Schritt. Deshalb hat dogmatische Politik im 21. Jahrhundert, die dualistische Rechthaberei der kleinen Geister, ausgedient. Links und Rechts als Wegweiser der politischen Gesinnung stammen aus dem letzten Jahrhundert. Jedes Land kennt seine Dogmatiker – nicht selten sind sie auch Populisten. Damit schließt sich der

Kreis und wir durchschauen das Ganze. Die Spaltung der Gesellschaft ist auch das Produkt von Dogmatismus und Populismus. Emanzipierte Geister lassen sich da nicht mehr beeindrucken. Wer den nächsten Schritt macht, erkennt zwei weitere Relikte, die kurz vor ihrer Überwindung durch den kommenden Emanzipationsschub stehen: Gewerkschaften und der uneingeschränkte Neoliberalismus, beides Kampftrupps mit stark eingeschränktem Blickwinkel – sie kämpfen für «ihre» Hälfte und damit ohne Blick auf das Ganze.

Die Liste der Fehlentwicklungen, die durch die Emanzipation der Gesellschaft an den Pranger[63] gestellt gehört, enthält einige brisante Vorschläge. Anstelle des Prangers tritt dabei der Computer, der öffentliche Platz ist jetzt das Internet: Staatliche Schuldenwirtschaft, politikbestimmende Wirtschaftslobbys, als Bezüge getarnter, ungeahndeter Diebstahl durch Top-Manager, um nur einige zu nennen. Darüber wurde in diesem Buch an anderer Stelle geschrieben, noch nicht genügend definiert wurde der Bereich der «Fehlanreize»: Indem der Staat unaufhörlich glaubt, helfen zu müssen, wird das Verhalten der Begünstigten in die falsche Richtung gelenkt. Statt persönlicher (neuerdings auch staatlicher) Emanzipation wird damit der Weg zurück mit dem roten Teppich ausgelegt, Unfreiheit und Abhängigkeit sind die Folge. Watzlawick definierte den Begriff «mehr desselben» und meinte damit, wer mit den immer gleichen (aber falschen) Mitteln ein Problem zu lösen versucht, sichert damit dessen laufenden Weiterbestand, bis zur Unlösbarkeit. «Mehr desselben» ist das falsche Rezept weil es falsche Anreize setzt. Eine Auswahl: Sozialhilfe und Arbeitslosengelder für Jugendliche inklusive Studenten, Agrarsubventionen für quantitative statt qualitative Produktion, Staatsgelder für den Anbau landwirtschaftlicher Produkte zur Herstellung von Biotreibstoff, Grenzschutz und Marktab-

---

63 Pranger: Stelle auf einem öffentlichen Platz, wo jemand wegen einer als straf- oder verachtungswürdigen Tat angebunden stehen musste und so der allgemeinen Verachtung ausgesetzt war.

schottung, Bonus ohne adäquaten Malus für Manager, staatliche Gelder für bankrotte Privatinstitute oder ganze Staaten. Nicht alle werden einverstanden sein mit dieser Auswahl, doch eine Mehrheit ist bereit, zumindest darüber nachzudenken.

Emanzipation heißt immer auch, die Möglichkeiten der Selbstbestimmung zu erweitern, respektive überholte Abhängigkeiten und Fremdbestimmung zu erkennen. In diesen Bereich gehören alle Manipulationsversuche in Politik und Wirtschaft. Während die TV-Werbung an dieser Stelle nicht näher analysiert und damit der persönlichen Emanzipation des Einzelnen überlassen werden soll, sind die medial orchestrierten – oft sogar durch staatlich betriebene Anstalten – Tagesthemen in ihrer Banalität und Omnipräsenz zu oft ein klarer Rückschritt. Zwar können Rundfunk und TV jederzeit abgeschaltet werden, doch wofür bezahlt man dann Konzessionsgebühren? Das penetrante Hochstilisieren von Belanglosigkeiten und Nebenschauplätzen, Burka-Verbot als aktuelles Beispiel, ist gewissermaßen künstlich herbeigeführte Konsumabhängigkeit.

Verstand man früher unter Emanzipation mehr Freiheit für den Menschen, muss diese Betrachtung heute auch auf die Politik ausgedehnt werden. Immer mehr Freiheit für die Wirtschaft kann nicht als Emanzipationsschritt betrachtet werden. Wenn Großkonzerne weltweit Abermillionen in die Beeinflussung der Politik investieren, denken nur sehr naive Leute, dies geschähe zur Stärkung der Demokratie. Solchermaßen gütig gestimmte Politik bedeutet eine Schwächung unserer Institutionen. Wenn dann im Gefolge dieses legalen Spieles aber die staatliche Aufsichtspflicht oder dessen Regelwerk (Rahmenbedingungen) in grober oder gar krimineller Art und Weise verwässert werden, ist es nicht mehr weit zur Wirtschaftsdemokratie. Als mahnender Fingerzeig mag die Ölpest von 2010 im Golf von Mexiko dienen, wo im Gefolge des Politverständnisses eines George W. Bush die amerikanische Politik im Ölschlick erstickte.

Die Möglichkeiten der Selbstbestimmung erweitern, Abhängigkeiten und Fremdbestimmung erkennen, das würde also auch für die Wirtschaft im 21. Jahrhundert Gültigkeit haben. Doch da sind die alten Dogmen vorderhand noch Konzept bestimmend. Hier helfen Fragen weiter, um diese zu entlarven. Was, wenn es kein Wirtschaftswachstum mehr gibt? Was, wenn sich etwas als wirtschaftlich lohnend, aber gesellschaftlich negativ auswirkt? Und folgerichtig: Wie könnte das Wachstums-Dogma (groß, größer, am Größten) von der ökonomischen Lehrmeinung abgekoppelt werden? Konklusionen zu diesen alles andere als einfachen Fragen, werden im folgenden Abschnitt erwogen.

Der versöhnliche Schluss dieses Abschnitts: Zur Emanzipation der Frau braucht es keinerlei Kritik, zur Emanzipation des Mannes fehlen die Worte. Und der nächste Emanzipationsschritt des Menschen könnte das neue Verständnis sein: «auto-mobil» heißt ursprünglich aus dem Griechischen «selbst-beweglich», was weniger mit Auto, als mit Geist und Verstand zu tun hat.

REFORM, REFORMATION, REVOLUTION?

Was nun? Ihre Frage nach dieser Lektüre ist der Türöffner in Zeiten des Übergangs. Engagierte Fragen bringen uns weiter. Überall Reformstau. Eine zweite Reformation? Revolution als Ausweg aus der Sackgasse? Alle drei Begriffe tönen etwas antiquiert, sie sind ausgelaugt, überstrapaziert. Doch allen ist gemeinsam, dass sie das lateinische *re* – «zurück» – bemühen und im zweiten Wortteil von Gestaltung, Erneuerung, Zurückwälzen sprechen. Doch auf unserem Weg aus dem Übergang in einen nachhaltigen Aufgang richten wir uns nicht rückwärts, sondern vorwärts. «Provolution» als provokati-

---

64 Unordnung: Sowohl die Staats-, als auch die vorangegangene Wirtschaftskrise, sind die Folge einer Unordnung. Einzelne Menschen (Politiker, Wirtschaftsführer) können relativ frei entscheiden, ohne in gleichem Maße Verantwortung tragen zu müssen. Ein System organisierter Unverantwortlichkeit (Kirsch).

ve Bezeichnung für Neues? Wo wir uns aber einig sind: Wir erwarten eine Phase der großen, planvollen und gewaltlosen Umgestaltung bestehender Verhältnisse und Systeme. Ob diese Veränderung plötzlich (durch Unvorhergesehenes, graduell durch um sich greifende Erkenntnis) oder gemächlich einsetzt ist weniger wichtig, als dass sie anläuft; mit Opfern und Chancen überall, aber ohne Menschenopfer – eben zeitgemäß. «Provolution» – Provokation?

Gehen wir kurz die Stationen nochmals durch, die wir erkannt haben: Zwischen Niedergang und Aufgang steht der Übergang, der Umbruch, die Unordnung[64]. Dem eigen sind Rückzug aufs Alte und Bekannte, Reformstau. Krise, der wir mit inadäquaten Mitteln zu begegnen versuchen, Chancen, die wir noch nicht erkennen. Aus diesem Chaos entsteht das neue Verständnis, wir beginnen zu *verstehen*. Wir stehen unmittelbar vor der «Provolution», der legalen Revolution, die sich innerhalb der bestehenden Rechtsformen den neuen Weg sucht. Es ist eine geistige Revolution, getragen von den neuen Erkenntnissen der Neurowissenschaften. Sie umfasst das Logische und das Emotionale gleichermaßen. Sie ist viel versprechend. Ihre Träger und Katalysatoren sind neue Werte wie:

- Kooperation statt Alleingang
- Verantwortung statt Egoismus
- Nachhaltigkeit statt Ignoranz
- Empathie statt Autorität.

Sie ist auch eine technische Revolution, getragen von Computer und World Wide Web. Ihre Sprache ist das Bild, die Metapher. Deshalb steht Change im Raum. Und sie ist Raum/Zeit-«Mutation», die die Distanzen unwichtig macht und die Abfolge der Zeit komprimiert zur Gleichzeitigkeit. Zählen wir nochmals wichtige Baustellen auf, Bereiche, wo mit veralteten, überholten Methoden oder simplen Gewohnheiten gelebt wird:

- der Mobilitäts- und Konsumwahn der Gesellschaft
  (Risikosteigerung durch Ressourcenverschleiß)
- der Wachstumswahn der Wirtschaft
  (Risikosteigerung durch Größenfetisch)
- der Regulierungswahn der Politik
  (Risikosteigerung durch Schuldenanhäufung).

Von alledem wurde in diesem Buch ausführlich geschrieben. Die neuen Lösungen werden vorangetrieben, überall auf der Welt. Unsere Mobilitätsansprüche können nachhaltig befriedigt werden. Das unstillbare, quantitative Wirtschaftswachstum will qualitativ verträglich gestaltet werden. Der kurzfristige Regulierungsdrang der Politik soll der langfristigen Lösungsfindung Platz machen. Dabei müssen wir nicht von vordergründigen Opfern, die zu erbringen sind sprechen, sondern uns auf die latenten Gewinne fokussieren. Dieser Wandel ist Gegenwart und Zukunft, nachdem er vor 2500 Jahren von Heraklit in Worte gefasst worden war. In diesem Sinne sind die alten Griechen zeitlos in ihrem *Handling* des damaligen Übergangs aus einer mythengeprägten Vergangenheit. Sie sind deshalb auch unsere Vorbilder an der Türe zur neuen Übergangszeit. Und, alles ist relativ: Schon Aristoteles und Platon waren überzeugt, in Zeiten des Niedergangs zu leben. «Wenn man aber *verstehen* kann, woher man kommt, hat man eine klarere Idee, wohin man gehen soll», davon war der große Meister der Literatur, Carlos Fuentes überzeugt.

Aufschlussreich und überraschend bei diesem Projekt in Zeiten des Neubeginns ist die Vergegenwärtigung überlieferter Worte großer Denker im antiken Athen. Nach beinahe 3000 Jahren lesen sich ihre gesellschaftlichen Debatten fast wie aktuelle Zeitdokumente. Damals wie heute beherrschen Begriffe wie Freiheit, Gerechtigkeit und Luxus die Diskussion. Besonders die aufwiegelnde Kraft empörend zur Schau gestellten Luxus' bei gleichzeitigem Massenelend als gefährliches Sprengpotential stimmt nachdenklich. Denn die

Luxusdebatte war und ist immer auch eine Dekadenzdebatte.

Und es fragt sich, ob wir heute überhaupt klar sehen, was zurzeit passiert. Weit und breit ist keine Spur vom Bewusstsein einer tiefen Zäsur feststellbar. In den USA, der EU, der Schweiz sind die politischen Eliten mit dem Löschen von Brandherden vollauf beschäftigt. «Es regiert eine (…) Generation, die sich von einer immer komplexer werdenden Gesellschaft einen kurzatmigen Umgang mit den von Tag zu Tag auftauchenden Problemen aufdrängen lässt. Sie verzichtet im Bewusstsein der schrumpfenden Handlungsspielräume auf Ziele und politische Gestaltungsabsichten» (Habermas).

Wenn man *verstehen* möchte, wohin man soll, hat man eine klare Idee, woher die Inspiration kommt, lautet die von oben abgewandelte These. Diese ist sehr persönlich, sie entspringt dem eigenen Denken, den persönlichen Erfahrungen, dem permanenten Fragen. «Dann werden die Ergebnisse der Hirnforschung in dem Maße, in dem sie einer breiteren Bevölkerung bewusst werden, auch zu einer Veränderung unseres Menschenbilds führen» (Herschkowitz). Dieses Miteinander-Denken ist das Geheimnis der Verständigung. Eine erste Voraussetzung ist das Vertrauen zum Gesprächspartner, die Sicherheit, nicht verletzt zu werden. Das Zuhören ist dabei die Vorstufe zur Öffnung gegenüber dem Neuen. Den eigenen Standort, den eigenen Stanpunkt zu wechseln, warum nicht? Mehrere Seiten desselben zu sehen, als nur die eigene? Fragen stehen am Anfang und am Ende. Nicht die Antworten. Seit Karl Jaspers[65] gilt: Was noch vereinzelt ist, kann sich ausbreiten. Was noch ohne Widerhall ist, kann ihn gewinnen. Vor allem aber – was in kleinen Kreisen wirklich ist, kann die höchste Wirklichkeit einer Zeit sein und sich als solche in der Folge bewähren. Was die Menge noch nicht erreicht, kann sie in Zukunft durchdringen» (Karl Jaspers).

Die Reise ist die Metapher unserer Zukunft, des Übergangs zum Unbekannten. «Reisen heißt entdecken, Reisen heißt, in unserer

---

65 Karl Jaspers (1883 –1969): Deutscher Philosoph, Mediziner, Psychiater.

physischen Existenz so weit wie nur möglich zu gehen und es heißt, sich mit dem Unbekannten verbinden, gesteht Adonis, der große arabische Dichter. Gute Reise, also!

DAS GLÄSERNE «DENKGEBÄUDE»

Die Rückschau auf 2500 Jahre Menschheitsgeschichte (frühere Epochen müssen wir ehrlicherweise als Nichtwissende weglassen) zeigt, dass sich die Formen des Zusammenlebens stark verändert haben. Auf Clan, Stamm, Sippe folgten – zumindest in den westlichen Industrienationen – Großfamilie, Kleinfamilie, Partnerschaft mit/ohne Kind, Einzelperson (Ein-Personen-Haushalte[66]). Der Weg zurück zeichnet sich nicht ab, zumindest im Moment nicht. Die Endzeit-Prognosen können wir nicht ernst nehmen. Schon eher die These, wonach wir «auf dem Sprung» sind zum Neuen, zu einem epochalen Neubeginn. Vielleicht spricht die allgemeine Verunsicherung dafür, denn die Tiefe des Abgrunds sieht erst, wer springt?

Was wir in Kapitel 5 als «Bewusstseinsmutation» vorgeschlagen haben als Folge gewaltiger, neuer Erkenntnis (Kapitel 2–4) im allgemeinen und der Neurowissenschaften im Besonderen und schließlich als neues «Denkgebäude» bezeichneten, spüren oder sehen wir dessen Konturen? Durchaus als Wegweiser und Symbol der neuen Zeit steht seit 2006 an der 5th Avenue in New York vor dem Apple[67]-Center als Wahrzeichen des Computer-Giganten (und dessen Gründer Steve Jobs) jener eindrückliche, riesige, durchsichtige *Glass cube*[68]. Nachdem wir Transparenz als wichtiges Kriterium der

---

66 Ein-Personen-Haushalte: Diese machen in der Stadt Zürich bereits mehr als 50% aller Haushalte aus.

67 Apple: Berühmtester Markenname und höchstkotierte Firma der Welt, bekannt für seine Mac-Computer und moderne, einfach zu bedienende Geräte wie iPhone, iPod, iPad .

68 «Glass-Cube»: Glas-Würfel.

neuen integralen Struktur bezeichnet haben. Spüren wir auch die futuristische Innenarchitektur dieses «Denkgebäudes»? Realisierte Ganzheit, auch vernetztes Denken genannt, was anderes sind die neuen digitalen Netzwerke, die unsere Welt innert 20 Jahren überzogen haben und die modernen Anwender-Geräte, die den blitzschnellen Zugriff zu Infos und Wissen ermöglichen. Dies alles innerhalb der neuen Zeit-/Raum-Dimension der Gleichzeitigkeit und Globalisierung.

Wie denken denn jetzt einzelne Bewohnerinnen und Bewohner dieses Denkgebäudes? Interessantes, bahnbrechend neues ist zum Beispiel in der internationalen Politik zu verzeichnen. 2500 Jahre nach dem Attischen Seebund[69] konzentrieren sich erstmals die Ideen der politischen Strategen auf Kooperation statt auf Kampf (Kapitel 3). Die EU und seit November 2010 auch die NATO, versuchen Frieden und Freiheit nicht gegen Feinde, sondern zusammen mit Freunden zu sichern. Waren bei den alten Griechen und seither über die Jahrtausende bis hinein ins 20. Jahrhundert Kampfbündnisse, Sieg und in der Folge Unterdrückung oder Demütigung der Unterlegenen Mittel zur Machterhaltung, so haben sich in allerneuster Zeit diese Parameter geändert. Kooperationsbündnisse, Sicherheit und demnach Einbindung und Stärkung der «Zugewandten» sind erklärtes, lösungsorientiertes Ziel. Ist da schon die Konsens- anstelle der Machtpolitik das neue Credo? Natürlich sind wir vor Rückfällen in die Barbarei nie gefeit. Zweifellos zeigt sich aber das Beispiel EU und NATO ein neues *Verstehen,* von dem aus der Hirn- und Genforschung weiter vorn berichtet wurde. Der Kampf (Krieg) als Vater aller Dinge? Oder: Kooperation und Frieden als Eltern aller Dinge?

Die Formen des menschlichen Zusammenlebens haben sich also

---

69 Attischer Seebund: Verteidigungsbündnis (478/77 v. Chr.) zwischen Athen und zahlreichen Poleis in Kleinasien und auf den vorgelagerten Inseln zum Zweck der gemeinsamen Verteidigung gegen persische Angriffe und der Sicherung der Seewege, damit sich der aufblühende Handel ungestört entwickeln konnte.

vom Großen ins Kleine bewegt. Steht jetzt der Schritt ins mikroskopisch Kleine bevor? Entgeht der einzelne Mensch der Isolation, indem er Zugriff erhält zum neuen, digitalen «Mikrokosmos»? Liegt der Ersatz des sich auflösenden Gefühls des Geborgenseins unter Mitmenschen im Eintauchen in die neue «Familie» der Mitbenützer von Mikro-Prozessoren, Mikro-Computer, Laptop, iPod, iPhone, iPad? Sind Facebook[70] und YouTube[71] die Vorboten der neuen Verwandten? Die unglaublichen Fortschritte in der Forschung zu Beginn der integralen Struktur sprechen Bände: Mikrobiologie, Mikrochemie, Mikrochirurgie, Mikrofaser, Mikrofiche, Mikrofilm, Mikrogramm, Mikrokopie, Mikrophysik, Mikrowelle – diese «Mikro-Erfindungen» waren noch bis vor kurzem, für alle unsere Vorfahren durch die Jahrtausende, undenkbar. Und natürlich bewegen sich auch die weiter vorn ausführlich besprochenen Neurowissenschaften größtenteils in diesen Mikrobereichen. Wir müssen lernen, neu zu denken. Im «Undenkbaren» liegt die Herausforderung, gleichzeitig liegen dort die großen Desaster, wie auch die noch größeren Chancen begründet.

Können wir entsprechend «neu» handeln? Ist jetzt der günstige Moment, der Kairos[72]? Wenn wir uns stolz rühmen, in Freiheit zu leben, was beinhaltet denn Freiheit? Doch wohl, sein Leben mit Sinn zu überziehen? Ist das zu anstrengend? Könnte das heißen, sich Ziele zu setzen, sich einzusetzen (ohne Fanatismus oder Dogmatismus), um unseren Nachkommen ein ähnlich wunderbares Leben zu ermöglichen, wie wir es seit Mitte des letzten Jahrhunderts erleben durften? Sich für freiheitliche Strukturen stark zu machen, statt sie täglich (medial) zu zerreißen? Die wertvollen Vorteile zu betonen, statt kleinlich den Finger auf fehlerhafte Nachteile zu legen? Frieden in Freiheit heißt die Abfolge. Freiheit ohne Frieden gibt es

---

70 Facebook: Website zur Bildung sozialer Netzwerke (seit 2004).
71 YouTube: Internet Videoportal (seit 2005).
72 Kairos: Der Gott des günstigen Augenblicks, in der Existenzphilosophie der Augenblick einer weittragenden Entscheidung; Bewusstwerdung der Schicksalsstunde.

nicht. Können das die Scharfmacher in Washington, Brüssel und Bern akzeptieren? Und jene in Tel Aviv?

Fragen über Fragen. Wieder hören wir Sokrates, unser aller Väter Vorbild. Er gab keine Rezepte, aber er spricht noch heute zu uns. Indem er uns vorschlägt, über die Dinge nachzudenken, obwohl wir meinen, darüber Bescheid zu wissen. Nachdenken heißt, sich über verborgene Zusammenhänge ins Bild zu setzen. Sofern einzelne Thesen dieses Buches zum Widerspruch reizen, so wäre das ganz im Sinne des Autors. Natürlich gilt das auch für das Gegenteil, die Zustimmung zu einigen dieser persönlichen Folgerungen: Vorher, seither und wohl nächstens erleben wir Niedergänge, Übergänge, Aufgänge. Symbolisiert durch die Wellenlinie ohne Anfang und Ende.

Denn natürlich stehen wir nicht am «Ende der Geschichte», wie das geschäftstüchtige Autoren suggeriert haben. Aber das Ende des Geschichtsbewusstseins ist gefährlich. Und vergessen sollten wir nicht, dass einige Hohepriester der liberalen Marktwirtschaft eben unter dem Schutzschirm des Begriffs Freiheit jene neuen, untauglichen Mittel entwickelt haben, die als viel gepriesene erfolgreiche Errungenschaften (nach dem Untergang der Planwirtschaft) den «Tanz um das goldene Kalb» erst ermöglicht und sich alsbald als existenzielle Bedrohung für die Freiheit erwiesen haben. Da wollen wir hoffen, dass kein Ende des Wirtschaftsgeschichtsbewusstseins auszumachen ist.

Wenn in den bisherigen Kapiteln jeweils einer der großen griechischen Philosophen zu uns herüber in die Gegenwart sprach, so wollen wir doch zuletzt auch mit einigen philosophischen Gedanken der Gegenwart abschließen. Jeanne Hersch[73] sprach vom Philosophen, der seit Jahrtausenden an die Grenzen menschlichen Erkenntnisvermögens pocht (Jeanne Hersch). Seine Zuhörerschaft

---

[73] Jeanne Hersch (1910 – 2000): Schweizer Philosophin und Autorin, eine der ersten Professorinnen der Schweiz.

steht etwas verwirrt um ihn herum, beobachtet ihn verstohlen, selbst wenn sie so tun, als sei er nicht da. «Was er ihnen sagt, ist von merkwürdiger Nutzlosigkeit. Niemals erteilt er den Rat, den sie so bitter benötigen, um sich aus ihren Schwierigkeiten zu befreien. Er scheint ihre heimlichen Geständnisse kaum zu beachten, er spricht sie weder frei noch verurteilt er sie. Und wenn er vom Menschen spricht, so scheint er sich nie auf einen von ihnen, sondern stets auf einen andern zu beziehen, den niemand je erblickt hat» (Hersch).

Der Philosoph fordert immer. Immer dann, wenn es doch so bequem wäre, sich zurückzuziehen, die Verworrenheiten des Lebens, des täglichen Alltags, zu verdrängen um sich so ein Alibi für sein Abseitsstehen auszustellen, – «wir können ja doch nichts machen» – sagen sie achselzuckend, immer dann taucht er auf als Spielverderber. Dort die Vergangenheit, die wir nie vergessen sollten, hier die verworrene Gegenwart, in der der Mensch Verantwortung trägt und durch seine Entscheidungen die Zukunft beeinflusst – selbst dann, wenn er sich – ganz im Sinne der Gegenwartspolitik – damit begnügt, keine Entscheidungen zu treffen.

«Die Vergangenheit ist Gegenstand der Erkenntnis; sie lässt sich beschreiben und erklären. Die Zukunft ist Gegenstand der Hoffnung; sie lässt sich erdenken und vorausplanen. Die Gegenwart aber ist nicht Gegenstand; sie ist unmittelbares Dasein, Ort der Begegnung» (Hersch). Nutzen wir solche Begegnungen, im Alltag, in der Familie, am Arbeitsplatz, unter Freunden und Freundinnen, überall, auch im Facebook. Vor allem im Facebook – verdrängt das «Gesichtsbuch» gar das Geschichtsbuch? – eröffnet ja die virtuelle Begegnung mit Menschen großartige, neue Diskussionsmöglichkeiten. Die Facebook-Oberfläche ist ein Spiegelbild der Lebenswelten, die erforscht sein wollen. Damit mutiert der digitale offene Raum immer mehr zu einer modernen, zeitgemäßen Agora, zum Markplatz der Begegnung und Diskussion mit 2500-jähriger Tradition.

Die Zukunft planen, Zeiten des Übergangs zu nutzen, um sie in eine Phase des Aufgangs und Neubeginns münden zu lassen, Alternativen zum lauten, unverbindlichen Alltagslärm aufzuzeigen: In jedem Menschen liegt das Philosophische verborgen und wir hätten das Recht auf Entscheidungen im Bereich des Denkens und Handelns, die einer lebenswerten Zukunft dienten. Entdecken und fördern wir die Werte, die unsere Freiheit sichern. Einst ahnten die Menschen, dann glaubten sie. Heute wissen wir vieles, können wir morgen *verstehen*?

WEITERFÜHRENDE LITERATUR UND QUELLEN

Abdel-Samad, Hamed (2009)
  Vom Glauben zum Wissen (NZZ Nr. 281/2009).
Akerlof, Geroge (2009)
  «Diese Krise zeigt, dass Keynes recht hatte»
  (Interview NZZ Nr. 205/2009).
Assheuer, Thomas (2009)
  Im Schatten der Macht (DIE ZEIT, Nr. 41/2009).
Bahnsen, Ulrich (2009)
  Die Biologie der Seele (ZEIT WISSEN 06).
Barloewen, Constantin von (2009).
  Das Buch des Wissens.
Bartsch, Bernhard (2009)
  Da wurde unglaublich gezockt (NZZ am Sonntag, 22.2.2009).
Bauer, Joachim 1 (2008)
  Prinzip Menschlichkeit.
Bauer, Joachim 2 (2009)
  Warum ich fühle, was du fühlst.
Berlin, Isaiah (1969)
  Freiheit.
Betschon, Stefan (2010)
  Ladungsträger auf dem Weg in die Informationsgesellschaft
  (NZZ Nr. 9/2010).

Binnig, Gerd (1992)
Aus dem Nichts.

Binswanger, Daniel & Ninck, Mathias (2010)
Die heimliche Macht des Geldes (DAS MAGAZIN, 5/2010).

Blankart, Charles B. & Fasten Erik R. (2010)
So wird in Europa entschieden (NZZ, Nr. 101/2010).

Brobst, Marc u.a. (2010)
Die dritte Stufe der Eskalation (DIE ZEIT, Nr. 12/2010).

Buchter, Heike (2010)
Mr. Nobody mit dem fetten Finger (DIE ZEIT, Nr. 20/2010).

Bütikofer, Sarah & Hug, Simon (2010)
Auf dem Weg zum Berufsparlament (NZZ Nr. 101/2010).

Crescenzo, Luciano de (1988)
Geschichte der griechischen Philosophie.

Däniken, Franz von (2008)
Mythos souveräne Schweiz (NZZ am Sonntag, 24.8.2008).

Damasio, Antonio 1 (2005)
Der Spinoza-Effekt.

Damasio, Antonio 2 (2006)
Descartes' Irrtum.

Dobelli, Rolf (2008)
Das Erstaunen der Weihnachtsgans (Weltwoche Nr. 40/2008).

Drösser, Christoph (2009)
Wie viel Wasser verbrauchen wir? (DIE ZEIT-Graphik, Nr. 26/2009).

Dukas, Helen & Hoffmann, Banesh (1981)
Albert Einstein.

Fenske, Hans u.a. (1991)
Geschichte der politischen Ideen.

Ferrari, Luciano (2010)
«Die Schweizer kasteien sich allzu gerne»
(Tages-Anzeiger, 24.3.2010).

Feynman, Richard (1991)
«Sie belieben wohl zu scherzen, Mr. Feynman!»

Fischer, Leonhard H. (2010)
«Der Markt versagt ständig» (Interview DIE ZEIT Nr. 5/2010).

Fox Robin Lane (2010)
Die klassische Welt.

Frank, Manfred (2009)
Der Mensch bleibt sich ein Rätsel (DIE ZEIT, Nr. 36/2009).

Furger, Michael (2009)
Kein Eis – kein Wasser (NZZ am Sonntag, 26.7.2009).

Gebser, Jean (1973)
Ursprung und Gegenwart, 3 Bände.

Geißler, Heiner (2009)
Ou Topos.

Gigon, Olof Hrsg. (1972)
Aristoteles – Die Nikomachische Ethik.

Gladwell, Malcolm (2000)
The Tipping Point.

Goleman, Daniel (1997)
Emotionale Intelligenz.

Grayling, A.C. (2007)
Freiheit die wir meinen.

Green, Stephen (2009)
Moral für Banker (DIE ZEIT, Nr. 33/2009).

Grosjean, Martin (2008)
«Entwicklung verschlafen» (NZZ am Sonntag, 14.9.2008).

Grossrieder, Beat (2010)
Smartphone statt Schulbuch (NZZ, Nr. 260/2010).

Gysin, Roland (2009)
Grammatik der Moral (www.rwi.uzh.ch).

Habermas, Jürgen (2010)
Wir brauchen Europa! (DIE ZEIT, Nr. 21/2010).

Hablützel, Peter (2010)
In der Sonderfall-Falle (DAS MAGAZIN, 18/2010).

Häuptli, Lukas (2010)
Berner Richterin stellt sich gegen Bundesgericht
(NZZ am Sonntag, 9.5.2010).

Hersch, Jeanne (1991)
Die Hoffnung, Mensch zu sein.

Herschkowitz, Norbert (2008)
Das Gehirn.

Huber, Daniel (2009)
«Ich bin ein Krisenchronist» (Interview mit Paul Krugmann
(bulletin Credit Suisse, 3/2009).

Hug, Daniel (2008)
«Wir brauchen eine Revolution im Energieverbrauch»
(Interview mit Nicolas Hayek, NZZ am Sonntag, 30.3.2008).

Jackson, Tim (2009)
Prosperity without growth.

Iacoboni, Marco (2008)
Woher wir wissen, was andere denken und fühlen.

Jäncke, Lutz (2009)
Hinter den Kulissen des Geistes (www.gehirn-und-geist.de).

Janich, Peter (2009)
Kein neues Menschenbild. Zur Sprache der Hirnforschung.

Jessen, Jens (2010)
Stolz und Untergang (DIE ZEIT, Nr. 21/2010).

Imhasli, Patrick (2010)
Die Welt ordnet sich neu (NZZ am Sonntag, 7.3.2010).

Ip, Greg (2010)
Time to rebalance (The Economist, 3.4.2010).

Kappeler, Beat (2010)
Die EU setzt sich Reformziele (NZZ am Sonntag, 2.5.2010).

Kedves, Alexandra (2009)
Die Erde steht am Abgrund, aber Rettung ist möglich
(Tages-Anzeiger, 12.2.2009).

Kilian, Martin (2010)
Die Lähmung als Normalzustand (Tages-Anzeiger, 13.2.2010).
Kirsch, Guy (2010)
Die Krise erreicht den Staat (NZZ Nr. 91, 2010).
Kinder, Hermann & Hilgemann, Werner (1964/90)
Dtv-Atlas zur Weltgeschichte, Band 1 und 2.
Klein, Naomi (2007)
The Shock Doctrine.
Klein, Stefan (2009)
Wie kommt das Gute in die Welt? (DIE ZEIT, Nr. 59/2009).
Klingst, Martin (2010)
Der eiserne Obama (DIE ZEIT, Nr. 13/2010).
Koch, Carole (2010)
Hauptstadt der Müßiggänger (NZZ am Sonntag, 7.3.2010).
Kohler, Georg (2010)
«Die Griechen sind doch nicht faul und unfähig!»
(NZZ am Sonntag, Interview von Manfred Papst mit Georg
Kohler, 2.5.2010).
Kunzmann, Peter u.a. (1991)
Dtv-Atlas Philosophie.
Lakoff, George & Wehling, Elisabeth (2009)
Auf leisen Sohlen ins Gehirn.
Lakoff, George & Johnson, Mark (2000)
Leben in Metaphern.
Lakoff, George 1 (2004)
don't think of an elephant!
Lakoff, George 2 (2008/2009)
The Political Mind.
Lehmann, Gustav Adolf (2004)
Demosthenes von Athen.
Ludwig, Ralf (1995)
Kant für Anfänger.

Luyken, Reiner (2008)
Die Scheichs aus Kanada (DIE ZEIT, Nr. 46/2008).
Malik, Fredmund (2009)
Von Peter Drucker für die Krisenbewältigung lernen
(NZZ, Nr. 269/2009).
Marohn, Anna & Vorholz, Fritz (2010)
Die Vernunft geht unter (DIE ZEIT, Nr. 20/2010).
Matt, Peter von (2009)
Der Liberale, der Konservative und das Dynamit
(Tages-Anzeiger 6.10.2009).
Meier, Christian 1 (1997)
Athen.
Meier, Christian 2 (2009)
Kultur, um der Freiheit willen.
Negroponte, Nicholas (1995)
Total Digital.
Nyberg, Oscar (2009)
Nachhaltigkeit (Sonderveröffentlichung reflex Verlag,
November 2009).
Nietzsche, Friedrich (1887)
Morgenröte.
Nørretranders, Tor (2000)
Spüre die Welt – Die Wissenschaft des Bewusstseins
Obama, Barack 1 (1995)
Ein amerikanischer Traum.
Obama, Barack 2 (2006)
Hoffnung wagen.
Plouffe, David (2009)
The Audacity to Win.
Popper, Karl R. (1957/1980)
Die offene Gesellschaft und ihre Feinde 1 & 2.
Ramachandran, Vilayanur (2007)
Eine kurze Reise durch Geist und Gehirn.

Randow, Gero von (2010)
Die Leere der Macht (DIE ZEIT, Nr. 12/2010).

Rauner, Max (2009)
Kampf um jeden Zentimeter (DIE ZEIT, Nr. 35/2009).

Rifkin, Jeremy (2004)
The European Dream.

Rifkin, Jeremy u.a. (2010)
Die empathische Zivilisation.

Rizzo, Sergio (2010)
«Berlusconi hat bei den andern die innere Handbremse gelöst»
(Tages-Anzeiger, 21.5.2010).

Roth, Gerhard 1 (1997)
Das Gehirn und seine Wirklichkeit.

Roth, Gerhard 2 (2003)
Fühlen, Denken, Handeln.

Russell, Bertrand 1 (2005 neu aufgelegt)
Denker des Abendlands.

Russell, Bertrand 2 (1951/2009)
Unpopuläre Betrachtungen.

Sachse, Karin (2010)
Die Herren der Welt (FOCUS 11/2010).

Schischkoff, Georgi (1991)
Philosophisches Wörterbuch.

Schmidt, Helmut & Stern, Fritz (2010)
Unser Jahrhundert.

Schnabel, Ulrich (2009)
Weltrettung vertagt (DIE ZEIT, Nr. 53/2009).

Schnabel, Ulrich & Assheuer, Thomas (2009)
Der Mensch bleibt sich ein Rätsel (DIE ZEIT, Nr. 36/2009).

Schumpeter, Joseph A. (1942)
Kapitalismus, Sozialismus und Demokratie.

Schwarz, Gerhard (2010)
Krise der Werte (NZZ Nr. 24, 31.1.2010).

Seele, Peter (2010)

Goldman Sachs als Geburtshelfer der Wirtschaftsethik
(NZZ Nr. 97, 28.4.2010).

Selten, Reinhard (2009)

«Ich habe immer der Mehrheitsmeinung misstraut»
(NZZ Nr. 197, 27.8.2009).

Singer, Tania (2008)

Emotion.

Sloterdijk, Peter 1 (2006)

Im Weltinnenraum des Kapitals.

Sloterdijk, Peter 2 (1999)

Kritik der zynischen Vernunft I+II.

Solms, Mark & Turnbull, Oliver (2007)

Das Gehirn und die innere Welt.

Spence, Gerry (1997)

Argumentiere und gewinne.

Starbatty, Joachim (2009)

«Nicht Keynes hatte recht, sondern Hayek» (NZZ Nr. 229/2009).

Stocker, Thomas (2009)

«Wir sind die, last movers'» (NZZ am Sonntag, 13.9.2009).

Sturm Volker & Bahnsen Ulrich (2009)

Die Biologie der Seele (ZEIT ONLINE, 2009).

Szpiro, George (2008)

Herdentrieb und Panikreaktionen statt Angebot und Nachfrage
(NZZ Nr. 283/2008).

Taleb, Nassim Nicholas 1 (2004)

Fooled by Randomness.

Taleb, Nassim Nicholas 2 (2007)

Der Schwarze Schwan.

Thielemann, Ulrich (2009)

SYSTEM ERROR.

Titz, Sven (2010)
Klimawissenschaft zwischen Skylla und Charybdis
(NZZ, Nr. 21/2010).
Ulrich, Bernd (2010)
Die Methode Merkel (DIE ZEIT, Nr. 15/2010).
Ustinov, Peter (2004)
Achtung! Vorurteile.
Voigt, Birgit (2010)
Konsum ohne Reue (NZZ am Sonntag, 7.3.2010).
Wackernagel, Mathis (2009)
Greenlife (Zeitung produziert von Mediaplanet, Juni/2009).
Weber, Carl Wilhelm (1989)
Perikles.
Weischedel, Wilhelm (2001)
Die philosophische Hintertreppe.
Weizsäcker, Ernst Ulrich von (2009)
«Nur Spinner klagen über das Ende der Zivilisation»
(Interview in Beobachter Natur, 2009).
Zeimers, Egon (2009)
«Die Welt ist keine Maschine» (DIE ZEIT Nr. 21/2009,
Interview von Marc Brost).
Zollinger, Christoph 1 (2002)
Die Glaskugel-Gesellschaft.
Zollinger, Christoph 2 (2005)
Die Debatte läuft.
Zollinger, Christoph 3 (2008)
2032 – Rückblick auf die Zukunft der Schweiz.
Zollinger, Peter (2008)
Unternehmerische Naturtalente (NZZ Nr. 89, April 2008).

CHRISTOPH ZOLLINGER

Die Glaskugel-Gesellschaft
Transparenz als Schlüssel zur Moderne (2002)
Simowa Verlag, CH-Bern

«Zu Beginn des dritten Jahrtausends erschüttern Skandale, Vertrauenskrisen und ein schleichender Börsencrash Wirtschaft und Politik. Weniger spektakulär, aber nicht minder drastisch ist der fundamentale Wandel in Wissenschaft und Kultur. Der Autor sucht nach den versteckten Gründen dieser Beben und findet spannende Zusammenhänge. Die sichtbaren Umwälzungen sind auf verdeckte Mechanismen, Zwänge und Dogmen zurückzuführen, die entlarvt und transparent gemacht werden müssen.»

***

Er wird in den Medien auch schon mal als Visionär aus Kilchberg (Schweiz) bezeichnet. Jedenfalls ist Die Glaskugel-Gesellschaft ein Buch, das von Jahr zu Jahr aktueller wird.

So sorgen 2010/2011 die Enthüllungen auf der Internet-Plattform Wikileaks weltweit für Aufregung: Schockierendes aus der Welt der globalen Politik dringt an die verblüffte Öffentlichkeit. Die «Sunday Times» deckt auf, wie sich korrupte Funktionäre des Fifa-Exekutivkomitees für 100 Millionen Euro kaufen lassen. Der Begriff «Datenklau» wird sozusagen salonfähig: Deutschlands Regierung wird vom Verfassungsgericht ermächtigt, mit in der Schweiz gestohlenen Bankdaten Jagd auf Steuerhinterzieher zu machen. Und Heiner Geissler verkündet nach dem Demokratie-Experiment «Stuttgart 21» seinem Land, dass Demokratie nicht mehr funktionieren könne, wie im letzten Jahrhundert. «Transparency International» schließlich engagiert sich weltweit für Korruptionsbekämpfung und den Schutz von Whistleblowers («Verpfeifer»).

Gemeinsamer Nenner dieser kleinen Auswahl an Beispielen ist der Ruf nach vermehrter Transparenz. Das Internet ermöglicht, was sich viele Weltbürgerinnen und Weltbürger seit Jahren wünschen: das Recht der Öffentlichkeit auf umfassende Information. Transparenz als Schlüssel zur Moderne. Wer das ignoriert, riskiert zukünftig Schwierigkeiten.

★★★

Definition Glaskugel-Gesellschaft:
Die fragile Glaskugel als Signatur einer transparenten, globalisierten und selbstverantwortlichen Gesellschaft zu Beginn des 21. Jahrhunderts steht für die vom All her gesehene Erdkugel von verletzlicher Schönheit und zerbrechlichem Gleichgewicht, von endlicher Größe, aber ohne Grenzen. Die rotierende Glaskugel symbolisiert gleichzeitig das integrale Zukunftsbild: kein dualistisches Links oder Rechts, Oben oder Unten, sondern ein ganzheitlich wahrgenommenes, durchsichtiges Ganzes, das in einem nachhaltigen Netzwerk Natur und Mensch den Durchblick wahrt.

Kontakt:
www.glaskugel-gesellschaft.ch
zollingeritb@sunrise.ch

CHRISTOPH ZOLLINGER

Die Debatte läuft
Ganzheitliche Thesen für Gesellschaft,
Wirtschaft und Politik (2005)
Verlag Via Nova, D-Petersberg

«In diesem Buch entwickelt der Autor eine von der Ganzheit geprägte Vision als Modell für eine Neuorientierung in Gesellschaft, Wirtschaft und Politik im 21. Jahrhundert. Er blendet zurück zu den Anfängen unserer mental/rationalen Welt. Einen breiten Raum der Darstellung nimmt die umwälzende Neuorientierung im Bewusstsein der Menschen ein, die durch Wissenschaft, Computer, Internet, E-Mail und Globalisierung ausgelöst wurde.»

***

Auch das zweite Buch aus der Trilogie «Glaskugel-Gesellschaft» erfährt in diesen Tagen (2010/2011) einen Aktualitäts-Schub. Eine breite und frustrierte Weltöffentlichkeit kämpft mit den Folgen der weltweiten Finanzkrise, die ihren Ursprung 2007 in den USA hatte. Nicht ganzheitlich durchdachte Wirtschaftstheorien kollabierten. Kurzfristiges Denken und desaströse Profitmaximierung sind Folgen von Managementlehren, die komplexe Systeme nicht erfassen können und die Gesamtheit aller Aspekte vernachlässigen. Viele Finanzprodukte basieren auch heute noch auf Modellen, die nicht in der Lage sind, die reale Welt zu widerspiegeln – weil sie Teilaspekte optimieren und damit eine potenzielle Schwächung der Integrität des Systems als Ganzes in Kauf nehmen.

***

Definition Ganzheit:

Man bedient sich dieses Begriffs, um alle Dinge zunächst in ihrem ursprünglich unversehrten Zusammenhang zu betrachten, um so der Tatsache gerecht zu werden, dass Einzelteile nie die Gesamtwirkung einer Sache, eines Systems erklären können. Das Einzelne, der Teil, ist nur aus dem Ganzen heraus zu verstehen, das Ganze aber ist mehr als die Summe aller Teile. So sind auch polarisierende politische Parteien immer nur einem Teil des ganzen Politsystems verpflichtet und verhindern auf diese Weise ganzheitliche, nachhaltige Lösungen.

Kontakt:
www.glaskugel-gesellschaft.ch
zollingeritb@sunrise.ch

CHRISTOPH ZOLLINGER

2032
Rückblick auf die Zukunft der Schweiz (2008)
Verlag: dpunkto, CH-Arlesheim

«Schließlich durchdrang der Begriff Nachhaltigkeit Politik, Wirtschaft und Gesellschaft. Die Zweite Reformation in der Schweiz war keine dogmatische, keine ketzerische, keine kriegerische. Sie wurde nicht von außen ins Land getragen und wurde den Menschen nicht aufgezwungen. Diese entschieden sich freiwillig für ihre Partizipation. Der Widerstand gegen den Wandel fiel, als dessen Vorteile sichtbar wurden.»

***

Der Rückblick aus dem Jahr 2032 in die Gegenwart ist faszinierend. Drehte sich noch 2007/2008 die gesellschaftspolitische Debatte in der Schweiz mediengerecht um Spektakel und Personenkult, wandelte sich das Land in den folgenden Jahren Schritt für Schritt vom verklärten Sonderfall in den Alpen zum dynamischen Normalstaat. Schon nach den Gesamtwahlen 2011 wurde klar, dass Überraschendes und Unerhörtes aus dem Bundeshaus zu vernehmen war. Offensichtlich begann sich die Classe politique – nach Jahren der selbst auferlegten Pause – auf ihre wichtigste Aufgabe zu besinnen: die strategische Planung der Schweiz im Herzen Europas.

Kontakt:
www.glaskugel-gesellschaft.ch
zollingeritb@sunrise.ch

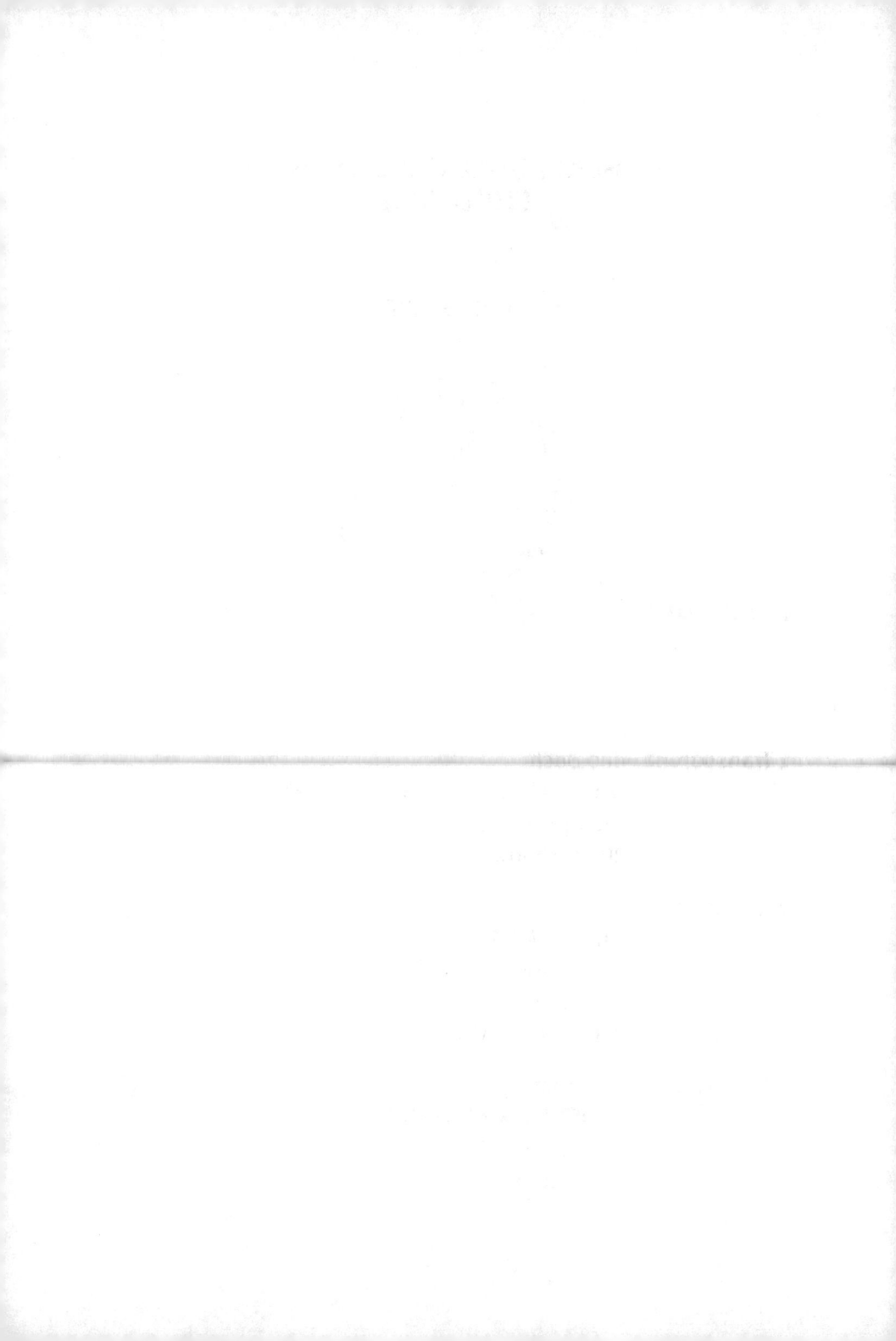

DIE GLASKUGEL-GESELLSCHAFT
(TRILOGIE)

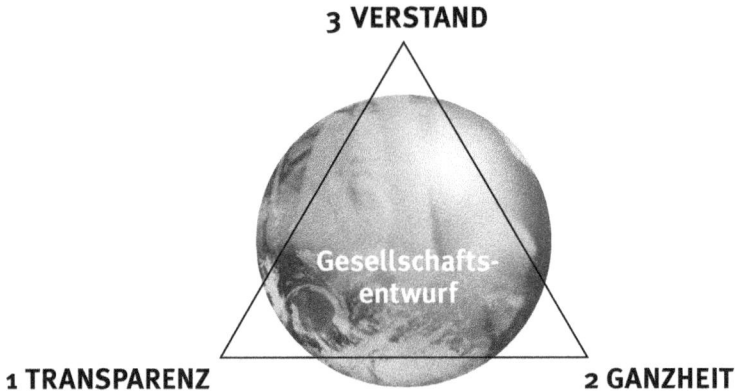

3 VERSTAND

Gesellschafts-
entwurf

1 TRANSPARENZ   **2 GANZHEIT**

1 Transparenz   das Buch
DIE GLASKUGEL-GESELLSCHAFT
Transparenz als Schlüssel zur Moderne
2002, Simowa–Verlag

2 Ganzheit   das Buch
DIE DEBATTE LÄUFT
Ganzheitliche Thesen für Gesellschaft,
Wirtschaft und Politik
2005, Verlag Via Nova

3 Verstand   das Buch
EPOCHALER NEUBEGINN
Update nach 2500 Jahren
2011, Europäischer Hochschulverlag Bremen

Bisherige Werke des Autors

2032
Rückblick auf die Zukunft der Schweiz
dpunkto verlag, Arlesheim 2008
ISBN 978-3-9523190-6-2

Die Debatte läuft
Ganzheitliche Thesen für Gesellschaft,
Wirtschaft und Politik
Verlag Via Nova, D-Petersberg 2005
ISBN 3-86616-006-2*

Die Glaskugel-Gesellschaft
Transparenz als Schlüssel zur Moderne
Simowa Verlag, Bern 2002
ISBN 978-3-908152-11-9*

* **Trilogie:**
  1 Die Glaskugel-Gesellschaft
  2 Die Debatte läuft
  3 Epochaler Neubeginn

Christoph Zollinger, 1939 in Zürich geboren,
befasst sich seit 35 Jahren mit Verände-
rungsprozessen in Gesellschaft, Wirtschaft
und Politik. Als Ökonom und selbständiger
Unternehmensberater versucht er, das
Vordergründige zu durchschauen und hinter
die Fassaden zu sehen. Acht Jahre lang
war er Gemeinderat (Exekutive) seines Wohnorts Kilchberg bei Zürich. Sich aktiv mit
der Zukunft der Gesellschaft auseinanderzu-
setzen ist für Zollinger gleichzeitig wert-
volles Bürgerrecht und herausfordernde
Bürgerverantwortung. Er vertraut dabei auf
ein feines Gespür für kommende gesellschaftliche Trends und seine Lust, die Dinge
beim Namen zu nennen.

www.glaskugel-gesellschaft.ch
zollingeritb@sunrise.ch

Kontakt:
www.glaskugel-gesellschaft.ch
zollingeritb@sunrise.ch

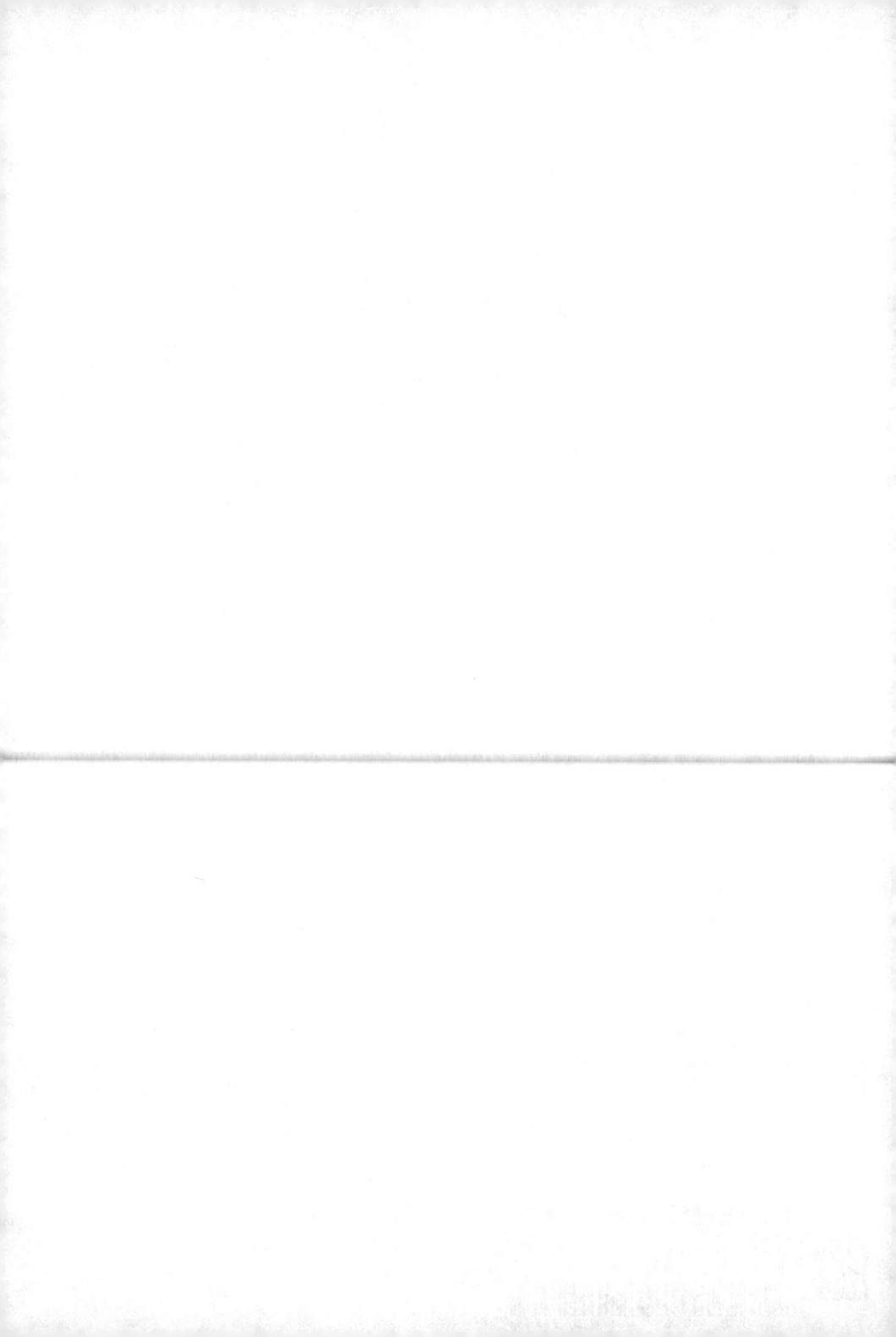

www.ingramcontent.com/pod-product-compliance
Lightning Source LLC
Chambersburg PA
CBHW031359270326
41929CB00010BA/1246